愛されてお金持ちになる

決定版

インテリア風水術

家相・部屋相をよくすれば家庭も仕事もうまくいく!

純正運命学会会長
田口二州 著

PHP
ビジュアル
実用BOOKS

はじめに

風水は、古代中国の風土で生まれた地理、地相、家相、墓相などの吉凶を見きわめて、幸運を呼び込むための占術です。

「風水インテリア家相・部屋相」は、私の長年にわたる体験と学説にもとづき、日本の風土、環境、ライフスタイルに合わせて研究を重ねてきたものです。自分にプラスになる「気（エネルギー）」、つまり金運、恋愛運、仕事運、健康運などを上昇させるエネルギーが、住居や自然環境のどこにあるかを的確に見つけて、それをどのように生かせば健康で生きがいのある毎日を楽しく送ることができるかを教えてくれます。

風水インテリア家相・部屋相では、気学（方位・家相）のベースである「気」を「陰陽」の合体したものと見なします。陰陽とは、「男と女」、「表と裏」、「動と静」、「強と弱」というように、物事はすべて相対する2つの気が調和して生成発展していくという考え方です。風水の「風」は陽の気、「水」は陰の気であり、この陰陽の合体である「風水」が万物を生み出す根源《みなもと》と考えます。風水インテリア家相・部屋相開運法は、この思想に自然界の「木気」、「火気」、「土気」、「金気」、「水気」の5要素を加え、さらに誕生九星からその人に適した家の間取り、インテリアの配置、ラッキーカラーなどを導き出して、運気を向上発展させていくものです。

この本が有意義ですばらしい人生を送るためのバイブルとなれば、このうえもない幸いです。

翠麗《すいれい》山荘にて

純正運命学会会長　田口　二州

愛されてお金持ちになる
決定版 インテリア風水術
家相・部屋相をよくすれば
家庭も仕事もうまくいく！

もくじ

Part1

家相の基礎知識

インテリア家相・部屋相開運法とは？

家相は宇宙のエネルギーの一部であり、私たちは知らないうちに「吉相」と「凶相」という形で、その影響を受けています。

家にはエネルギーが流れている

家は雨風をしのぎ、寒さ、暑さを防いで、人が自然の中で安全に暮らすためにつくられてきました。また、家は食事をしたり休息したり、家族が安心してくつろげる場所でもあります。先人たちは、暖かい日光や心地よい風を家の中に取り込み、自然と共生して安全に快適に暮らせるように工夫を続けてきました。

近年は、家そのもののデザインや機能性、利便性が重要視され、自然と共生するという家本来の姿が忘れられる傾向にあります。それは、家のどの方角から日光が差し込み、北風が吹き込むかといった自然の影響を考えないで生活することを意味します。

人は自然からエネルギーを得て生活していますが、日光や風もその一部。つまり、家の中には自然のエネルギーが流れていることになります。

そもそも家相は、「気学」という占術の一部です（→P10）。気学では宇宙を循環しているエネルギーによって、自然が一定のリズムで動いていると考えられています。**家の中を流れるエネルギーも宇宙のエネルギーの一部であり、そこに住んでいる人は知らないうちにその影響を受けている**ということです。**このエネルギーの働きこそが、家相**なのです。

家には吉相と凶相がある

だれにとっても家は大切なものですが、古さや大きさ、豪華さには関

係なく、いつも人が集まる温かい雰囲気の家と、どこか陰気で人が寄りつかない家があります。

　これはその家の持つ家相によるものです。**家にはそれぞれ家相があり、住む人の運勢に大きな影響を与えます。よい影響を与えるものを吉相、悪いものを凶相**といいます。

　吉相の家に住んでいる人は、健康状態がよく、仕事運や金運にも恵まれて豊かな生活を送ることができます。一方、凶相の家に住む人は、健康を損ない、仕事やお金の面でもトラブルが多く、いさかいが絶えない生活を送ることになります。このような状態は、一家の主人だけでなく家族全員に及びます。

　「家相5年」というように、家相の影響は、その家に長く住むにつれて少しずつあらわれてきます。

インテリアで開運する

　家相を調べる重要な要素のひとつに「方位」があります（→P12）。方位にはそれぞれ「象意」という意味があり、家の中のある方位に吉相や凶相があると、その方位の象意に関係した吉作用や凶作用が起こります。

　また、私たちは生まれ年によって、ホームグラウンドとなる方位が決まっています。その方位に吉相や凶相があれば、象意に関係した作用が起こります。

　家相がよくないことがわかったら、すぐに対策を立てるのが賢明です。引越しをするか増改築をして、凶相を吉相に変えることが考えられますが、これらはすぐにできることではありません。そこで、**インテリアを工夫して、方位による凶作用を少なくし、吉相の場合はもっと幸運を大きくしようというのが、「インテリア家相・部屋相開運法」**です（→P20）。

　具体的には、方位に合わせてラッキーカラーをインテリアに取り入れたり、生まれ年にちなんだラッキーグッズを飾ったり、掃除を徹底して環境を整えるといったことを行って開運していきます。

家相の基本―方位気学の考え方①

家相は「気学」という占術の一部です。気学は宇宙の法則を知り、その流れを読むことが大切です。まず、気学を構成する要素を見ていきましょう。

大自然の法則を体系化した気学

気学とは、運・不運という結果には何らかの原因があり、その法則を知れば、運命を変えて幸運をつかむことができる、というものです。

その基本となる考え方が、宇宙のエネルギー（精気）を9つに分けた「九星」、世界の事物は互いに調和し発展し合う陰と陽に分けられるとする「陰陽」、万物は木、火、土、金、水の5つの要素で構成されるとする「五行《ごぎょう》」です。家相の判断にもこれらが用いられます。

九星―宇宙のエネルギーは9つに分けられる

九星は中国から伝来した占術で、宇宙のエネルギーを9つに分類しています。星の字が使われていますが、これはエネルギーすなわち精気のことです。

宇宙の精気は大気中を循環しており、人が生まれたときに最初に吸い込んだ精気によって誕生九星が決まります。

九星は家相を判断するうえでも重要です（→P48）。

■九星（精）の種類

一白水星（いっぱくすいせい）
二黒土星（じこくどせい）
三碧木星（さんぺきもくせい）
四緑木星（しろくもくせい）
五黄土星（ごおうどせい）
六白金星（ろっぱくきんせい）
七赤金星（しちせききんせい）
八白土星（はっぱくどせい）
九紫火星（きゅうしかせい）

陰陽―すべては相反し、互いに補い合う

古代中国で生まれた思想で、この世に起こることや宇宙の事物はすべて陰と陽の2つに分けることができるというものです。

たとえば、月と太陽、裏と表、女と男、静と動、弱と強というように、相対する2つは陰と陽に分けられ、互いに補い合い、調和し発展していきます。

この考え方は占いだけでなく、中国の思想や哲学、政治、医学などに用いられ、大きな影響を与えてきました。

五行――万物は5つの要素で構成されている

やはり古代中国で生まれた考え方で、天地にあるすべてのものは、木、火、土、金、水の5つの要素のどれかに当てはまるというものです。

五行の「行」は道、働きといった意味。5つの要素には、水は木を育てるといったように互いに助け合ったり、水は火を消すというように反発し合う関係があります。

五行は陰陽と同様に、古代中国の人々の生活に大きな影響を及ぼしました。占術だけでなく漢方医術にも重要な役割を果たしています。

■五行があらわす意味

【木】万物を成長させる春の「暖かい気」を意味し、樹木や木でできたすべてのものを指す。

【火】万物を旺盛にさせる夏の「熱い気」を意味し、燃える火だけでなく発熱作用や発光などの現象も指す。

【土】四季の中間にある土用の「湿った気」を意味し、大地や土そのものの持つ作用を指す。万物を生み出し育成し腐敗させる、相反する意味を持つ。

【金】実りの秋の「涼しい気」を意味し、鉱物そのものだけでなく金属製品全般を指す。

【水】万物が静かに春を待つ冬の「寒い気」を意味し、水そのものだけでなく液体状のもの全般を指す。

五行の相生・相剋と九星

■相生（そうしょう）
相生は調和を意味する。互いに補い合い、あらゆる事象の発生や成長をもたらす関係。となり合う五行は互いに助け合い、5つは循環して円を描く。また、木と木、土と土のように同じ五行の関係は「比和（ひわ）」といい、互いによい影響を与え合う。

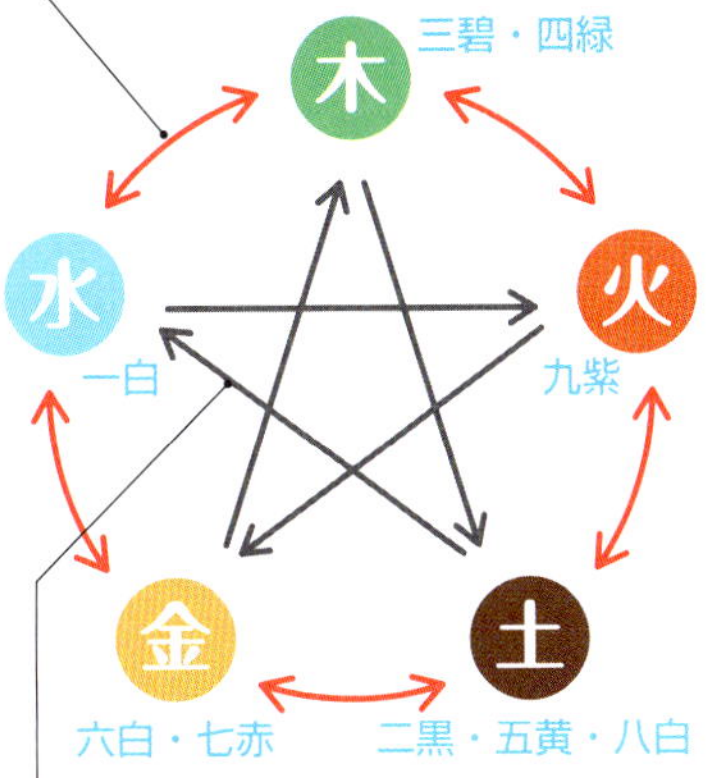
木
三碧・四緑
火
九紫
土
二黒・五黄・八白
金
六白・七赤
水
一白

■相剋（そうこく）
相剋は相生とは逆に不調和の関係で、相手のパワーを減してしまう。1つおきの五行は互いに衝突し合う。

五行の性質を持つ九星

すべての事物は五行で構成されていますが、宇宙のエネルギーである九星も五行のどれかの性質を持っており、いずれかに分類されます。ここから一白水星、二黒土星といった呼び方が出てきます。

また、相生と相剋、比和の関係もあります。たとえば、三碧と四緑は木星なので、一白水星と調和しますが、七赤金星とは反発し合います。

九星の相生と相剋

	相生（比和）	相剋
一白水星	三碧・四緑・六白・七赤	二黒・八白・九紫
二黒土星	六白・七赤・九紫（八白）	一白・三碧・四緑
三碧木星	一白・九紫（四緑）	二黒・六白・七赤・八白
四緑木星	一白・九紫（三碧）	二黒・六白・七赤・八白
五黄土星	六白・七赤・九紫（二黒・八白）	一白・三碧・四緑
六白金星	一白・二黒・八白（七赤）	三碧・四緑・九紫
七赤金星	一白・二黒・八白（六白）	三碧・四緑・九紫
八白土星	六白・七赤・九紫（二黒）	一白・三碧・四緑
九紫火星	二黒・三碧・四緑・八白	一白・六白・七赤

家相の基本ー方位気学の考え方②

九星と並んで重要なのが方位です。九星と方位は後天定位盤であらわされ、これが家相や方位を見るときのベースとなります。

方位ー五行のエネルギーが働く場所

自然のエネルギーが人や家に与える影響を見るとき、自然の法則が示されている方位の考え方が重要になります。**気学はもともと九星術と方位術から誕生したもので、九星によって幸福を呼ぶエネルギーを知り、方位によって幸福になる場所を知ります。**

方位とは方角のことで、東、西、南、北に東南、南西、西北、北東を加えたものを八方位といいます（→P26）。

また、方位は十二支によってもあらわされます。子《ね》を北に、時計回りに丑《うし》、寅《とら》、卯《う》、辰《たつ》、巳《み》、午《うま》、未《ひつじ》、申《さる》、酉《とり》、戌《いぬ》、亥《い》の順に並びます。辰巳といえば東南を指し、戌亥といえば西北を指すことになります。

方位と九星の関係

九星にもそれぞれ決まった方位があります。一白水星は北、二黒土星は南西、三碧木星は東、四緑木星は東南、六白金星は西北、七赤金星は西、八白土星は北東、九紫火星は南、そして五黄土星はこれらの中央の方位に位置します。これを「後天定位《こうてんじょうい》」といいます。

この九星と十二支、方位を1つの図にしたものが後天定位盤（下図）です。九星は年、月、日、時という一定の法則にしたがって運行します。後天定位盤ではその動きを見ることができ、気学で運勢や家相、吉方位を判断するときの基準となります（→P180）。

後天定位盤

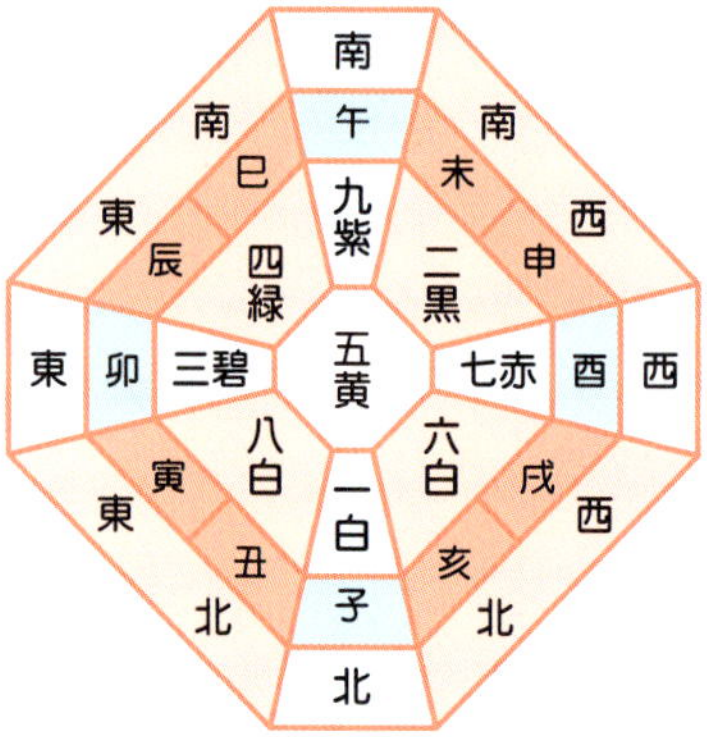

後天定位は季節や時間など自然の様子すべてをあらわす。季節では、北の水は冬、東の木は春、南の火は夏、西の金は秋になる。季節と季節の間は土用。

家相の見方

家相を見るとき、もっとも重要なのは家の八方位を正しく割り出すこと。
方位がずれていると吉凶の判断が正確にできません。

家の形と間取りの方位を調べる

家相を調べるときに、まず見るのは土地や家の形です。家は四角いという印象がありますが、出っ張った部分と引っ込んだ部分が意外にあり、デコボコしているものです。

次に間取りを見ます。これを見ると、各部屋の位置に加えて、窓や階段、廊下の位置や大きさがわかります。住む人の個性や工夫が発揮されている部分です。

そして、もっとも重要になるのがデコボコと各部屋の方位です。方位にはそれぞれ意味があり、住む人の運勢に大きな影響を与えるからです。

実際にポイントを押さえながら、家相の調べ方を見ていきましょう。

Point 1 吉相と凶相を見る 張りと欠け

家の平面図を見たときに、出っ張った部分を「張り」、へこんだ部分を「欠け」といいます。張りは住む人の運勢の強化を意味する吉相です。欠けは住む人の運勢の弱まりを暗示する凶相になります。張りにはよいエネルギーが充満しており、欠けにはエネルギーが不足しているからです。出っ張っていればすべて張り、へこんでいれば欠けというわけではなく、以下のような基準があります。

●張り

間口、奥行を問わず出っ張った部分のこと。しかもそれが建物の一辺の3分の1以内のもの。

●欠け

間口や奥行を問わず、へこんだ部分のこと。しかもそれが建物の一辺の3分の1以内のもの。

また、別棟や離れ、物置がある場合は、それが張りと同じ意味を持ちます。ただし、それらが母屋より大きくて立派な場合は、そこに住む人のほうが主人よりも力を持つなどの主客転倒が起こります。

張りや別棟は多ければよいというものではありません。これらはせいぜい2つまで。方位をよく選んでつけると、家相のよい影響があらわれ、家運はアップします。

Point 2 運気の流れを見る 開放部と閉塞部《へいそくぶ》

家づくりは、空気の循環が大切な

ポイントです。エネルギーは空気とともに入ってくるからです。窓がなく空気の流れがないような家は避けるべきです。しかし、大きな窓をつけすぎるのもよくありません。家の中に入ってきたよいエネルギーがすべて出て行ってしまうからです。

家相では空気の流れる部分を開放部、空気の流れを遮断する部分を閉塞部として、以下のように見ます。

●開放部

出入り口や大きな窓、廊下、縁側、階段など。外気が出入りするところは、そこからよいエネルギーがどんどん流出して、欠けと同じく凶相となる。

●閉塞部

壁などでしっかりふさがっている部分。この部分は「無事」と見なす。

家相には吉と凶と無事しかありません。張りは吉相、欠けは凶相、閉塞部は無事と判断します。

よい家相は、窓などの開放部は比較的小さいけれども、空気の循環はよいということになります。

Point 3 八方位を知る

張りや欠け、開放部や閉塞部がどの方位にあるかを知るために、家の平面図を八方位に分ける必要があります。そのためには、まず平面図から家の中心を求め、次に真北を調べ、それを基準として八方位を割り出します。

間取りで見る張りと欠けの例

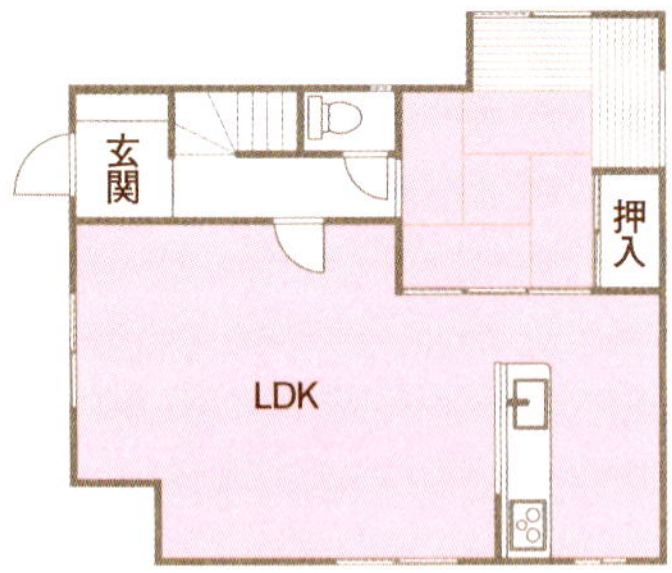

玄関
押入
LDK

和室の板の間の部分が張り、リビングルームのへこんだ部分が欠け。

張りと欠けの見方

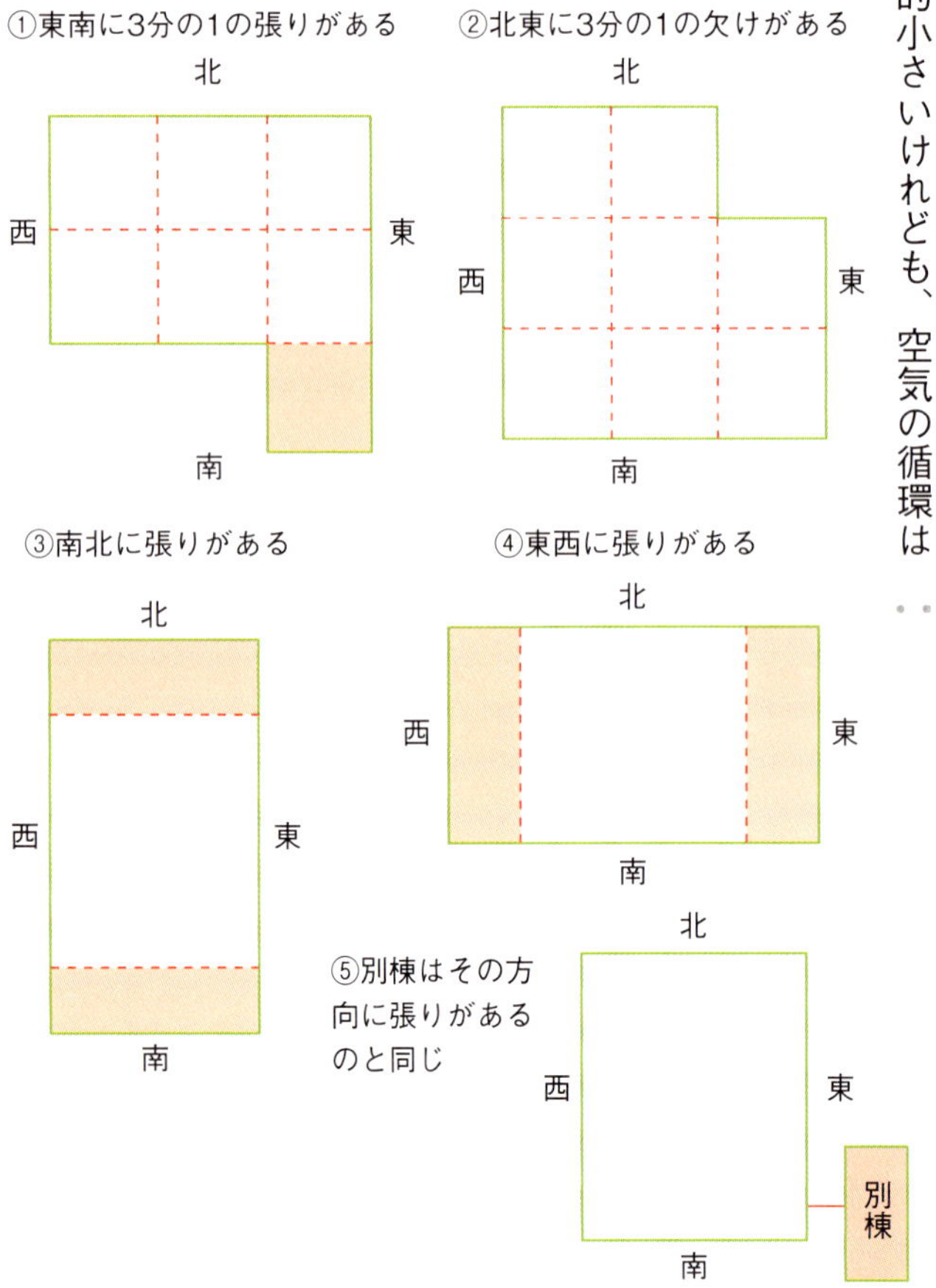

①東南に3分の1の張りがある
北
西
東
南
②北東に3分の1の欠けがある
北
西
東
南
③南北に張りがある
北
西
東
南
④東西に張りがある
北
西
東
南
⑤別棟はその方向に張りがあるのと同じ
北
西
東
南
別棟

方位の割り出し方

Step 1 家の中心を求める

家の中心の取り方には、次のような方法があります。

❶張りと欠けを除いて中心を取る
❷張りと欠けを平均して中心を取る
❸力学的な重心を中心とする
❹主人の寝室を中心とする
❺判断したい事柄によって中心の位置を決める

一般的な方法は❶と❷です（下図）。家が2階建ての場合は、それぞれの階で中心を求めます。二世帯住宅の場合は、住宅が区切られて玄関が独立していれば、それぞれの中心を求めます。

張りと欠けを除いて中心を取る方法

●張りのある家の場合

対角線を結んで交わりを中心とする。

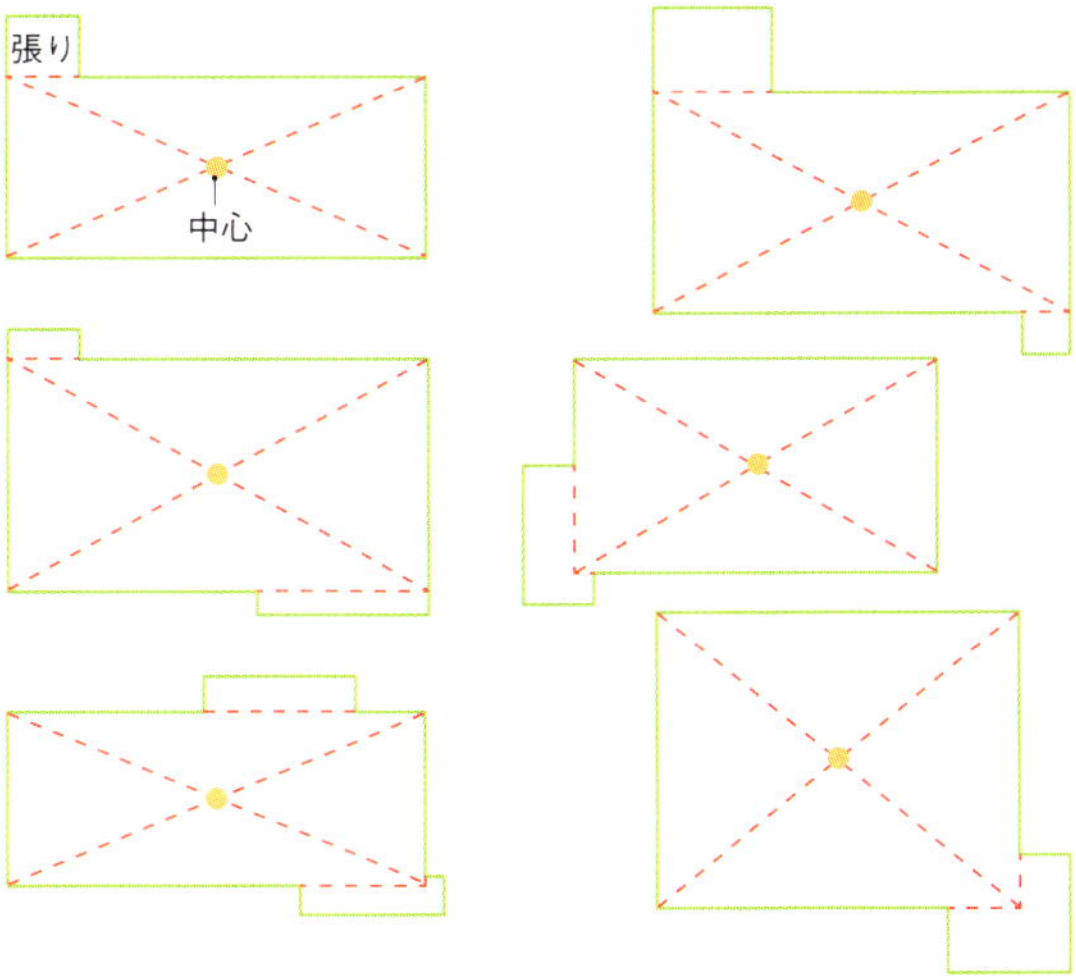

●欠けのある家の場合

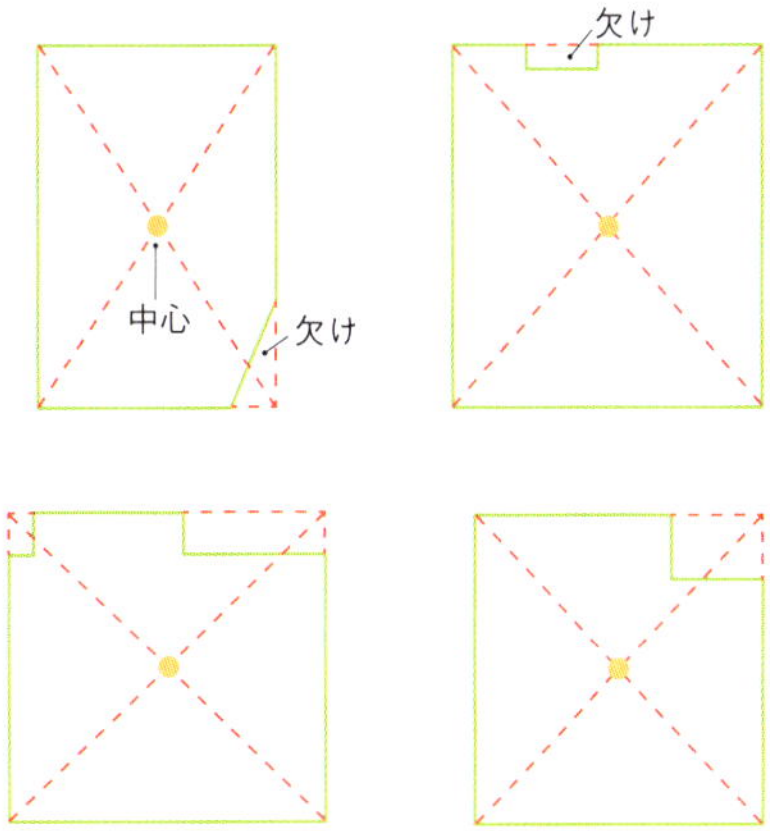

張りと欠けを平均して中心を取る方法

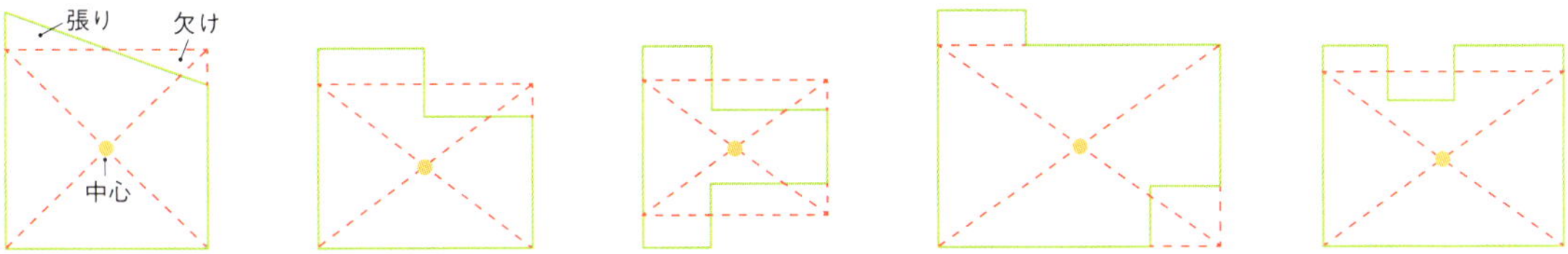

Step 2 真北を決める

平面図で中心が決まったら、次に北を決めます。中心の位置に磁石を置きます。このとき、磁石の指す北（磁北）と真北にずれがあることに注意してください。関東地方では磁北が約6度西にかたよっています。磁石の指す北から東に6度修正したところが真北になります。

磁北と真北のずれ

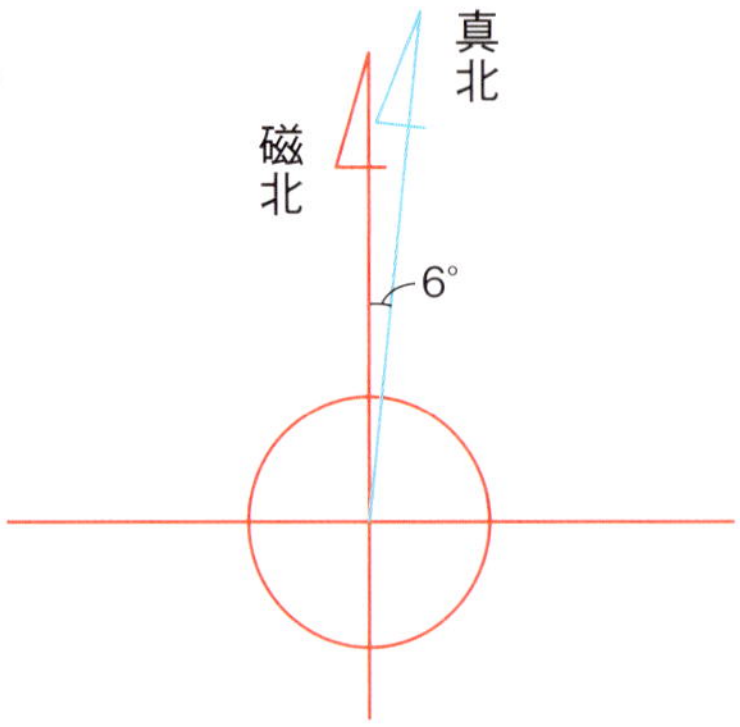

磁気西偏差角度

札幌	8.58
仙台	7.06
新潟	7.14
大阪	6.18
長崎	5.35

磁北から約6度東に寄せると真北の位置が求められる。

Step 3 八方位を割り出す

中心と北が決まったら、八方位を割り出します。このとき、東西南北を「四正」、それぞれの中間の東南、南西、西北、北東を「四隅」といいます。四正と四隅で八方位となります。

八方位にはそれぞれを45度ずつ均等に割る方法もありますが、ここでは四正を各30度、四隅を各60度にし、十二支の一支を30度にする方法を取ります。

八方位を区切る線はきちんと分度器で測って引くようにしましょう。そうでないと、鑑定に狂いが生じ、南の吉相のつもりが実は南西の凶相だったということも起こります。

●割り出し方

❶中心から東西南北に点線を引く

❷点線を中心に上下に15度ずつ測り、実線を引く

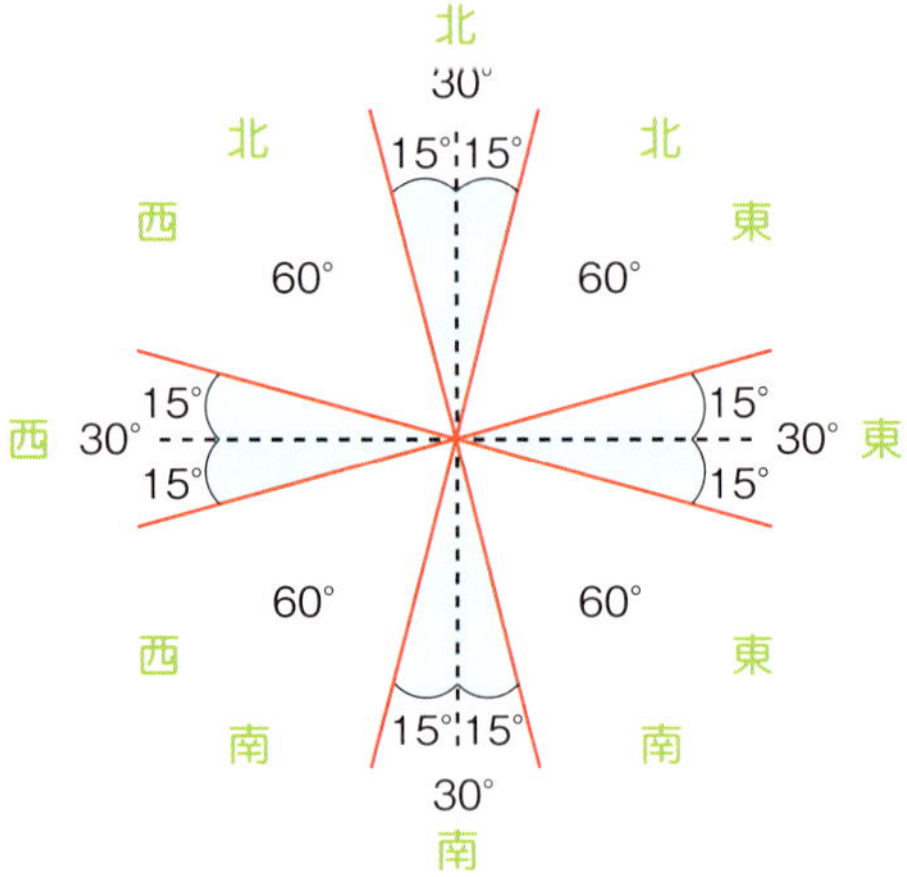

45度ずつの均等分解図

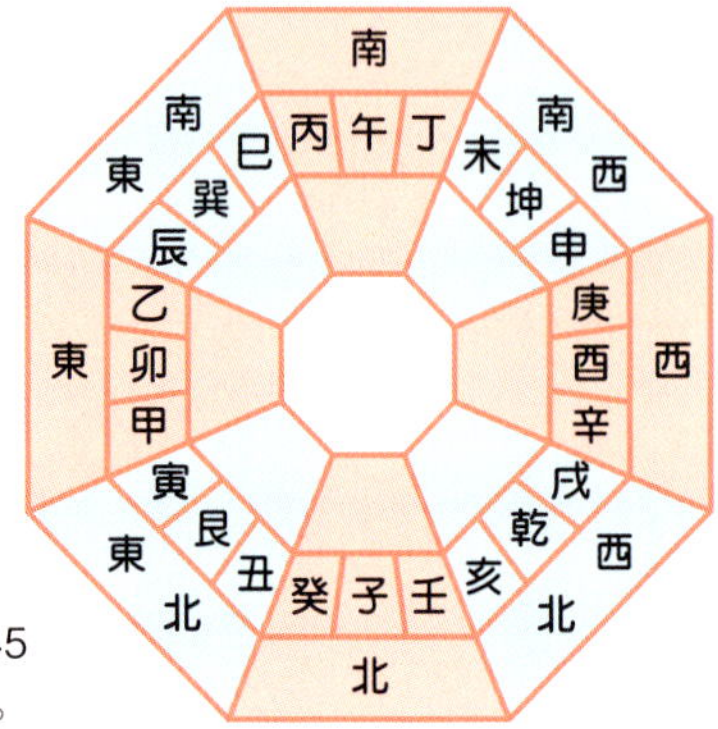

江戸時代は四正、四隅を45度に割るのが一般的だった。

平面図での方位の取り方

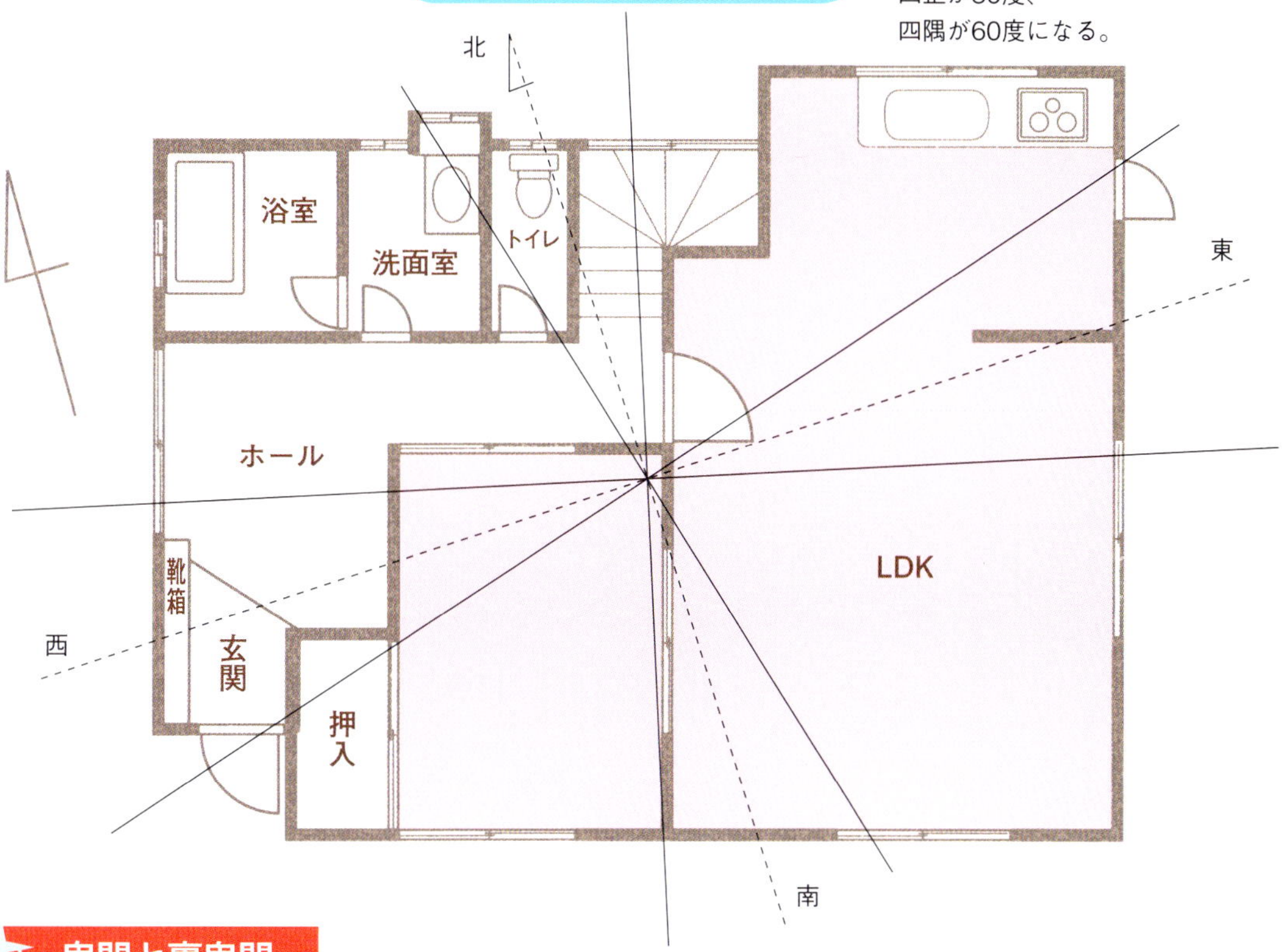

鬼門と裏鬼門

家相についてよく聞くことばに鬼門と裏鬼門があります。鬼門と裏鬼門は大切な場所なので、トイレや水まわりをつくると不幸になるというものです。

鬼門は北東、裏鬼門は南西の方角ですが、なぜこのようなことがいわれるようになったのでしょうか。

中国の伝説に「昔、度朔山《どさくざん》という大きな桃の木のある山があり、そこには鬼の番人がいた。北東に門をつくり、そこに集まってくる鬼を検問して、悪事を働いた鬼は門をくぐらせずに虎に食わせてしまった」というものがあります。鬼の門のあった方角から北東を鬼門、その裏を裏鬼門と呼ぶようになりました。

家相では、北東は太陽光が届かず湿気が多いため、カビや細菌が繁殖しやすく、南西は西日が当たってその余熱で物が腐りやすく、どちらも自然から大きな悪影響を受ける場所としています。自然の影響が強いので、欠けはいうに及ばず張りもダメで、ふさいでしまうしかないとされています。玄関、トイレ、キッチン、浴室などをつくるのも凶です。とくに注意をうながす場所として、鬼門、裏鬼門という呼び方がされてきたのでしょう。

家相判断の流れ

ここまで家相の基礎知識を見てきました。ここで実際に家相を調べるときの手順とポイントをチェックしておきましょう。

1 家の平面図を用意する

建築図面があれば、それをコピーします。2階建て以上であれば、それぞれの階のものを用意。マンションやアパートも同様に平面図を準備します。

2 家の中心を求める

平面図から張りと欠けを見きわめ、家の中心を決めます（→P15）。〈ポイント〉それぞれの階で家の中心を出す。

3 真北を決める

磁石で磁北を確認し、かたよりを修正して真北を決めます（→P16）。

4 八方位を割り出す

中心から東西南北に点線を引きます。点線を中心に上下に15度ずつ測って実線を引いて、30度の四正、60度の四隅をつくります（→P16）。

〈ポイント〉分度器を使って正確に測る。

5 張りと欠けを見る

平面図で張りと欠けの方位を確かめます。別棟は張りの扱いにします。ただし、母屋よりも大きな別棟は凶相になります。張りは吉相、欠けは凶相です。ただし、鬼門と裏鬼門は張りであっても凶相になります（↓P13）。

6 開放部と閉塞部を見る

開放部とは、窓、廊下、縁側、出入り口、階段などで、エネルギーが放出される場所ということで、大きい場合は凶相です。閉塞部は壁にふさがれたところで、エネルギーが流出しないので無事と見なされます。ただし、窓や出入り口が極端に少なく、空気の循環がないのも凶相となります（↓P13）。

7 鬼門と裏鬼門を見る

鬼門である北東と裏鬼門である南西は、欠けはもちろん張りも凶相。この位置に玄関、トイレ、キッチン、浴室がないかチェックします（↓P17）。

8 各方位にどんな部屋があるかチェックする

玄関、トイレなど、部屋によって、そこに位置することが適している方位とそうでない方位があり、それによって吉凶作用が生じます（↓P114）。

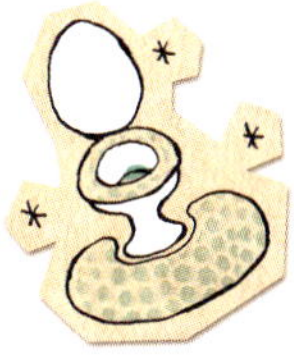

凶相への対策

凶相があるとわかったら、すぐに対策を考えましょう。吉方への引越しや改築がベストですが、ここではインテリアで凶作用をやわらげる方法を紹介します。

凶相を見つけたら

家相を調べて、住んでいる家が凶相だとわかったら、すぐにその対策を考えましょう。まだ凶作用があらわれていなくても、そのままにしておいてはいけません。吉・凶相ともに5年以上住み続けると徐々にあらわれてくるからです。家相の影響は、影響があらわれはじめ、「もしかしたら」と気づいたときには手遅れということも考えられます。

凶相への対策には次の4つが考えられます。

❶住んでいる家を処分して吉相の家を購入する
❷凶相の部分を改築する
❸引越しで吉方へ移転する
❹インテリアや家具の配置で凶相の作用を少なくする

とはいえ、❶〜❸は費用やいろいろな事情で簡単にできるわけではないでしょう。

その場合は、❹のインテリアで凶作用をやわらげましょう。この方法はあくまで一時的なもの。しかし、インテリアを利用して運気をアップさせたら、資金を用意して移転や改築を行うことをすすめます。移転する場合は3〜5年ごとに、吉方へ吉方へと移ると、運気がアップします。

インテリアで解決する方法

インテリアを利用する具体的な方法を紹介しましょう。次の5つです。

方法1 押入れなどの収納をつくる

宇宙のエネルギーは空気とともに家に入ってきます。うまく押入れや物入れをつくって、欠けや張りになっている部分を解消することにより、凶相を吉相にすることができます。

方法2 家具を配置する

押入れなどがつくれない場合は、空気の流れが変わるように、システム家具のような天井までしっかりとふさげる高さのある家具を置きます。高さが足りないと、空気の流れが生じてしまうため、凶相を変えた効果が少なくなります。

方法3 色を利用する

色には方位と同様にエネルギーが宿っており、それぞれ意味を持っています。色を利用して開運するには次の方法があります。

凶相の間取り例

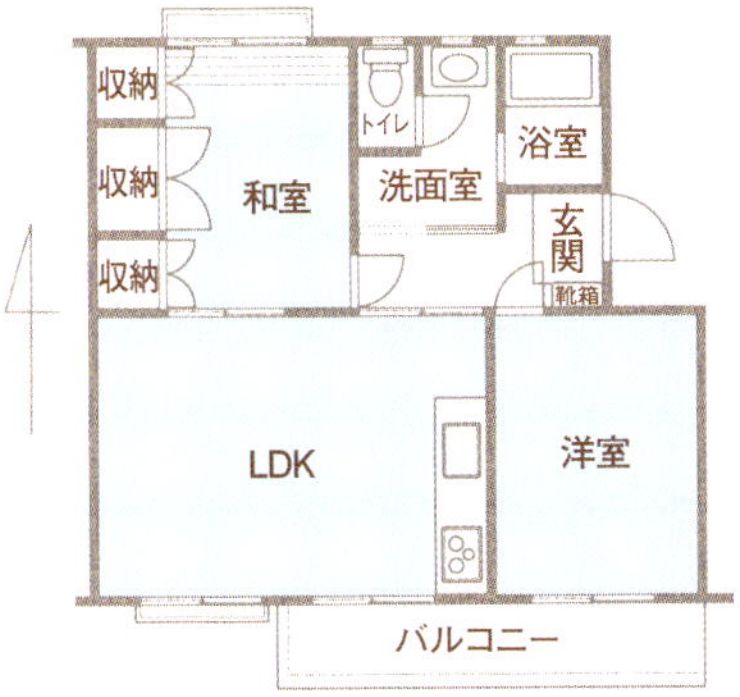

北東の浴室、玄関の部分が大きく欠けて、東から東南にかけて大きく張りすぎている。

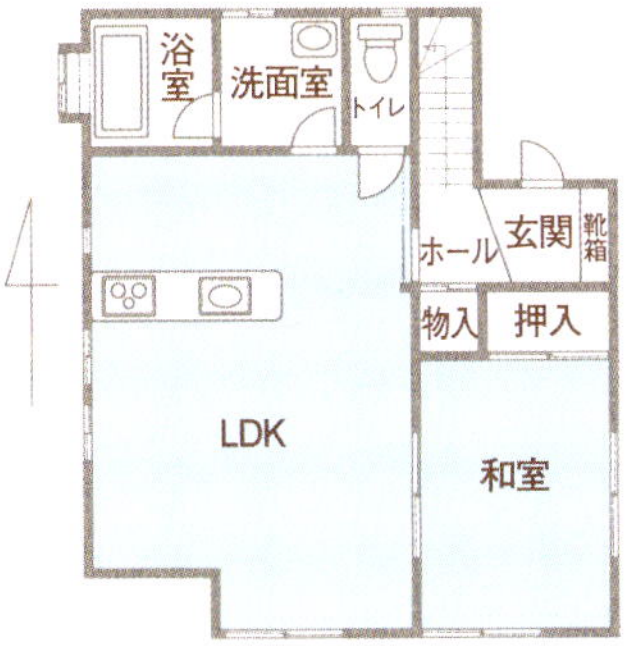

南西に欠けがある。

改装後

吉相の間取り例

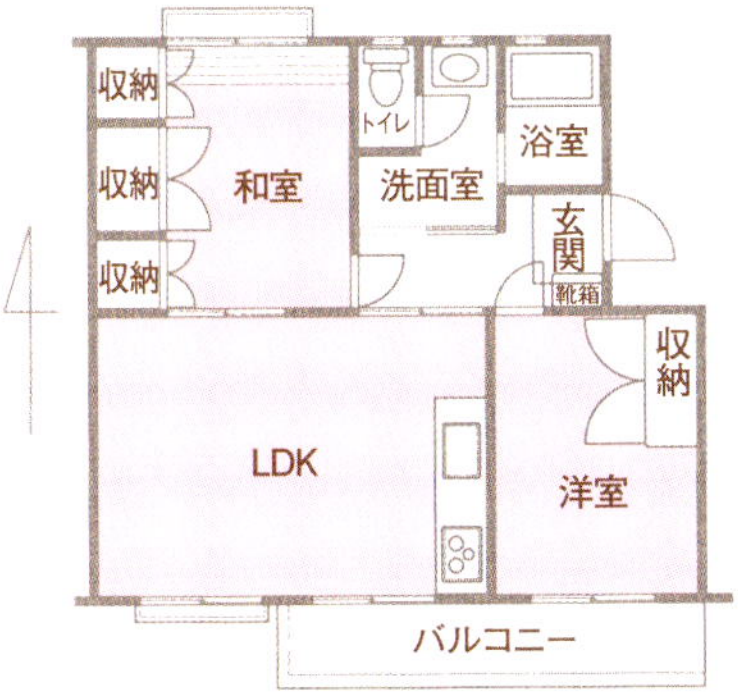

洋室の東に収納をつくる

収納の部分は欠けになる（なくなる）と見なされ、残った東南の部分が張りになり、吉相となる。

和室の南側にタンスなどを置く

タンスを置いた部分は欠け（なくなる）と見なされるので、南西の欠けが解消されて南の張りとなる。

❶全体運をアップさせるには

家具やカーテン、床、壁などに、各人の九星別のラッキーカラーを使用することで、全体運をアップさせます。基本的には主人のラッキーカラーを用いますが、キッチンなどには主婦のカラーを、個人の部屋には使う人のカラーを取り入れてもかまいません。

❷望みをかなえるには

色には意味があるので、自分の求める運気の色を用いることで、そのパワーを吸収できます。自分が上げたい運気の色を服やアクセサリー、花などに使います。

方法4 グッズや絵を飾る

ラッキーグッズを飾ることで運勢をアップさせる方法です。ラッキーグッズとは、九星ごとにその星生まれの人の運勢を盛り上げるもので、置物や時計、絵、アクセサリーなどがあります。

ラッキーグッズで開運するには、自分自身が幸福をつかむ、あるいは目的を達成させるという意識をはっきり持ち、それを願いながら飾るのが大切です。グッズや絵が媒体になって幸運に恵まれるため、それらと自分が一体感を持つことが必要です。

❶全体運をアップさせるには

ホームグラウンドの方位に各人の九星別のラッキーグッズを飾ります。家相に欠けや開き（開放部）の凶相があったとしても、その凶作用がやわらげられて、全体運がアップします。

❷望みをかなえるには

運を開く方位にその象意に合った動物の置物や絵を飾ります。たとえば、金運を上げたい場合は、西に鶏の置物や絵を飾ります。西には「金銭」の象意があり、金運にかかわりの深い方位です。「鶏」も西の象意の動物です。

❸間取りの凶作用を少なくするには

欠けや開きの凶相があったり、トイレやキッチンなどが凶相あるいは凶方位にある場合、そこに自分の九星別のラッキーグッズを飾ります。たとえば、東に欠けがあり自分が一白生まれだとしたら、欠けのある場所に鶴の置物を飾ります。

方法5 花を飾る

花にはネガティブな気持ちやストレスをやわらげ、ポジティブな気持ちを呼び覚ましてくれる力があります。この花の力を生かして幸運を呼び寄せる方法として、ラッキーフラワーを飾る「ラッキー花風水」があります。

ラッキーフラワーは、花の色や形で、九星別に分けられたものです。たとえば、一白水星生まれのラッキーフラワーは「赤などの色鮮やかな丸型の大きな花」で、代表的なものとしてダリアがあげられます。

また、九星と方位の関係から、方位別にもラッキーフラワーがあります。間取りの凶相から生じる凶作用を少なくするために、その方位のラッキーフラワーを飾ります。

ラッキーフラワーは生花に限らず、プリザーブドフラワーや写真、絵でもかまいません。

❶全体運をアップさせるには

ホームグラウンドの方位に、各人の九星別のラッキーフラワーを飾ります。家相に欠けや開きの凶相があったとしても、その凶作用がやわらげられて、全体運がアップします。

❷望みをかなえるには

運を開く方位に自分のラッキーフラワーを飾ります。たとえば、愛情運をアップさせたいときは、愛情運を開く北の方位にラッキーフラワーを飾ります。

❸間取りの凶作用を少なくするには

欠けや開きの凶相があったり、トイレやキッチンなどが凶相あるいは凶方位にある場合、そこに自分の誕生九星別のラッキーフラワーを飾るか、方位別のラッキーフラワーを飾ります。たとえば、北にトイレがあり、自分が四緑生まれだとしたら、トイレに四緑生まれの花のチューリップを飾ります。あるいは北のラッキーフラワーの水仙を飾ります。

誕生九星別　ラッキーカラー

一白水星生まれ	ホワイト系・グリーン系
二黒土星生まれ	レッド系・ホワイト系
三碧木星生まれ	レッド系・グレイ系
四緑木星生まれ	レッド系・グレイ系
五黄土星生まれ	レッド系・ホワイト系
六白金星生まれ	イエロー系・グレイ系
七赤金星生まれ	イエロー系・グレイ系
八白土星生まれ	レッド系・ホワイト系
九紫火星生まれ	ブルー系・イエロー系

色の意味

色	生み出すもの
赤	愛情、交友関係、悩みの解消、柔軟性、出会い
ピンク	恋愛、飲食、喜び、セックス、祝いごと
黄(金、茶、オレンジ)	お金、恋愛、喜び、健康、飲食、仕事、高級感
紫(黒)	生成、努力、勤勉、堅実、跡継ぎ、始まりと終わり、仕事、変化
緑・青(碧)	名誉、地位、アイデア、結婚、離合集散
白	信用、人気、完成、整う、結婚、家庭、発展

誕生九星別　運を開く方位とラッキーグッズ

九星	ホームグラウンド	ラッキーグッズ
一白水星生まれ	北	鳳凰《ほうおう》、鶴、鯉、象、バス、セミ、ハーモニカ、トランペット
二黒土星生まれ	南西	金魚、熱帯魚、貝、クジャク、船、ブレスレット、色彩のきれいな動植物のすべて
三碧木星生まれ	東	ラッコ、ペンギン、イルカ、アヒル、クジラ、すべての魚類
四緑木星生まれ	東南	ネコ、シロクマ、豚、白鳥、水鳥など
五黄土星生まれ	中央	鳳凰、錦鯉、クジャク、ボタン、アジサイ、ダイヤモンド、しゃれたベルト、色彩のきれいな動植物のすべて
六白金星生まれ	西北	シカ、キリン、ライオン、トラ、ヒョウ、竜、ウシ、竹、竹の子、キノコ、机、イス、くさり状のもの
七赤金星生まれ	西	ヤギ、サル、花びん、陶器、重箱、盆、四角いもの、ジャガイモ、サツマイモ、米俵、おにぎり、土でつくったもの
八白土星生まれ	北東	金魚、熱帯魚、エビ、鶴、チューリップ、ヒマワリ、ユリ、ネックレス、色彩のきれいな動植物のすべて
九紫火星生まれ	南	ウグイス、メジロ、チョウ、ハチ、鈴虫、サンダル、スリッパ、靴、飛行船

誕生九星別　ラッキーフラワーの特徴と例

九星	特徴	例
一白水星生まれ	赤・ピンク・白色、色が鮮やか、丸型、大きな花、秋咲き	センニチコウ、ダリア、オンシジウム、セントポーリア、キク、カトレアなど
二黒土星生まれ	赤・紫系、色が鮮やか、夏咲き	アジサイ、ラベンダー、アネモネ、キキョウ、ガーベラ、バラなど
三碧木星生まれ	白色・青系、冬咲き、垂れて開花	カサブランカ、クリスマスローズ、スズラン、アガパンサス、ユリなど
四緑木星生まれ	白色、1本立ちする、水辺の花	カラー、ユキヤナギ、コチョウラン、チューリップなど
五黄土星生まれ	赤・紫系、色が鮮やか、夏咲き	ブーゲンビリア、マリーゴールド、グラジオラス、ヒマワリ、ハイビスカスなど
六白金星生まれ	白色・黄色・オレンジ色系、背が高い、つながっている、つるがある	ハナビシソウ、キンギョソウ、スプレーマム、バラなど
七赤金星生まれ	黄色・オレンジ色系、背が低い、花数が多い、大衆的な花	プリムラ、菜の花、タンポポ、ランタナ、マリーゴールドなど
八白土星生まれ	赤・紫系、色が鮮やか、夏咲き	カーネーション、ポインセチア、シャクヤク、ダリア、ガーベラなど
九紫火星生まれ	青・青紫・緑系、香りがよい、新しい品種、春咲き	アサガオ、サクラソウ、サイネリア、ラベンダー、ベラドンナ、スミレ、ヒヤシンスなど

建築にまつわる祭り

家を建てるのは一大事業です。そのため、昔から完成までの無事を祈り、関係者への感謝の気持ちを込めて、地鎮祭《じちんさい》や上棟式《じょうとうしき》、竣功祭《しゅんこうさい》と、節目ごとに儀式が行われてきました。地鎮祭、上棟式は施工主の吉方となる日を選びますが、今まで住んでいたところに建てる場合は、方位を取らなくてもかまいません。

土地の神に許しを願う地鎮祭

古来、日本ではどの土地にも神が宿っていて、人は土地を神から借りて住んでいると考えられてきました。そのため、家を建てるときには、神に土地の使用を願って地鎮祭を行います。正式には「とこしずめのまつり」と読み、施工主とその家族がその土地で永続的に幸せに暮らせるように、工事が安全に進むように祈ります。

方法は、敷地の中央を掃き清め、四隅に竹を立てて注連《しめ》縄《なわ》を張り、中央に砂を盛り、その前に祭壇を設けます。祭壇には洗い米、酒、塩、水、山の幸、海の幸、果物、菓子などを供えます。神主が祝詞《のりと》をあげ参列者にお祓《はら》いをして、施工主が盛り砂に鍬《くわ》を入れる「鍬入れ」を行います。これには神の守護のもとに地面を掘り起こすという意味があります。儀式後には、施工主や家族と建築関係者で祝宴を行うのが一般的です。

工事の無事進行を感謝する上棟式

木造家屋を建てるとき、まず建物の土台を造り、次に梁《はり》や柱を組み、屋根を組み上げます。最後に屋根の上に棟木《むなぎ》を上げ、家の骨格が完成します。そのときに行われるのが上棟式です。「棟上式《むねあげしき》」、建前《たてまえ》ともいいます。上棟式は工事が無事に進行していることを土地の神に報告、感謝して、建物が末永く無事であることを祈るものです。本来は神主を招きますが、最近は大工の棟梁《とうりょう》が中心となって工事にかかわってきた人たちの手で行われます。

式では棟木の上に幣串《へいぐし》という魔除けの飾りを取りつけ、玄関のあたりに祭壇を設けてお神酒《みき》などを供え、建物の四方に酒、塩、米をまいて清めます。式後には、施工主が酒肴を用意し関係者をもてなし、ご祝儀を配ります。地方によっては、もちや金銭をまくところもあります。

家の完成を感謝する竣功祭

竣工祭とも書きます。建物が無事完成したことを神に感謝し、家内安全を祈る儀式です。最近は省略されることも多いようです。式では神主が施工主と一緒に各部屋を回ってお祓いをし、祝詞をあげ玉《たま》串奉奠《ぐしほうてん》を行います。

Part2

八方位の意味

八方位があらわすこと

家相には、方位が持つ意味に関係する現象が吉凶作用としてあらわれます。ここでは、それぞれの方位について見ていきましょう。

象意《しょうい》が吉凶の現象としてあらわれる

八方位のエネルギーは、それらが持つ意味にしたがってさまざまな影響をもたらします。この方位の持つ意味を「象意」といいます。

象意は、八方位が九星や五行と深いかかわりを持っているために、それらの意味も加わり、自然現象や人、体の各部位、場所、事物、動植物、飲食物など、広範囲にわたっています。

家相に吉相があると、象意はプラスに働いてよい現象としてあらわれますが、凶相があるとマイナスに働いて、悪い現象としてあらわれます。

たとえば、家の東に3分の1以下の張りがある吉相を例に取ってみましょう。東の象意には「長男、若者、震《ふる》う」といったことがあります。吉相はこれらの事柄によい影響を与え、子どもが順調に育ち、とくに男子は何をやっても成功するということを示します。

家相の吉凶作用は家族全員にあらわれますが、その方位に関係の深い人により強く作用します。

たとえば、北に吉相がある場合は、子年生まれや一白年生まれの人、12月生まれや一白月生まれの人に強く作用して、運気を発展させ幸運をもたらします。逆に北に凶相がある場合は、これらの人に凶作用が強く出ます。

象意のあらわれ方

西の例

象意：悦《よろこ》ぶ、金銭、口論

吉

吉相（3分の1以下の張りや、入り口もなく壁でふさがれているなど）の場合、起きる現象は、金運がアップする。たとえば、話し上手で社交的なため、人から引き立てられて成功し収入が増えるなど。

凶

凶相（西に欠けやトイレがあるなど）の場合、起きる現象は、金運が下がる。仕事に意欲が持てなくなったり、欠勤や遅刻が増えて評価を落として収入が減る。ギャンブルで損をするなど。

東南の例

象意：風、斉《ととの》う、遠方、信用

吉

吉相（3分の1以下の張りがあるなど）の場合、起きる現象は、遠方からよい情報を得て、仕事がうまくいく。たとえば、海外で取引がうまくいって業績がアップする。信頼されて出世するなど。

凶

凶相（東南に3分の1以下の欠けやトイレがあるなど）の場合、起きる現象は、斉うはずだった商談が、ご破算になる。とくに外国など遠方との仕事ほどうまくいかない。そのため信頼を失ってしまうなど。

象意が示す体の部位と健康

人の体も、八方位に当てはめて考えることができます。

南が頭部（首から上）、南西が右手、東南が左手、中央が腹部、西が右脇、東が左脇、北は性器、西北が右足、北東が左足になります。また、五臓でいうと、東が肝臓、西が肺臓、南が心臓、北は腎臓、中央は脾《ひ》臓《ぞう》（胃腸）です。

この方位に吉相があれば、それに関係する部位は健康となり、凶相があればその部位に何らかの不調や疾患があらわれます。

南（九紫）
東南（四緑）
南西（二黒）
東（三碧）
中央（五黄）
西（七赤）
北（一白）
北東（八白）
西北（六白）

体の八方位図

北

流れる水を象徴し和合と流通をつかさどる方位

北は一白水星で流水を象徴。地上から蒸発した水は、雲となり雨となり、清流から川に流れ大海に注ぎます。そのさまざまな困難や苦労の過程を意味し、和合や流通をつかさどります。

北と関係が深いのは、一白年生まれ、一白月生まれ、子年生まれ、12月生まれの人です。

北の方位の意味

【九星】一白水星
【十干】壬《みずのえ》・癸《みずのと》
【十二支】子
【易象】☵（坎《かん》）
【五行】水・寒
【季節】12月
【時間】23〜1時（子の刻）
【五臓】腎臓
【色彩】黒・白
【味覚】鹹《かん》（塩からみ）
【数象】1・6
【方位】北方30度
【一白水星の象意】中年男性　黒白　交わり　陥る　セックス　穴　苦しむ　始まり　ごまかす　下がる　結ぶ　秘密　根元　考える　悩み　睡眠　奸智《かんち》

自然界の象意

【天象】寒冷　寒気　冷気　雨　雪　霜　霧　もや　雲　水気　月　深夜　水害　豪雨
【人象】中年男性　泥棒　僧侶　尼僧　哲学者　書家　貧乏人　盲人　外交官　病人　水商売の人　スパイ　ルポライター
【場所】裏口　裏門　寝室　浴槽　洗面所　床下　水族館　サウナ風呂　ガソリンスタンド　病院　海水浴場　釣掘　漁場　さびしいところ　井戸　洞穴　湿地
【事物】帯　ひも　折りたたんだもの　伸び縮みするもの　インク　ペン　布巾《ふきん》　針　ニス、ペンキなどの液体塗料　石油　人形　仏像
【飲食】栄養素　牛乳　魚肉　刺身　塩　飲料水　酒類　漬物類　塩辛類
【生理】腎臓　陰部　肛門　子宮　卵巣　睾丸　膀胱　尿道　精液　鼻孔《びこう》　耳孔《じこう》　あご　あざ　ほくろ　眼球　汗　涙　冷え性
【動物】狐　豚　シロクマ　カラス　カワウソ　フクロウ　蛍　尺取虫　イカ　クラゲ　ナメクジ　ミミズ　魚類　夜あらわれる動物
【植物】柊《ひいらぎ》　寒椿　寒紅梅　藤の花　垂れて開花する花　水仙　福寿草　ウラジロ　蘭《らん》　蓮の花　水草　藻　浮き草　苗木

北の吉相

- 北に3分の1以下の張りがある。
- 北に母屋より小さい別棟がある。東南に張りもしくは、別棟があるとなお吉。
- 北が2階建てで南が平屋の建物。
- 北が壁で閉塞している。
- 北が高く、南がなだらかな地相（北の冷気を防ぐ）。

北の凶相

- 北に欠けがある。
- 北に窓、廊下などの開放部がある。
- 北にトイレや浄化槽、下水がある（北は君子の場所なので、そこを汚すものがあるのは凶相）。
- 北にキッチンや浴室がある。
- 北にだけ地下室がある。
- 北に大きな穴がある。
- 北側が低くなっている地相。

暗示する運勢

（吉相）北の象意の「中年男性、和合、男女の情愛、秘密」に関連した事柄が吉相のエネルギーを受けて起こりやすくなります。ただし、北は極陰の方位であり、時刻は真夜中なので、目立たない形で起こります。

（凶相）「交わり」という象意がマイナスに働きます。閉鎖的で社交性がなくなったり、孤立したりすることがあります。

仕事運

（吉相）仕事は細く長く発展する運勢です。ライバルからねたまれることもないでしょう。交際上手で人間関係に恵まれ、交渉ごとはスムーズに成立。協調性や順応性があり、職場や仕事に早くなじみます。趣味と実益をかねた副業に恵まれることも。

（凶相）人間関係がうまくいかず、職場で孤立しがち。交渉ごともうまく運びません。部下に恵まれず、迷惑をかけられることも。だからといって、お酒を飲みすぎたりギャンブルにおぼれないように。健康を損ない信用を失います。

家庭運

（吉相）「生殖器」の象意があることから夫婦仲がよく、子宝に恵まれます。この家相の家で育った人は、協調性や和合性に富んでいるため、目上の人にかわいがられて引き立てられます。順調な人生を歩むでしょう。

（凶相）異性関係のトラブルや不倫で夫婦仲が悪くなる暗示。子宝に恵まれにくくなります。この家相は泥棒に狙われやすく、盗難事故がたびたび起こります。

健康運

（吉相）北の方位は腎臓をつかさどります。腎臓の機能が活発で、血液の浄化作用もスムーズなので、いつまでも若々しく活動的でいられます。

（凶相）腎臓病、膀胱炎、痔など下半身の病気をわずらいやすくなります。不眠に悩みます。「生殖器」の象意から、女性は冷え性や婦人科系の疾患に要注意。男性の場合は性病の暗示があります。

南西

南西の方位の意味

【九星】二黒土星
【十干】―
【十二支】未・申
【易象】☷（坤《こん》）
【五行】土・湿
【季節】7～8月
【時間】13～15時（未の刻）
15～17時（申の刻）
【五臓】脾臓（胃腸）
【色彩】黄・黒
【味覚】甘
【数象】5・10
【方位】南西60度
【二黒土星の象意】母 老婦人 主婦 大地 大衆 迷い 鈍重 不決断 心労 温厚 従順 依頼心 忠実 頑固 勤勉 努力 養う 受ける 労働 貯蔵 慎重

母なる大地を象徴し 生産力をつかさどる方位

南西は二黒土星で、万物を生み育てる大地を象徴。種を育てる忍耐力と粘り強さがすばらしい生産力を暗示します。土のように穏やかで柔軟な性質を持っています。

南西と関係が深いのは、二黒年生まれ、二黒月生まれ、未年生まれ、申年生まれ、7月生まれ、8月生まれの人です。

自然界の象意

【天象】曇天 無風で穏やかな日和
【人象】皇后 母 妻 婦人 副社長 次官助役 民衆 団体 工員 労働者 営業 作業員 農民 迷子 未開地の人 土木技師 土木建設請負業者および従事者
【場所】地球 平地 野原 公園 球場 田畑 農村 倉庫 埋立地 平屋 母屋 土間 寝所 押入れ 仕事場 博物館 物置場 生まれた土地
【事物】木綿の織物 敷物 下級の織物 中古衣類 土地 盆栽 セメント 瓦 レンガ 畳 会席膳 お盆 くずかご 灰 四角いもの 土管 陶磁器 土でつくったもの
【飲食】米、麦などの穀物 ご飯 おむすび もち類 小豆 大豆 そば粉 麩 米こうじ 煮豆 いり豆
【生理】脾臓 腹部 腸 右手 へそ 胃潰瘍 胃がん 胃拡張 胃下垂 胃けいれん 嘔吐 食欲不振 消化不良 黄疸 腹膜炎 下痢 便秘 しゃっくり
【動物】牝馬 牝ウシ ヤギ サル ヒヒ 狆《ちん》 カラス ダチョウ 土グモ 蟻
【植物】樹幹 ナズナ 苔 ワラビ シイタケ

南西の吉相

- 南西に張りも欠けもない（裏鬼門に当たるため）。さらに東に母屋の3分の1以下の別棟があればなお吉。
- 南西が平屋で北東が2階建て（日当たりがよくなる）。
- 南西の中心7〜10度が壁で閉塞している。
- 南西に隣接した高層建築物がない。
- 南西が低く、北東が高い地相。

南西の凶相

- 南西に欠けがある（廊下がある場合も欠けになる）。
- 南西に張りがある（裏鬼門に当たるので、張りも凶）。
- 南西にトイレや浄化槽、下水がある。
- 南西にキッチンや浴室がある。
- 南西が2階建てで北東が平屋。
- 南西に井戸、池、泉などがある。
- 南西が高く、北東が低い地相。

暗示する運勢

吉相： 南西の象意の「母、老婦人、主婦、勤勉、消化器」に関連する事柄について、強い影響があらわれます。吉作用は地味に穏やかにあらわれます。しかし、一度得た信用や人気はゆるぎないものになるでしょう。

凶相： 南西がもたらす美徳がすべて失われます。また、南西の太陽光線は南のものよりも強烈ですが、紫外線の量は減少するため殺菌力は弱まります。そのため、物が腐りやすくなったり、熱気がこもって悪臭やカビの原因になります。

仕事運

吉相： 誠実で真面目な人柄が信用されます。謙虚で忍耐強い性格に好感を持たれ、上司からも高い評価を受けるでしょう。ゆっくりしたペースですが、運勢は着実に上向きます。友人が大勢できます。

凶相： やる気がなくなり、怠慢な態度から取引先や顧客を失うことに。上司の信用も失います。頑固で融通がきかず、人のアドバイスにも耳を貸さないため、人間関係のトラブルに陥り仕事も失敗します。

家庭運

吉相： 「母、主婦」の象意がよい影響を受け、女性が生き生きとして家庭は円満。この家で育った人は忍耐強くまじめな努力家です。女性は結婚すると家庭をうまく切り盛りして愛されるでしょう。

凶相： 女性上位になるか、主婦や母親が病気がちになり、暗いムードの家庭になります。

健康運

吉相： 「消化器」の象意があるので栄養の消化吸収がよく、健康で活動的です。

凶相： 「消化器」の象意があるので、消化吸収が悪くなりスタミナ不足に。慢性の下痢や胃潰瘍に悩まされることもあります。胃腸が弱いと体質も虚弱に。

東

すべての始まりと発展を象徴する太陽の昇る方位

東は三碧木星で、太陽が昇る方位です。一日のうちでは朝、季節では春を意味することから、発芽や若者の象意があります。活気や希望、奮起をつかさどります。雷の象意から声や音とも関係があります。

三碧年生まれ、三碧月生まれ、卯年生まれ、3月生まれの人に関係が深い方位です。

東の方位の意味

【九星】三碧木星
【十干】甲《きのえ》・乙《きのと》
【十二支】卯
【易象】☳（震《しん》）
【五行】木・暖
【季節】3月
【時間】5〜7時（卯の刻）
【五臓】肝臓
【色彩】青・碧
【味覚】酸
【数象】3・8
【方位】東方30度
【三碧木星の象意】長男　若者　発芽　春　青　震《ふる》う　進む　昇る　発展　あらわれる　声あって形なし　講演　説教　新しい驚き　尋問　談判　争論　激論　楽器の音　拍手喝采　踏み上がる　読経　漏電　討議

自然界の象意

【天象】雷雨　にわか雨　大あられ　雹《ひょう》　落雷　稲妻　地震　地すべり　津波　旋風　竜巻　東風
【人象】長男　青年　電話局員　アナウンサー　放送局員　声優　音楽家　歌手　落語家　講釈師　漫才師　浪曲師　音で生計を立てる人　植木屋　寿司屋
【場所】戦地　震源地　火薬庫　森林　原野　春の庭園　春の田畑　並木　生垣　門戸　青物市場　植木市場　発電所　電話局　演奏会会場　公演席
【事物】ピアノ　オルガン　バイオリン　ラッパ　エレクトーン　DVD・CDプレーヤー　鐘　三味線　太鼓　木魚　花火　鉄砲　電話　受話器　呼び鈴
【飲食】野菜類　柑橘類　海草類　お茶　酸味のあるもの　酢の物　山菜の若芽
【生理】肝臓　足　のど　咽頭《いんとう》　喘息　百日咳　神経痛　リウマチ　打ち身　ヒステリー　ノイローゼ（神経症）
【動物】ウグイス　ヒバリ　メジロ　ヒナ鳥　ウサギ　蛙　鈴虫　松虫　クツワ虫　キリギリス　セミ　ヒグラシ　ムカデ　ノミ
【植物】草木　新芽　野菜　海草　薬草　柑橘類　茶

東の吉相

- 東に3分の1以下の張りがある。西北に張りか低い別棟がある場合は、相乗効果で大吉。
- 東に母屋の3分の1以下の別棟がある。
- 東が平屋で西が2階建ての建物。
- 東に隣接した高層建築物がない（太陽の光をさえぎらない）。
- 東に川が流れているか、海に面している。

東の凶相

- 東に欠けがある。
- 東に大きな窓、出入り口、廊下、ベランダなどの開放部がある。
- 東にトイレや浄化槽、下水がある。
- 東が2階建てで、西が平屋の建物（日当たりが悪くなる）。
- 東が壁で閉塞している（日当たりが悪く、太陽のエネルギーが取り込めない）。
- 東側が高くなっている地相。
- 東に隣接して高層建築物がある。

暗示する運勢

（吉相）東の象意に「長男、若者、進む」があるので、これに関係する事柄が強い影響を受けます。「震う、進む」の象意から運気は上昇するでしょう。

（凶相）東の美徳がすべて失われてしまいます。口は災いのもとでトラブルを起こし、嫌われることになります。

仕事運

（吉相）「発展」の象意からビジネス運は最高。「あらわれる」という象意から、どんな仕事についても頭角をあらわし、名声や人気が高まるでしょう。

（凶相）運勢はだんだん先細りになります。ムダ口やうわさ話をしていると、それが職場の問題になって信用を失うことに。何気ないひと言が大きく広まって、うそつきという評判が立つことがあります。

家庭運

（吉相）この家相の家で生まれた人は魅力ある声の持ち主が多く、話術が巧み。また、アイデアが豊富で決断力に優れているので、何をやってもうまくいきます。女性は家事と仕事をうまく両立させていきます。

（凶相）とくに長男に凶作用が強くあらわれます。定職につかない、家に寄りつかないなどで親を悩ませることがあります。

健康運

（吉相）肝臓が丈夫なため疲れ知らず。美声と健脚の持ち主で、いつまでも若々しさを失いません。

（凶相）肝臓にトラブルが起こり、疲れやすくなります。神経質がこうじて神経症になってしまうことも。リウマチや足のけがにも注意が必要です。

東南

東南の方位の意味

【九星】四緑木星
【十干】—
【十二支】辰・巳
【易象】☴（巽《そん》）
【五行】木・暖
【季節】4〜5月
【時間】7〜9時（辰の刻）
9〜11時（巳の刻）
【五臓】肝臓
【色彩】青・緑
【味覚】酸
【数象】3・8
【方位】東方60度
【四緑木星の象意】長女
風 順《したが》う 斉《ととの》う 長い
遠方 信用 縁談 旅行
精神 部下 雇い人
通勤 評判 宣伝
物品の往来 交渉 誤解
人の往来
コミュニケーション

風を象徴し、それに乗って幸運が舞い込む方位

東南は四緑木星で、風を象徴しています。風はどこからでも吹き込み、障害物に当たれば向きを変えることから、進退、出入り、流動、柔軟といった意味があります。

四緑年生まれ、四緑月生まれ、辰年生まれ、巳年生まれ、4月生まれ、5月生まれの人に関係が深い方位です。

自然界の象意

【天象】春夏秋冬の風
【人象】長女 美容師 木工 建具屋 指物師
材木商 きこり 旅行者 宅配者 編集者
運送屋 案内人 仲介人 郵便配達員
パイロット 客室乗務員 そば屋
【場所】玄関 道路 軌道 切り通し
材木置場 出入り口 呉服店 空港 草原
並木道 林野 風通しのよい場所
【事物】建具一式 電信電話線 糸 ひも 縄
針金 電柱 木材 木刀 屏風 ブラシ
扇風機 エアコン 飛行機 飛行船 たこ
羽 手紙 線香 葉書 毛髪
【飲食】めん類 イモ 大根
獣肉と魚肉の燻製品 ウナギの蒲焼き
酸味のあるもの
【生理】腸 左手 太もも 髪 気管 呼吸器
食道 動脈 神経 筋 わきが 屁
【動物】ヘビ 蝶 トンボ ハチ 鳥類
【植物】木の葉 若葉 マコモ アシ トクサ
杉 栗 茶 ユリ 蘭 バラ （ハーブ類）
香木類 ニラ ニンニク
つるで巻きつく植物 夕顔

東南の吉相

- 東南に3分の1以下の張りがある。さらに北に張りか別棟があれば家相としては最高。
- 東南に母屋の3分の1以下の別棟がある。
- 東南に井戸がある。
- 東南が平屋で西が2階建ての建物。
- 東南が低く、西北が高い地相。
- 東南に川が流れていたり、海に面している。

東南の凶相

- 東南に欠けがある。
- 東南に大きな窓や廊下、ベランダなどの開放部がある。
- 東南にトイレがある。
- 東南に浄化槽や下水、ゴミ捨て場がある。
- 東南が高くなっている地相。
- 東南に大きな穴が掘られている。
- 東南に隣接して高層建築物がある。

東南の吉相		東南の凶相
東南の象意には「長女、斉う、信用、成長」があるので、これに関係する事柄が強い影響を受けます。	暗示する運勢	すべてが斉《ととの》わないということで、東南の美徳がすべて失われてしまいます。
「風」の象意から遠方の人との交渉や、外回りの営業、海外出張が吉。どんどん運気はアップします。上司や部下から信用され成功するでしょう。	仕事運	仕事がうまくこなせなくなったり、身に覚えのないうわさを立てられたりで、信用を失うことに。とくに海外など遠方の仕事で失敗し損害を受けます。
この家で育った人は温厚な性格で人気者になります。女性、とくに長女にはよい影響があらわれます。良縁に恵まれ、穏やかで円満な家庭を築けるでしょう。玉の輿に乗るチャンスもあります。	家庭運	この家で育った女性はわがままで依存心が強くなりがち。良縁がなかなかまとまりません。男女ともに晩婚の傾向で、別居や離婚のトラブルもあります。
健康に恵まれ精神的にも安定しています。とくに呼吸器と腸が丈夫なので、活動的な生活が送れるでしょう。	健康運	呼吸器と腸にトラブルが起こりやすくなります。栄養が吸収できないので、季節の変わり目などに体調をくずしやすくなります。体臭に悩まされることも。

西北

西北の方位の意味

【九星】六白金星
【十干】—
【十二支】戌・亥
【易象】☰（乾《けん》）
【五行】金・冷
【季節】10〜11月
【時間】19〜21時（戌の刻）
21〜23時（亥の刻）
【五臓】肺臓
【色彩】白
【味覚】辛
【数象】4・9
【方位】西北60度
【六白金星の象意】天　父　白　充実　完全　目上　太陽　上等　すこやか　高級品　動いてやまず　多忙　戦う　施す　強硬　堅固　特許権　車　原子力　寄付　時計

天を象徴し、一家の主に大きな影響を及ぼす方位

西北は六白金星で、広大無辺の天を象徴します。そこから一家の主にもっとも影響を及ぼします。最高のもの、完全無欠の状態をあらわし、実りの秋や太陽、父、権利、社会的信用、権威などを象徴します。

六白年生まれ、六白月生まれ、戌年生まれ、亥年生まれ、10月生まれ、11月生まれの人に関係が深い方位です。

自然界の象意

【天象】晴天　青空　悪く転じると暴風雨
降雹《こうひょう》　霜害
【人象】天皇　聖人　各大臣　社長　団長　父
指導者　僧侶　占術家　宝石商　弁護士
エンジニア　カウンセラー
コンピュータ業者　自動車業者
【場所】皇居　神社仏閣　教会　国会
高層ビル　博覧会会場　運動場　市場　劇場
自衛隊基地　雑踏　金庫　武器庫　名所旧跡
【事物】珊瑚　めのう　真珠　金　銀
ダイヤモンド　鉱石　ガラス　鏡　指輪
ネックレス　時計　帽子　手袋　靴下　玉
弾丸　刃　バス　自動車　電車　自転車
印章　通貨　機械　水車　コンピュータ
【飲食】すべての果実　氷　柏もち　おはぎ
まんじゅう　カステラ　落花生　鰹節　干貝
いなり寿司　てんぷら
【生理】頭　肋骨　左肺　肋膜　腫れ物
血圧作用　骨
【動物】大蛇　象　獅子　鶴　牡馬　犬　鯉
【植物】薬草　ザクロ　橙　菊　神木　果樹

西北の吉相

- 西北に3分の1以下の張りか、母屋の3分の1以下の別棟がある。
- 西北が2階建てで、東南が平屋の建物。
- 西北に倉がある（西北には「収穫」という象意があるため）。
- 西北が高く、東南が低い地相。
- 西北に山を背負った地相。

西北の凶相

- 西北に欠けがある。
- 西北に大きな窓、廊下などの開放部がある。
- 西北の中心にトイレがある。
- 西北に浄化槽や下水がある（西北に汚水のたまりがある）。
- 西北に大きな炉がある。
- 西北に地下室がある。
- 西北が低く、東南が高い地相。

暗示する運勢

吉相：西北の象意に「主人、権利、投資、頭部」があるので、これに関係する事柄が強い影響を受けます。西北に吉相があると、一家の主だけでなく家族も大きな影響を受けます。

凶相：西北の美徳がすべて失われてしまいます。

仕事運

吉相：部下のいる人はリーダーシップを発揮して成功します。また、上司や目上の人の引き立てがあって、スピード出世するでしょう。どんな職業でも成功を収めますが、西北に加えて東に張りか低い別棟がある場合は、語学や音楽の才能に恵まれます。南の吉相が加われば文筆業や学者として名を残すでしょう。

凶相：目上から援助や引き立てを受けられないため、なかなかうまく事が運びません。さらに自分がトラブルの原因となってしまうことがあります。また、健康に悪影響が出て、働けなくなるおそれもあります。

家庭運

吉相：一家の主が健康に恵まれ円満な家庭に。この家相の家で育った人は優秀でリーダーシップが備わっています。男女ともに良縁に恵まれます。女性は玉の輿に乗るチャンスもあります。

凶相：一家の主人にとくに凶作用が強くあらわれます。その場合は、健康を損ない妻が働かなければならなくなるでしょう。とくに欠けがある場合は、主人が短命となるため女性上位の家相となります。

健康運

吉相：「左肺」と「肋骨」の象意があるため、胸部が健康。「頭」の象意があることから、精神面も健康です。年をとっても、頭、体ともに健康に過ごせるでしょう。

凶相：胸部が弱いために気力、体力に乏しくファイトがわいてきません。慢性的な頭痛に悩まされることもあります。喘息、結核などにも要注意です。

西

秋の収穫の喜びを象徴し、経済状態を左右する方位

西は七赤金星で、秋の実りや金銭の象意から、その家の経済状態にかかわりを持ちます。また、穀物の収穫の喜びから「悦ぶ」をあらわし、口の喜びの意味もあるので、飲食や話術にも関係します。

七赤年生まれ、七赤月生まれ、酉年生まれ、9月生まれの人に関係が深い方位です。

西の方位の意味

【九星】七赤金星
【十干】庚《かのえ》・辛《かのと》
【十二支】酉
【易象】☱（兌《だ》）
【五行】金・冷
【季節】9月
【時間】17〜19時（酉の刻）
【五臓】肺臓
【色彩】白・赤
【味覚】辛・甘
【数象】4・9
【方位】西方30度
【七赤金星の象意】少女　沢　秋　悦ぶ　金銭　酒食　口論　甘言　口論　笑う　祝典　不足　欠陥　口　飲食　集まる　恋愛　結婚式　造作工事　隠れた場所　内側の修理

自然界の象意

【天象】西風　暴風雨　降雨　変わりやすい天気　新月
【人象】少女　歌手　芸妓　ホステス　仲居　不良少女　親のない子　後妻　妊婦　飲食店の経営者　金融業者　歯医者　講演者　調理師　セールスマン
【場所】沢　くぼ地　溝　穴　断層地　山くずれ　石垣　堀川　淵　井戸　養鶏場　貯蔵庫　造船所　切り通し　歓楽街　クラブ　喫茶店　レストラン
【事物】金物　刃物　上部にくぼみのあるもの　頭部のないもの　先のないもの　破損品　修理したもの　楽器　釣り鐘　半鐘　鈴　ローン　借金
【飲食】鶏肉類　親子丼　酒　甘酒　甘茶　紅茶　牛乳　あん類　もち菓子　辛いもの
【生理】右肺　口中　歯　咽頭　神経衰弱　気管支
【動物】羊　鶏　ヒグラシ
【植物】キキョウ　ススキ　萩　撫子《なでしこ》　月見草　女郎花《おみなえし》　フジバカマ　ショウガ　すべての秋草

西の吉相

- 西に3分の1以下の張りがある。
- 西に母屋の3分の1以下の別棟がある。
- 西が2階建てで東が平屋の建物。
- 西が壁で閉塞している（西日がさえぎられて吉相）。
- 西に土蔵あるいは倉庫がある。
- 西が高く、東が低い地相。
- 西に山がある地相。

西の凶相

- 西に欠けがある。
- 西に3分の1以上の大きすぎる張りがある。
- 西にトイレがある。
- 西に台所や浴室、池、井戸、浄化槽、下水がある。西日が当たって物が腐りやすくなるため。
- 真西に窓や出入り口がある。
- 西が平屋で東が2階建ての建物。
- 西が低くなっている地相。

暗示する運勢

吉相：西の象意に「少女、口、金銭、悦ぶ」があるので、これに関係する事柄がプラスの影響を受けます。

凶相：西の美徳である「金運」や「悦び」といったことがすべて失われてしまいます。

仕事運

吉相：社交的で話し上手なため、人間関係がスムーズ。仕事はうまくいって収入がアップします。サイドビジネスの収入があったり、物をもらったりすることもあります。資金に困ることがありません。

凶相：やる気が出ず、欠勤や遅刻が増えて周囲の評判を落とすことに。そのため、職を転々とする人もいます。口は災いのもと、人に嫌われる失言に注意しましょう。ギャンブルには手を出さないように。借金が増えるもとになります。

家庭運

吉相：金運に恵まれ、円満な家庭です。この家相の家の主婦は交際上手でやりくりもうまいので、豊かな家庭を築くことができます。この家相の家に育った人はお金に困ることがなく、結婚相手にも恵まれます。

凶相：お金の苦労が絶えません。夫の浮気や不倫のトラブルに悩むことも。この家相の家で育った子どもはわがままで扱いにくくなります。とくに女の子は異性問題で親を困らせます。

健康運

吉相：肺が丈夫で持久力があります。おいしいものに縁があり、栄養がいきわたりスタミナがあります。精神的にも安定しています。

凶相：肺が弱くスタミナが乏しい。風邪や気管支炎といった病気に要注意。歯や口内炎など口の中の病気にもかかりやすくなります。

北東

北東の方位の意味

【九星】八白土星
【十干】—
【十二支】丑・寅
【易象】☶（艮《こん》）
【五行】土・湿
【季節】1〜2月
【時間】1〜3時（丑の刻）
3〜5時（寅の刻）
【五臓】脾臓（胃腸）
【色彩】黄・白
【味覚】甘
【数象】5・10
【方位】北東60度
【八白土星の象意】少年　山　黄　親戚　知己　家郷　節　相続　曲がり角　続き目　変わり目　変化（終始）　取り次ぐ　引き継ぐ　交代　復活　完了

山を象徴し、安定を意味するが、変化も激しい方位

北東は八白土星で、大地にそびえる山を象徴します。山も一塊の土の蓄積から成り立つことから、小から大をなす精神を意味します。ゆるがない一方、北東は鬼門に当たるため、変化の激しさも象徴します。

八白年生まれ、八白月生まれ、丑年生まれ、寅年生まれ、1月生まれ、2月生まれの人に関係が深い方位です。

自然界の象意

【天象】曇天　天候の変化　気候の変わり目
【人象】少年　幼児　相続人　親子　兄弟　肥満した人　強欲の人　山中の人　山伏　土木請負人　不動産業者　旅館経営者　橋の上の人　建築関係者　無精者　囚人　築造修理人　再生業者
【場所】家屋　倉庫　小屋　旅館　船宿　ホテル　休憩所　停車場　駐車場　高台　堤防　石垣　石段　門　築山　トンネル　行き止まりの家　物と物の間　境界線　交差点
【事物】連結したもの　継ぎ合わせたもの　積み重ねたもの　台の上のもの　重箱　イス　積み木
【飲食】牛肉および牛肉でつくった料理　甘味
【生理】耳　鼻　腰　筋肉　こぶ　関節　脊髄
【動物】ウシ　トラ　シカ　山鳥　足の長い鳥類
【植物】セリ　ツクシ　竹の子　キノコ類　ジャガイモ　サツマイモ　山芋　ユリネ

北東の吉相

- 北東に張りも欠けもない（北東は鬼門のため張りも凶相となる）。
- 北東に母屋の3分の1以下の別棟がある。
- 北東にトイレ、台所、浴室、井戸、下水、浄化槽がない（日が当たらず、湿気が多いので水まわりは置かないほうがよい）。

北東の凶相

- 北東に欠けや大きな張りがある。
- 北東にトイレ、キッチン、浴室がある。
- 北東に廊下、玄関や出入り口がある。
- 北東に地下室がある。
- 北東が低く、南西が高い地相。
- 北東に大きな穴がある地相。

暗示する運勢

吉相： 北東の象意に「少年、相続、貯蓄、親戚」があるので、これに関係する事柄が強い影響を受けます。北東のあらわす季節は1～2月、冬が終わって春が始まる時期。すべてのものの終わりと始まりの時期であることから、変化の激しさも象徴します。

凶相： 北東の象意の「変化」があらゆる面で悪い形であらわれます。

仕事運

吉相： 「山」の象意から「塵も積もれば山となる」のことわざどおり、着実な成果を上げられます。その結果、収入が増えて貯金もしっかりできるでしょう。「少年」の象意から部下に恵まれます。

凶相： 仕事のできにムラがあるため、周囲の信用を落とすことになります。転職を重ね、なかなか1つの職場に落ち着けません。また、部下に迷惑をかけられることがあるでしょう。

家庭運

吉相： 北東に張りも欠けもない場合は、親子の間にトラブルがなく相続問題などもスムーズ。この家相の家で育った人は貯金上手で倹約家になります。経済力のある伴侶に恵まれる暗示もあります。ただし、移転や改築は注意しないと、せっかくの吉作用が急激に失われてしまいます。

凶相： 北東に凶相があると、後継者が絶えてしまうことに。財産や相続で家庭内や親族間でもめごとが起こります。また、相続した財産をだまし取られたり、使い果たしてしまいます。

健康運

吉相： 変化に柔軟に対応できるところから、四季の寒暖の差にも負けないタフな体に恵まれます。しっかりした背骨と腰に恵まれるため病気を寄せつけず、年を取ってからも健康に過ごせるでしょう。

凶相： 変化に対応できないため、季節の変わり目に体調をくずしやすくなります。背骨や手足の関節の疾患にかかりやすく、骨折にも注意が必要です。「鼻」の象意があるので、花粉症にもかかりやすいでしょう。

南

南の方位の意味

【九星】九紫火星
【十干】丙《ひのえ》・丁《ひのと》
【十二支】午
【易象】☲（離）
【五行】火・暑
【季節】6月
【時間】11〜13時（午の刻）
【五臓】心臓
【色彩】赤・紫
【味覚】苦
【数象】2・7
【方位】南方30度
【九紫火星の象意】夏
中年女性　火　赤　紫
太陽　明るい　出現
結婚式　信念　華美
祭り　鑑識　精神　生別
死別　切断　分離　紛争
頭脳　発明　発見　離別
義務　権利　けんか

火を象徴し、太陽や光、情熱を意味する方位

南は九紫火星で、燃え上がる火を象徴し、太陽や光、明かり、情熱を意味します。闇を照らすということから知性や文明もその意味に加わります。さらにひらめきや発明の象意も生まれます。凶相の場合は火難にあうことが多くなります。

九紫年生まれ、九紫月生まれ、午年生まれ、6月生まれの人に関係が深い方位です。

自然界の象意

【天象】太陽　暑気　南風《はえ》
【人象】知者　学者　医者　鑑定者　審判官　裁判官　宣教師　官吏　名誉職の人　美容師　美女　スタイリスト　デザイナー　染色家
【場所】裁判所　警察署　交番　消防署　信号所　灯台　試験場　国会議事堂　書籍・文房具店　テレビ局　デパート　理髪店　美容院　華美な場所
【事物】株券　公社債　手形　書画　地図　書籍　許可書　設計図　免状　委任状　学用品　表札　アクセサリー　原稿　神仏具一式　経文　鏡
【飲食】海苔　貝類　色彩の鮮やかな食品　酒類
【生理】心臓　目　視力　頭脳　血球　頭部　顔面
【動物】七面鳥　クジャク　キジ　錦鶏鳥《きんけいちょう》　金魚
【植物】アジサイ　シャクヤク　牡丹　百日紅《さるすべり》　クジャク草　ヒマワリ　シソ　万両　ナンテン　フキ　クスノキ　榊《さかき》　すべての花

南の吉相

●南に3分の1以下の張りがある。
●南に母屋の3分の1以下の別棟がある。ただし母屋との間が10m以上離れており、母屋が高い位置にある場合。
●南が平屋で北が2階建ての建物。
●南が低く、北が高い地相。

南の凶相

●南に欠けがある。
●南に大きな窓、廊下などの開放部がある。
●南にトイレ、キッチン、浴室がある（南には「火」の象意があるため、水とは相剋し合って凶）。
●南に井戸、浄化槽、下水がある。
●南が2階建てで北が平屋の建物。
●南が壁ですべてがふさがっている。
●南が高く、北が低い地相。

暗示する運勢	吉相	凶相
暗示する運勢	南の象意に「中年女性、精神、目、心臓」があるので、これに関係する事柄が強い影響を受けます。南の季節は夏の6月、時刻も太陽が真南にある正午をあらわし、象意の「火」そのままに、だんだんと勢いが増していく状態を示します。	南の美徳がすべて失われてしまいます。
仕事運	「頭脳」の象意があるため、頭の回転が早くアイデアが豊富。どの分野でも成功しますが、とくに発明や発見などに向いています。南に張りがあり、さらに西北に張りもしくは別棟があると、画家や小説家、学者、政治家などで大成功します。	物事に飽きやすく移り気になり、仕事を勝手に休んだり失敗したりして評価を落とします。株などの投資をしている人は、冷静な判断ができなくなり損害を受けます。その穴埋めをしようとすると、さらに借金が増えることに。
家庭運	明るく笑いの絶えない家庭になります。この家相で育った人は知性と感受性が豊か。とくに女性は美しい容姿にも恵まれて玉の輿に乗ったり、才能を生かして活躍し成功を収めることができるでしょう。	仕事の失敗が家庭にも悪影響を与えるでしょう。火事に見舞われたり、家族との生別や死別があったりしてショックを受けるかもしれません。この家相の家に育つと勉強嫌いでなまけ者、姿は美しくても中身が伴わない人になりがちです。
健康運	吉相の場合は心臓が丈夫なため血液の循環もよく、健康に恵まれます。頭もシャープで、年を取っても認知症とは無縁。いつまでも元気で活躍できます。	心臓にトラブルが起きる可能性があります。また、目や脳の疾患、血圧の異常、ノイローゼなどの心の病気にも要注意。

中央

中央の意味

【九星】五黄土星
【十干】戊《つちのえ》・己《つちのと》
【十二支】―
【易象】☷（坤《こん》）
【五行】土・湿
【季節】四季の土用
【五臓】脾臓（胃腸）
【色彩】黄
【味覚】甘・饐《す》える（酸っぱみ）
【数象】5・10
【方位】中央
【五黄土星の象意】無　古い　黄　反逆　殺害　強奪　廃物　渋滞　破産　失業　偽造行為　葬式　営業閑散　万事停止　名誉毀損　生物の死　死病　古い問題の再起　病気の再発　昔の友人のための散財

中心にあって、誕生と死滅を意味する方位

八方位の中心は五黄土星です。五黄土星の土は、二黒の土が耕土の黒土をあらわすのに対して、黄土すなわち中国大陸や地球の大地を意味します。それは大地の生み出す力と、死滅したものを腐敗させる力の相反する面を象徴します。

五黄年生まれ、五黄月生まれの人に関係が深い方位です。

自然界の象意

【天象】どんよりした曇り　天候の変化　大荒れ
【人象】老人　先達　悪漢　暴力団　強盗　窃盗　自殺者　取り壊し業者　古物商　浪人　浮浪者　取り立て業者
【場所】ゴミ処理場　火葬場　墓場　暗いところ　汚いところ　残忍な行為の行われた場所　日陰の地　未開の地　荒野　荒地
【事物】壊れたもの　腐ったもの　荒廃した家屋　古着　古道具　不用品　廃棄物　遺書　売れ残り品　傷もの　いびつなもの　さびたもの　そのほかすべての役に立たないもの
【飲食】香りも味もないもの　糖分も滋養分もないもの　古いもの　かびたもの　臭気を放つもの　売れ残りのもの　食べ残しのもの　出がらし　納豆　酒粕　味噌　甘味すべて
【生理】大腸　便秘　下痢　チフス　流産　胃がん　子宮がん　腹部発生の病気のすべて
【動物】ゴキブリ　ノミ　ハエ　蚊　毛虫　人畜に害をなす毒虫のすべて
【植物】毒草すべて

中央の吉相

- 中央に欠けがない。
- 中央が平らになっている（中央の場合は平運の相により吉相となる）。
- 中央に吹き抜けや廊下、トイレ、階段、庭、池がない。

中央の凶相

- 中央に欠けがある（家相の中でも最悪）。
- 中央にトイレがある。
- 中央に吹き抜けや階段がある。
- 中央に庭、池、井戸がある。

暗示する運勢

吉相：中央の方位を示す五黄は、「大地、地球」をあらわしています。五黄土星は後天定位盤では中央に位置し、ほかの星を支配しています。これらのことから、さまざまな吉作用があらわれます。

凶相：中央が欠けている場合は、「絶家《ぜっけ》」といい1代限りの家相となります。中心がないのは発展するための場所がないことを意味し、かなり極端な凶作用があらわれてきます。

仕事運

吉相：どんな仕事についても注目され、重要なポストを得ることができるでしょう。同僚や部下をうまく使い、大きな実績をあげることができます。困ったときには必ずサポートしてくれる人があらわれるはず。しかし、生産と死滅をつかさどっているので、うまくいっているからといって調子に乗るのは禁物です。信用を失わないように注意しましょう。

凶相：順調に仕事をこなしていても、いざというときに大失敗をしてしまいます。積極的な気持ちになれずチャンスを逃すことがあります。態度がコロコロ変わるために周囲から信用されなくなります。恋愛におぼれて仕事が手につかないということも。

家庭運

吉相：家族が団結して円満です。ただし、それぞれが強く自己主張をすると言い争いが絶えなくなります。女性は仕事で成功しますが、家庭にも力を入れることが大切です。

凶相：中央に池や井戸がある場合は、浮気や不倫問題などのトラブルに見舞われ、家庭の中がギクシャクします。家族が病気になって治療費がかさみ、家の中が暗いムードになるでしょう。

健康運

吉相：腹部が丈夫で消化吸収力があるため、健康でバイタリティーあふれる生活を送ることができるでしょう。

凶相：中央にトイレがある場合は、家族のだれかが病気がちになります。「腐る」という象意からがんには要注意。とくに胃がん、大腸がん、子宮がんなど腹部にがんができやすい傾向があります。手遅れにならないようにしましょう。

マンションやアパートの家相の見方

最近はマンションやアパートなどの集合住宅に住む人が増えています。そこで、マンションやアパートなどの家相はどう見ればよいのか触れておきましょう。

マンション、アパートの吉凶相

●東南、東、南の角部屋が吉

一戸建てと同じように、陽気が入り風通しのよい東南の角部屋がベスト。次いで、東、南の角部屋、西北、西の角部屋となります。しかし、角部屋は人気が高く価格も高め。むずかしいようであれば、建物全体の中心から見て、東南、東、南に位置している部屋を選ぶようにします。

●なるべく下の階が吉

高層の建物は地のエネルギーが上の階にいくほど薄れるので、地表に近い下の階のほうが吉相。ただし、1階や地下が駐車場になっている場合は、排気ガスの悪影響を受けるので、上の階のほうが吉相となります。

●窓が開けられない場合は凶

高層で、風が強く入るため窓が開けられず、新鮮な空気を取り入れられない場合は凶相です。

●奇抜なデザインは凶

三角形や丸い部屋、中央に吹き抜けがあるような奇抜なデザインは凶相となります。住むと孤立しやすくなるので、避けたほうがいいでしょう。

家相の見方

アパートやマンションでも、一戸建ての平屋と同様に、部屋の中心を見つけ、張り、欠け、開き、玄関、トイレの位置などを検討します。太い鉄筋の柱や壁が部屋の中に出っ張っている部分は欠けと見なします。そのほかは一戸建ての家相の見方と同じです。

マンションやアパートは、一般的に窓があって外気に面しているのは南と北で、東西は壁にふさがれている構造が多く、これは大きな土管に入っているような状態です。家相では視野が狭くなり、物事の考え方がかたよりがちになることを意味します。

集合住宅は同じような間取りになるために、何かにつけて隣近所と比較したり、対抗意識を持ってしまうことがあります。このような場合は、カーテンやカーペット、家具などのインテリアで個性を出しましょう。照明器具や色を工夫して部屋を広く見せると視野も広がり、家族だけでなく周囲の人たちとも仲よくつき合えるようになります。

観葉植物などの鉢植えを置くのもおすすめです。コンクリートづくりのため、湿気がこもりがちになるので、その空気を浄化する意味でも、緑を積極的に利用してください。

Part3

九星別でわかるインテリア家相・部屋相開運法

九星で見る吉相と凶相

家相は生まれ年の九星によって大きな影響を受けます。九星はそれぞれ八方位のひとつと深い結びつきがあり、それを使って家相の判断をすることができます。

生まれ年で家相を調べる

人は生まれたときに吸い込んだ宇宙のエネルギーによって、九星が決まります。生まれ年によって、一白水星、二黒土星、三碧木星、四緑木星、五黄土星、六白金星、七赤金星、八白土星、九紫火星に分けられ、それぞれ八方位のひとつと結びついています。

たとえば、一白水星の方位は北なので、一白水星生まれの人のホームグラウンドは北になります。そこで北の象意を見ると（→P28）、「和合、男女の情愛」といったことがあります。

住まいの北に吉相があれば、象意に関連して、「交際上手で人間関係に恵まれ仕事がうまくいく」、「夫婦の情愛が細やかで家庭が円満」といったことが起こります。凶相ならこの逆で、「仕事や家庭にトラブルが続出するおそれがある」ということになります。

このように、生まれ年で家相を見るには、まず自分の九星とホームグラウンドに当たる方位を割り出し、その方位に吉・凶相がないか調べ、方位の象意に照らし合わせて吉凶作用を判断します。

「生年九星早見表」で自分の九星を割り出し、ホームグラウンドに吉、凶相がないか調べて家相を判断してみましょう。

家の主の九星が重要

家相では、その家の働き手である主人の九星が重要なポイントになります。新築したり住宅を購入するなら、主人の運勢がよくなるような家相の物件を探しましょう。

また、家族に問題がある場合は、それぞれの九星を割り出して、子どもなら子ども部屋、主婦ならキッチンといったように、関係の深い場所の家相を判断して、解決に役立てるといいでしょう。

生年九星早見表

どの年も立春が年変わりとなるので、1月生まれと2月3日頃の節分までに生まれた人は、前年の九星となります。

九星	生まれ年
一白水星	1909（明治42）1918（大正7）1927（昭和2）1936（昭和11） 1945（昭和20）1954（昭和29）1963（昭和38）1972（昭和47） 1981（昭和56）1990（平成2）1999（平成11）2008（平成20）
二黒土星	1908（明治41）1917（大正6）1926（昭和元）1935（昭和10） 1944（昭和19）1953（昭和28）1962（昭和37）1971（昭和46） 1980（昭和55）1989（平成元）1998（平成10）2007（平成19）
三碧木星	1907（明治40）1916（大正5）1925（大正14）1934（昭和9） 1943（昭和18）1952（昭和27）1961（昭和36）1970（昭和45） 1979（昭和54）1988（昭和63）1997（平成9）2006（平成18）
四緑木星	1906（明治39）1915（大正4）1924（大正13）1933（昭和8） 1942（昭和17）1951（昭和26）1960（昭和35）1969（昭和44） 1978（昭和53）1987（昭和62）1996（平成8）2005（平成17）
五黄土星	1905（明治38）1914（大正3）1923（大正12）1932（昭和7） 1941（昭和16）1950（昭和25）1959（昭和34）1968（昭和43） 1977（昭和52）1986（昭和61）1995（平成7）2004（平成16）
六白金星	1904（明治37）1913（大正2）1922（大正11）1931（昭和6） 1940（昭和15）1949（昭和24）1958（昭和33）1967（昭和42） 1976（昭和51）1985（昭和60）1994（平成6）2003（平成15）
七赤金星	1903（明治36）1912（大正元）1921（大正10）1930（昭和5） 1939（昭和14）1948（昭和23）1957（昭和32）1966（昭和41） 1975（昭和50）1984（昭和59）1993（平成5）2002（平成14）
八白土星	1902（明治35）1911（明治44）1920（大正9）1929（昭和4） 1938（昭和13）1947（昭和22）1956（昭和31）1965（昭和40） 1974（昭和49）1983（昭和58）1992（平成4）2001（平成13）
九紫火星	1901（明治34）1910（明治43）1919（大正8）1928（昭和3） 1937（昭和12）1946（昭和21）1955（昭和30）1964（昭和39） 1973（昭和48）1982（昭和57）1991（平成3）2000（平成12）

※明治45年は大正元年と同じ1912年生まれ、大正15年は昭和元年と同じ1926年生まれ、昭和64年は平成元年と同じ1989年生まれ。

一白水星

1909
（明治42）
1918
（大正7）
1927
（昭和2）
1936
（昭和11）
1945
（昭和20）
1954
（昭和29）
1963
（昭和38）
1972
（昭和47）
1981
（昭和56）
1990
（平成2）
1999
（平成11）
2008
（平成20）
年生まれの人

家を持つのは中年以降が吉　北の吉相が開運のカギ

一白水星の人は、「水」の象意である柔軟性や順応性に富み、社交上手な人です。世話好きでやさしい反面、強い意志力にも恵まれており、自分で人生を切り開いていく運勢を持っています。

独立心が旺盛なため、早くから親の家を出て独立する運命の持ち主です。しかし、自分の家を持つのは職業や家庭が安定する中年期以降でも遅くはないでしょう。

ホームグラウンドは北です。北には「交わり、男女の情愛、秘密」といった象意があります。住まいに北の吉相や凶相があると、これらに関係のあることが起こりやすくなります。

吉相だとこんな幸運が!!

★いい出会いがあり人間関係が広がる

仕事でもプライベートでもいい出会いがあり、人のネットワークが広がります。心を許せる親友との出会いがあり、人生が実り多いものに。

★仕事の幅が広がり着実に発展する

新しいプロジェクトや企画などが持ち上がり、新規の分野で仕事に広がりが生まれます。爆発的な成功というよりも着実な発展が期待できます。交際上手で順応性や柔軟性に富んでいるので、新しい環境にもすぐになじみます。趣味と実益をかねたサイドビジネスを始める人も。

★素敵な人との出会いがある

独身の人はすばらしい出会いや良縁に恵まれます。

★夫婦円満で子宝に恵まれる

既婚者の場合は楽しい家庭生活が送れ、子宝にも恵まれます。

凶相だとこんな不運が!?

■仕事上のトラブルが起こりやすくなる

交際下手から社内で孤立したり、交渉ごとが挫折してしまうようなことがあります。新しい事業を起こしても失敗することに。

■人間関係に恵まれない

友人や部下に恵まれず損害をこうむることがあります。

■家庭でのトラブルが起こりやすい

北にトイレがあると夫婦間の愛情にひびが入りやすく、浮気などのトラブルも。子宝に恵まれにくい傾向があります。

■家族が病気にかかりやすい

北には「冷え、悩み」の象意があるため、常に家族のだれかが病院に通っているということが起こりがちに。とくに女性は冷え性や腎臓病にかかりやすくなります。

一白水星の人の住まいの吉相

＊北に3分の1以下の張りがある
このとき東南に小さな別棟があるとさらに吉作用がアップ。

＊北に母屋より小さい別棟がある
このとき東南に張りがあるとさらに吉作用がアップ。

＊北が壁でふさがれている
窓や玄関などの開放部がない。閉塞は住む人の運勢が充実し安定する暗示。

＊北が2階建てで南が平屋
2階建て部分が北の冷気を防ぐので吉相。

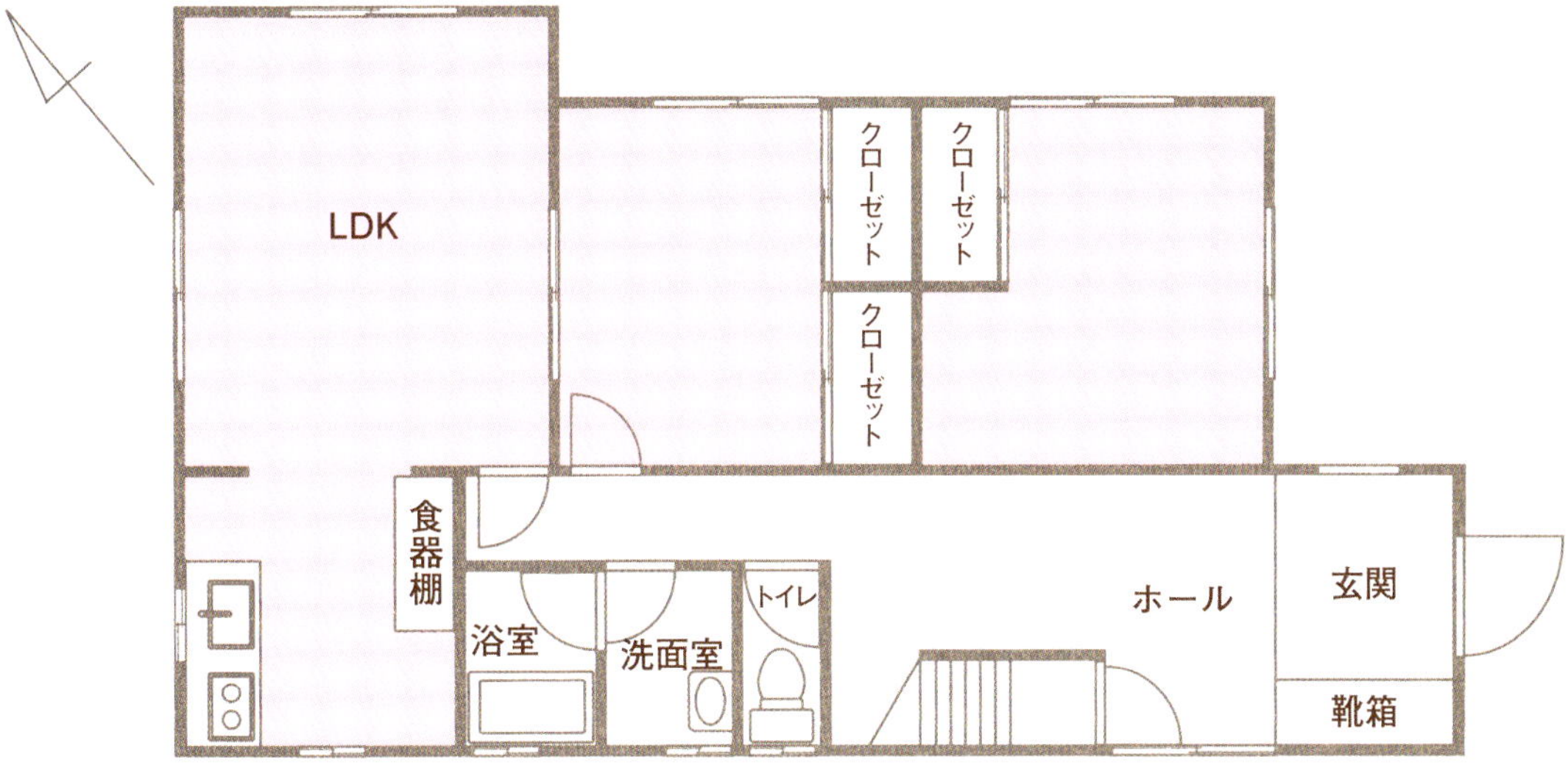

吉相の間取り例

北に3分の1以下の張りがあり、壁で閉塞している。

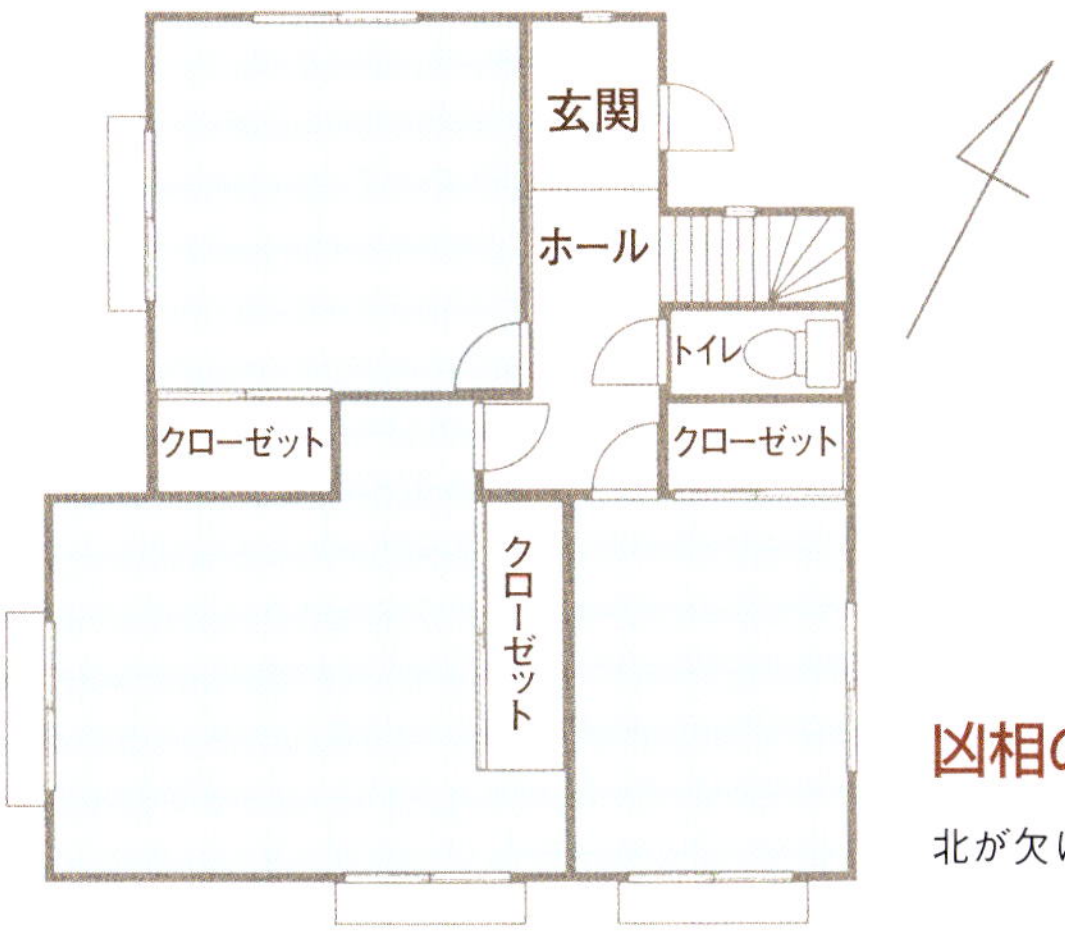

凶相の間取り例

北が欠けており、玄関も北にある。

気をつけたい家相と改善アドバイス

✕北に欠けや玄関、大きな窓などの開放部がある

○北の玄関は掃除を徹底しましょう

悪い交友関係や異性関係が生まれたり、冷えから病気になったり、泥棒に入られたりします。

よくない運気を入れないためには、掃除と整理整頓を徹底して常に清潔を心がけ、一白生まれのラッキーグッズやラッキーフラワー、あるいは北のラッキーフラワーを飾ります。玄関が独立していない場合は、観葉植物などを置いて部屋とあいまいにしきるといいでしょう。

✕北にトイレがある

○清潔に暖かくしましょう

北は君子の場所とされ、不浄な場所があるのは凶。女性が冷え性になりやすく、風邪や腎臓病にもかかりやすくなります。また、ストレスにも要注意。

冬は暖房便座にするか、小型のヒーターなどで暖かくしましょう。窓がない場合は換気扇を回します。一白生まれのラッキーフラワーか、北の方位のラッキーフラワーを飾り、マットやスリッパ、タオルはラッキーカラーのグリーンに。汚いトイレは運気を下げるので、掃除を徹底的にしましょう。

✕北に浴室がある

○湿気に注意しましょう

北の浴室は日が当たらず湿気がたまるため、カビが発生しやすく不衛生になりがち。家族が病気にかかりやすくなります。女性はとくに冷え性と不妊症に気をつけてください。

対策は掃除や換気を徹底して、汚れや湿気がたまらないようにすること。バスマットはカビが生えないように3日に1回は洗って、よく日に当てるようにします。タオル類は白が吉。まめに洗濯して日光に当ててよく乾かします。狭いところにバスグッズなどが並ぶので、いつも整理整頓を心がけましょう。

✕北にキッチンがある

○保温を心がけて

北は日当たりが悪く寒いので、1日の多くの時間をキッチンで過ごす女性は体が冷えて健康によくありません。

冬は保温を心がけましょう。キッチンマットを敷いたり、小型のヒーターを置くなどして足元を温めます。常に清潔を心がけて、ガスレンジやシンクはいつもきれいに。生ゴミはふたつきのゴミ箱に入れるか、戸外に置いたゴミ箱に入れるようにしましょう。一白生まれのラッキーフラワーか、北の方位のラッキーフラワーを飾ります。

幸運を招く部屋づくり

北に赤やピンクなどのラッキーフラワーを飾る。周囲と調和することができ、一白水星の資質が大きく花開く。ダリア、センニチコウ、オンシジウム、セントポーリア、キク、カトレアなどが吉。

ホームグラウンドの北に窓やドアがなかったり、壁などでふさがっていたりするとよい。

北に一白生まれのラッキーグッズを飾る。鳳《ほう》凰《おう》、鶴、鯉、象、車、バス、セミ、ハーモニカ、トランペット、笛など。

北は、掃除をしていつも清潔にしておくのが運気アップのポイント。

北東にある物入れはいつも整理整頓を心がける。

西に鳥の絵を飾ると金運がアップ。

アロマやお香などでさわやかな雰囲気に。

カーテンはラッキーカラーのグリーン系に。

家具は白かグリーン系に。

二黒土星

1908
（明治41）
1917
（大正6）
1926
（昭和元）
1935
（昭和10）
1944
（昭和19）
1953
（昭和28）
1962
（昭和37）
1971
（昭和46）
1980
（昭和55）
1989
（平成元）
1998
（平成10）
2007
（平成19）
年生まれの人

大器晩成で中年期に運勢が開花
南西の方位が開運のポイント

二黒土星の人は、「大地」の象意から、やさしく誠実で素直な性格を持ち、周囲から信頼されます。とくに目上の人からかわいがられます。

堅実で粘り強く努力を重ねる大器晩成型なので、中年期以降が人生の充実期となるでしょう。

コツコツと貯蓄をして財産を築いていくので、ムリすることなく欲しいときに家を得ることができます。しかし、運勢が開花する中年期までチャンスを待つのがよいでしょう。

ホームグラウンドは南西です。南西には「母、主婦、営業、勤勉」といった象意があります。住まいの南西に吉相や凶相があ

吉相だとこんな幸運が!!

★すべてにおいて運勢が安定する
大きな変化もなく着実に自分の人生を歩んでいくことができます。

★周囲から信頼されて仕事や事業が発展する
誠実で協調性があり真面目な努力家なので、年上からも年下からも信頼されます。

★家庭運に恵まれる
晩婚になりがちですが、夫婦仲がよく穏やかな家庭を築くことができます。また、兄弟や親戚ともよい関係を持つことができます。

★体力に恵まれる
粘り強さとタフさを発揮します。

凶相だとこんな不運が!?

■周囲の信頼を失う
なまけ心が起きて仕事をサボりがちになり、周囲の信頼を失います。

■努力がむくわれず運気がダウン
がんばっても努力がむくわれないうえ、頑固さから人のアドバイスに耳を貸さなくなります。

■家庭内にトラブルが起こる
妻の力が夫よりも強くなりすぎてトラブルが起きたり、妻が病気がちになったりして家庭内が暗くなり、運気がダウン。

■財産を失う
一攫千金を狙ったりうまい話に乗せられたりして、結局大損をすることに。最悪の場合は不動産を失います。

ると、これらに関係のあることが起こりやすくなります。

二黒土星の人の住まいの吉相

＊南西に張りも欠けもなく、しっかり壁でふさがれている

南西は裏鬼門に当たるため、張りも凶相となる。

＊南西に母屋の3分の1以下の別棟がある

＊なるべく低い建物で庭がある

「大地」の象意があるため、マンションやアパートならなるべく地面に近い階が吉相。

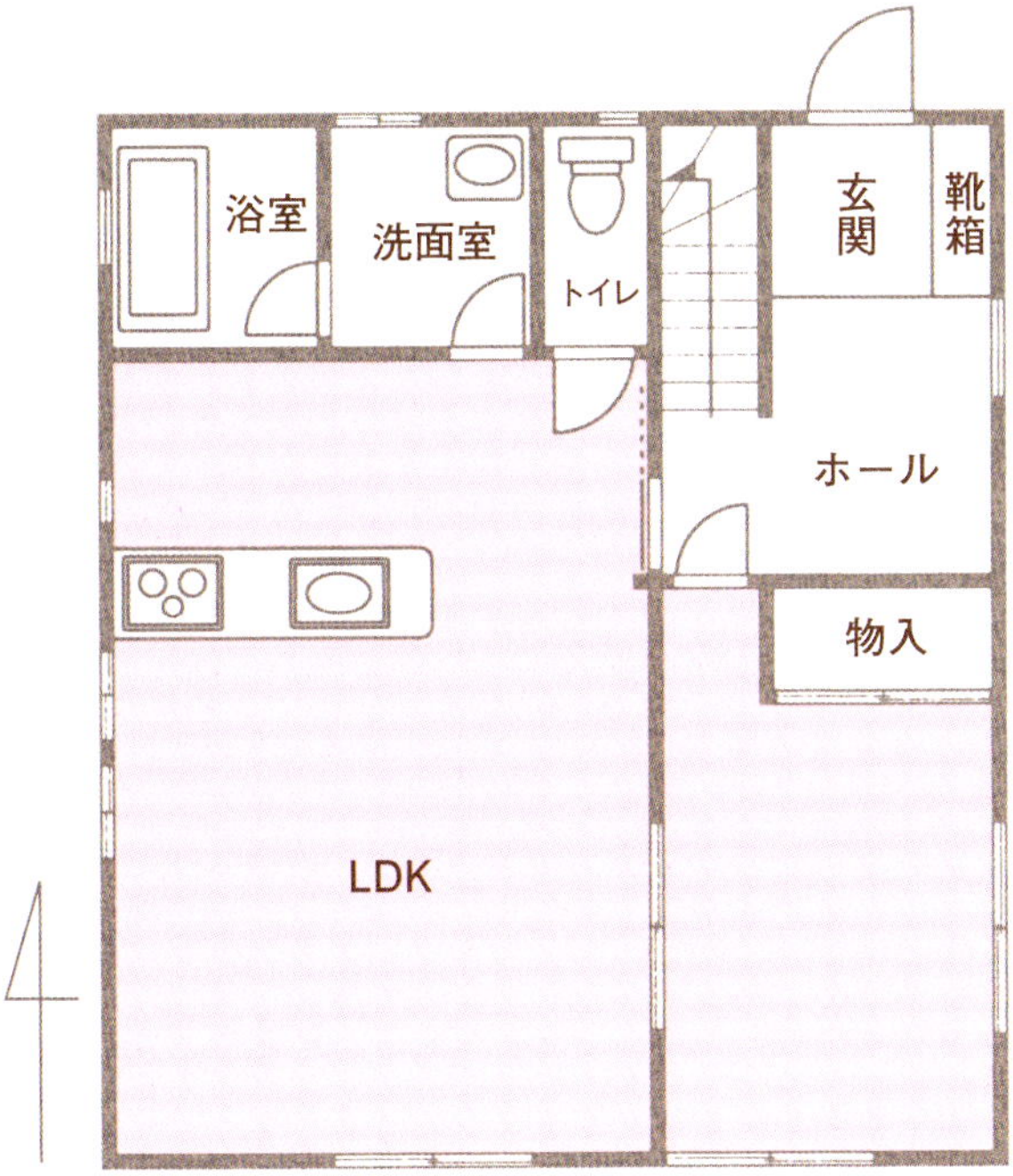

吉相の間取り例

南西に張りも欠けもなく、壁でふさがれている。

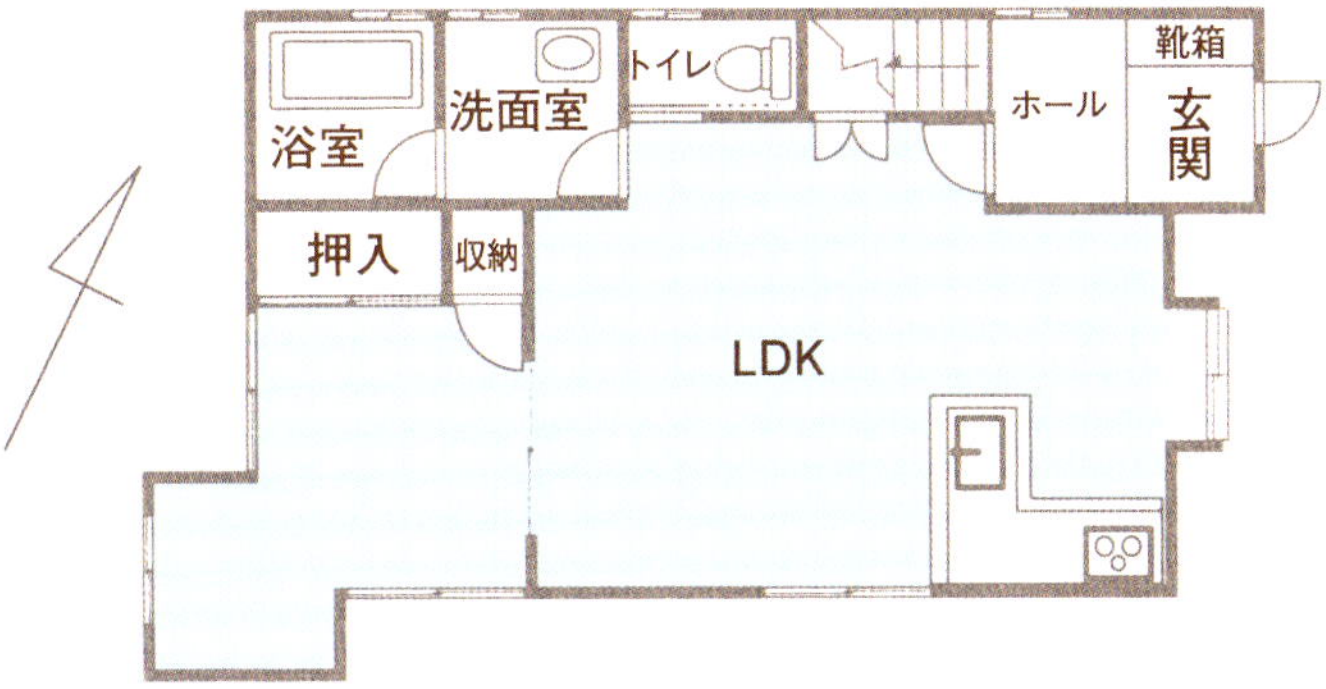

凶相の間取り例

南西に張りがある。

気をつけたい家相と改善アドバイス

×南西に欠けや張りがある

▶

○ラッキーグッズやラッキーフラワーを飾りましょう

南西は裏鬼門なので、張りも凶相になります。欠けがあると女性、とくに主婦が病気をしやすくなります。

改築して欠けを解消するか吉方に移転するのがベスト。できない場合は、窓はなるべく開けないようにして掃除を徹底し、二黒生まれのラッキーグッズやラッキーフラワー、あるいは南西のラッキーフラワーを飾ります。

×南西にトイレや下水がある

▶

○掃除を徹底しましょう

トイレや下水がここにあると裏鬼門を汚すことになり凶。努力がむくわれなかったり、胃腸や心臓の病気にかかりやすくなったりします。

南西は午後になると日が当たり、温度が上がって雑菌が繁殖しやすくなる方位。窓があれば開け、ない場合は換気扇を回して換気を心がけ、さらに掃除を徹底して凶作用を防ぎます。

×南西に屋根より高い樹木がある

▶

○切るか抜きましょう

南西には「土」の象意があるため、木とは相剋の関係になります。しかも、屋根より高い木は日差しをさえぎるため、いっそうの凶相となります。

庭にある大木はその土地の守り神ということもありますので、直径10㎝以上の木の場合は、神職や僧侶にお祓《はら》いをしてもらいましょう。10㎝以下のものは自分で切るか、根ごと抜いてしまいます。

×南西に隣接して高い建築物がある

▶

○ラッキーグッズ、ラッキーフラワーを飾って

吉方に移転するのがベストですが、それができない場合は、二黒生まれのラッキーグッズ、ラッキーフラワーか、南西のラッキーフラワーを飾ります。

幸運を招く部屋づくり

東に観葉植物や、ＡＶ機器やオルゴールなど音の出るものを置く。

カーテン、ベッドカバーなどはイエロー系、レッド系が吉。

ホームグラウンドの南西に窓や出入り口がなく、壁でふさがっている。

南西に、二黒生まれのラッキーフラワーを飾る。やさしさと粘り強さを持てるようになり、苦労があっても人間的に成長し、強い決断力が身につく。アジサイ、ラベンダー、アネモネ、キキョウ、ガーベラ、バラなどが吉。

南西をいつも清潔にして、ラッキーグッズを飾る。金魚や熱帯魚の飾りもの、貝殻、船、ブレスレットなど。色彩のきれいな動植物が吉。

三碧木星

1907
(明治40)
1916
(大正5)
1925
(大正14)
1934
(昭和9)
1943
(昭和18)
1952
(昭和27)
1961
(昭和36)
1970
(昭和45)
1979
(昭和54)
1988
(昭和63)
1997
(平成9)
2006
(平成18)
年生まれの人

若いうちに家を持てると吉
東の方位がホームグラウンド

三碧木星の人は、「若木」の象意である活力や向上心、積極性に富み、自分自身で人生を切り開く運勢を持っています。若いうちに出世する人もいるでしょう。運勢の最盛期は30代にあり、この時期に感謝と謙虚さを忘れずに周囲の信頼を得た人は、中年期以降も好調を維持できます。

住まいも30代に購入できるとよいでしょう。若いころに努力して家を手に入れ、さらに貯蓄に励めば、老後は豊かな生活が送れます。

ホームグラウンドは東です。東には「若者、進む、昇る」の象意があります。住まいの東に吉相や凶相があると、これらに関係のあることが起こりやすくなります。

吉相だとこんな幸運が!!

★長所が際立って人気者になる
もともと持っている積極性や前向きな態度がより際立ち、仕事でもプライベートでも周囲の注目を集めるでしょう。

★和気あいあいとした家庭を築く
家庭を持つのが早く、お金に苦労することもないので、和気あいあいの家庭を築きます。

★お金に苦労しない
若い時期から金運に恵まれます。

★気力、体力に恵まれて発展する
気力、体力が充実し、訪れるチャンスをしっかりとつかんで発展します。

凶相だとこんな不運が!?

■スキャンダルで周囲から孤立
うわさ話や口車に乗って失敗したり、詐欺にあうことがあります。信用回復をしようとしても、なかなか事態が好転せず、やる気を失うことに。

■部下から損害を受ける
部下や年下の人の失敗によって、大きな被害を受けます。

■転職を繰り返す
熱しやすく冷めやすい性格から、職業や仕事先がなかなか落ち着かないことに。

■家庭内でトラブルが絶えない
長男がぐうたらになったり、非行に走ったりして、家庭内にもめごとやけんかが起こります。

■火の難に注意
五行が木に当たるので、とくに火事には注意が必要です。

■肝臓に病気が起こりやすくなる
過労や飲みすぎ食べすぎ、ストレスが肝臓にダメージを与え、疲れやすくなります。

三碧木星の人の住まいの吉相

＊東に3分の1以下の張りがある

＊東に母屋の3分の1以下の別棟がある

＊朝日が十分に当たる

さんさんと朝日が当たると太陽のエネルギーが得られるので、吉相。

＊樹木に囲まれている

東は五行の「木」に当たるため、樹木に囲まれるのは吉相。ただし、樹木は「若木」であること。大樹は陽光をさえぎるので凶相。

吉相の間取り例

東に3分の1以下の張りがある。

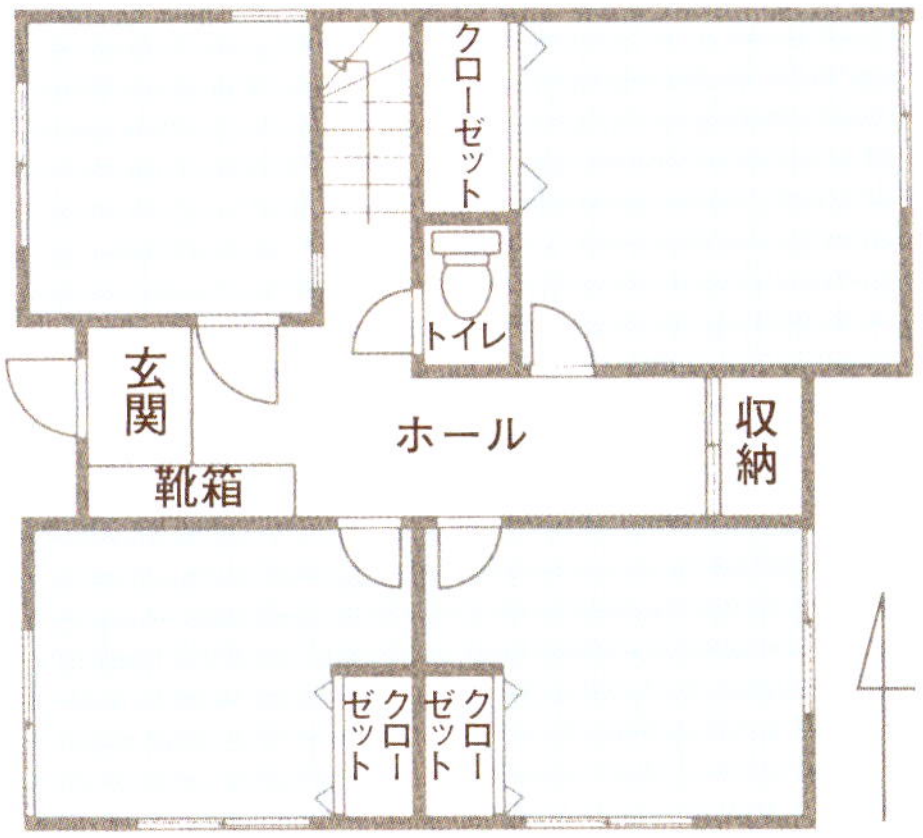

凶相の間取り例

東に収納があり、欠けとなっている。

気をつけたい家相と改善アドバイス

×東に欠けがある ▶ ○ラッキーグッズ、ラッキーフラワーを飾りましょう

欠けになっているところを改築するのがいちばんですが、できない場合は、そこに三碧生まれのラッキーグッズやラッキーフラワー、あるいは東のラッキーフラワーを飾ります。

×東にトイレがある ▶ ○換気に気をつけ清潔にしましょう

トイレはどの方位にあっても凶相になります。

窓がある場合は細めに開けて換気し、ない場合は換気扇を回しましょう。三碧生まれのラッキーグッズやラッキーフラワーを飾ると吉。

×東に浴室がある ▶ ○掃除を徹底し照明は明るく

窓がなく暗い浴室の場合は、まず掃除を徹底します。照明を明るくして、タオルなどにラベンダー色を使うと吉。花を飾ったり、ラジオなどを持ち込んで音楽を聴きながら入浴するのも吉です。窓があるなら、換気のために窓を開けましょう。

×東に窓がなく壁などで閉塞している ▶ ○ラッキーグッズ、ラッキーフラワーを飾って

ここが壁で閉塞していると、陽光が入ってこないので凶相となります。

掃除を徹底して清潔にし、三碧生まれのラッキーグッズやラッキーフラワーを飾って開運しましょう。東のラッキーフラワーを飾るのも吉。

幸運を招く部屋づくり 4

西に黄色い鳥の絵や置物を置くと金運がアップ。

東をいつも清潔にして、ラッキーグッズを飾る。ラッコやペンギン、イルカ、アヒル、クジラなど。魚類はすべて吉。

東にＡＶ機器やオルゴールなど、音の出るものを置くと吉。

ホームグラウンドの東に小さい窓がある。

カーテンやテーブルクロス、ベッドカバーなどは、ピンク系やクリームイエロー系にすると癒し効果がある。

東にラッキーフラワーの白や青の清楚な花や、垂れて咲く花を飾る。孤立せずに周囲と協調することができる。カサブランカやクリスマスローズ、スズラン、アガパンサスなど。

四緑木星

1906
(明治39)
1915
(大正4)
1924
(大正13)
1933
(昭和8)
1942
(昭和17)
1951
(昭和26)
1960
(昭和35)
1969
(昭和44)
1978
(昭和53)
1987
(昭和62)
1996
(平成8)
2005
(平成17)
年生まれの人

若くして才能が開花する運勢 マイホーム獲得は計画的に

四緑木星の人は、ホームグラウンドである東南に万物が「斉《ととの》う」という象意があるため、聡明で心身ともにバランスが取れ、社交的で周囲の人から愛されます。

好奇心が強く、多方面の知識を得て才能が開花、チャンスにも恵まれます。40代が運勢の充実期ですが、晩年もそれまでに得た信用から平穏無事に送ることができます。

「風」の象意から、転勤や転居が多くなります。また、貯金が苦手なので、マイホーム獲得は若いときから計画的に行いましょう。

東南には「信用、縁談、交渉」といった象意があり、住まいに東南の吉相や凶相が

吉相だとこんな幸運が!!

★人間関係が広がる
仕事でもプライベートでも、多くの人が周囲に集まってきます。

★遠方から有益な情報がもたらされる
周囲に集まる人から多くの有益な情報が得られます。とくに海外からの情報を利用すると思いがけない利益やよいことがあるでしょう。

★縁談に恵まれる
遠方から良縁がもたらされます。

凶相だとこんな不運が!?

■人間関係がうまくいかなくなる
コミュニケーション不足から誤解されて、周囲から孤立することに。不本意なうわさを立てられることもあります。

■信用を失って挫折する
上司や取引先、同僚の信用を失って、何をやってもうまくいかなくなります。取引や交渉はあと一歩のところで挫折。とくに海外など遠方の仕事がうまくいきません。

■家庭内でトラブルが発生する
トラブル続出で、別居や離婚に発展してしまうおそれがあります。

■風邪から体調をくずす
風邪を引きやすくなります。風邪がもとで体調をくずし、元気がなくなってしまいます。

あると、これらに関係のあることが起こりやすくなります。

四緑木星の人の住まいの吉相

＊東南に3分の1以下の張りがある

＊東南に母屋の3分の1以下の別棟がある

＊東南に井戸がある

＊日当たりと風通しのよい一戸建ての家

象意に「風」があるので、風通しがよいのは吉相。

＊樹木がある

東南の五行が「木」であることから庭に樹木があるのは吉相。高い樹は凶。

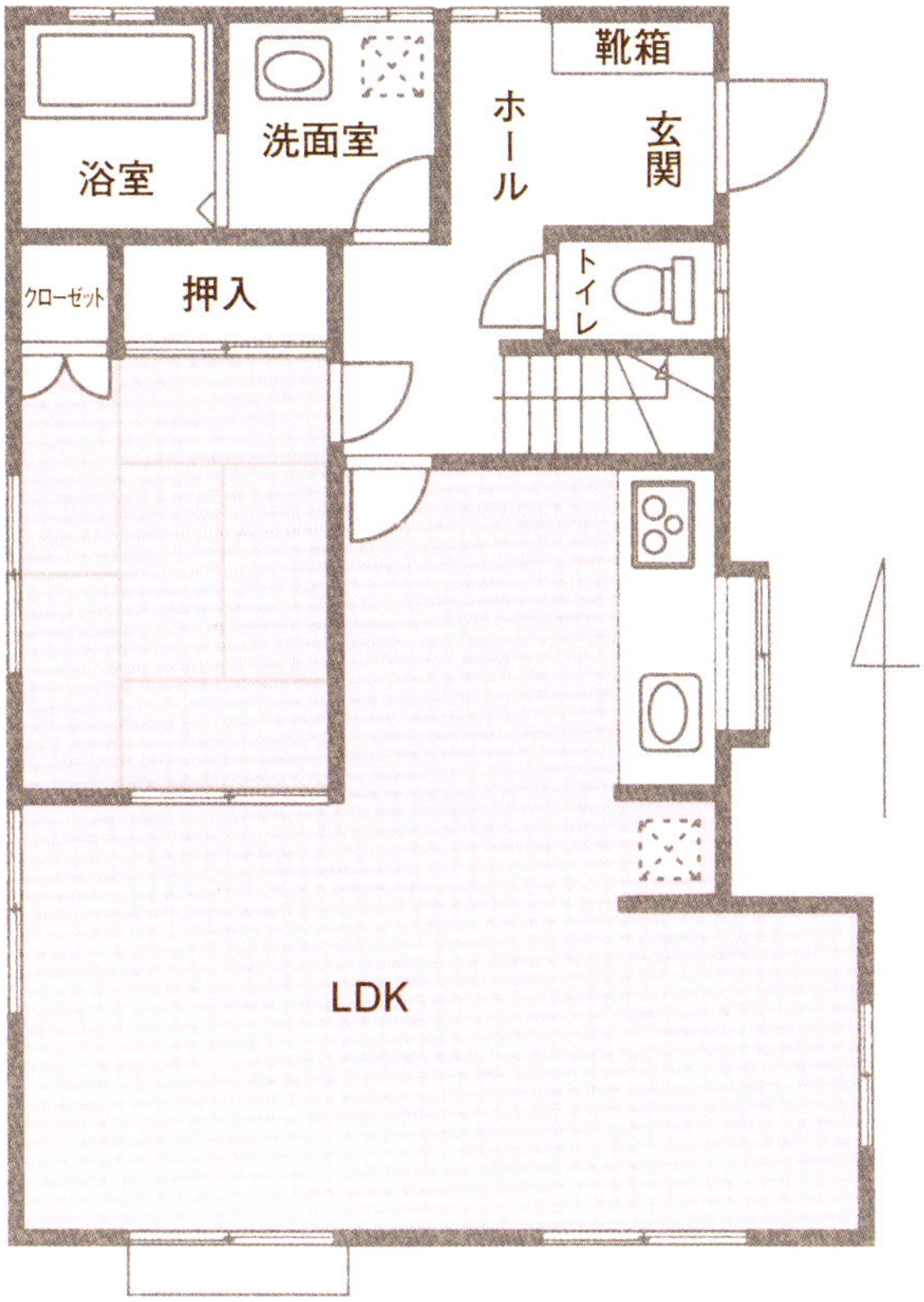

吉相の間取り例

東南に張りがある吉相。

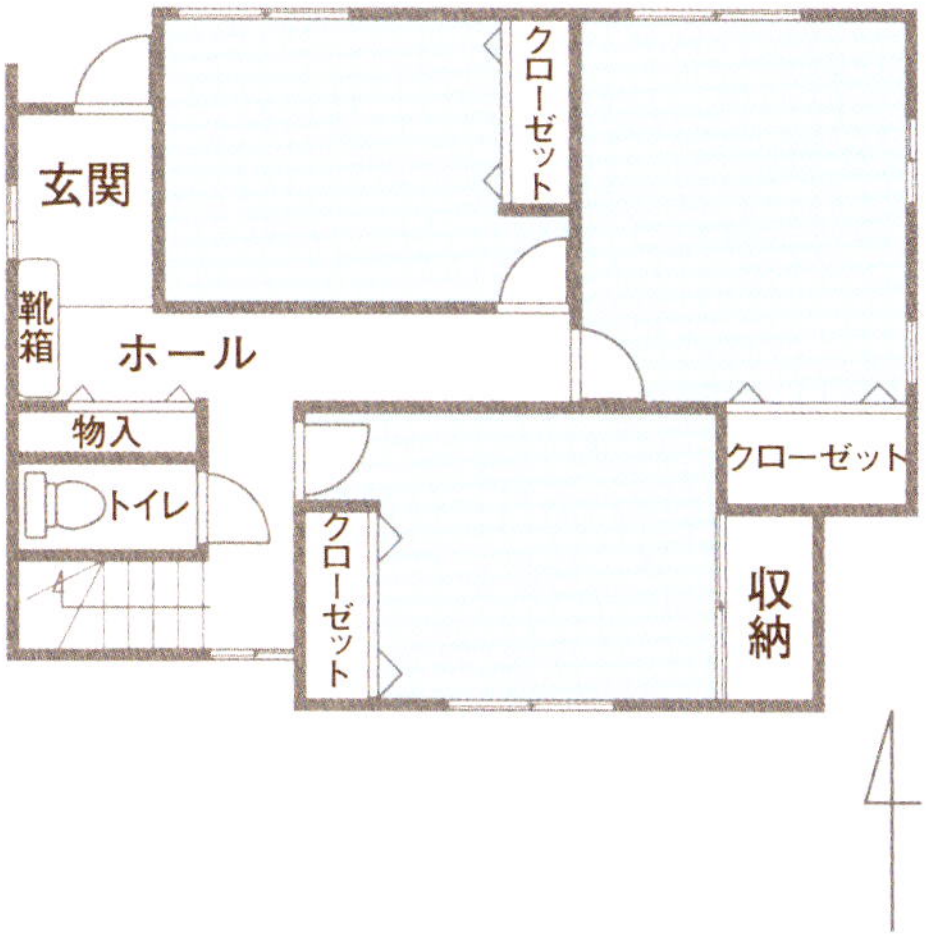

凶相の間取り例

東南にクローゼットと収納があり欠けになっている。

気をつけたい家相と改善アドバイス

×東南に欠けがある

▷ **○ラッキーグッズやラッキーフラワーを飾りましょう**

改築で欠けを解消するのがベストですが、できない場合は、いつも掃除をして清潔に保ち、四緑生まれのラッキーグッズやラッキーフラワー、あるいは東南のラッキーフラワーを飾ります。

×東南にトイレがある

▷ **○こまめに掃除をしましょう**

悪臭がすると東南のエネルギーはダウンするので、こまめに掃除をするようにしましょう。窓があれば日当たりのあるなしにかかわらず、窓を開けて換気をしましょう。ない場合はまめに換気扇を回します。四緑生まれのラッキーグッズ、ラッキーフラワーを飾ります。

×東南に隣接するところに高い建物がある

▷ **○ラッキーグッズやラッキーフラワーを飾って**

東南に日が当たらないので、凶相になります。

掃除をしていつも清潔にして、ラッキーグッズやラッキーフラワーを飾りましょう。東南のラッキーフラワーも吉。

×窓が少ない、あるいは窓に対面する位置に窓がついていない

▷ **○換気を心がけましょう**

風通しが悪いと凶相となります。

窓を開けたり換気扇を回したりして、換気をよくしましょう。

幸運を招く部屋づくり 4

東にテレビ、ＡＶ製品など音の出るものを置くと活力がアップ。

西に鶏の置物やぬいぐるみを置くと開運する。

東南にラッキーフラワーの白や淡い色の花、1本立ちする花を飾る。決めたことを行動に移せる強い心を持つことができる。カラー、ユキヤナギ、ラン、チューリップ、白バラなどが吉。

カーテンやラグマットをレッドかピンク系にする。

ホームグラウンドの東南を清潔にして、ラッキーグッズを置く。ネコ、シロクマ、豚、白鳥、水鳥など。

五黄土星

1905
(明治38)
1914
(大正3)
1923
(大正12)
1932
(昭和7)
1941
(昭和16)
1950
(昭和25)
1959
(昭和34)
1968
(昭和43)
1977
(昭和52)
1986
(昭和61)
1995
(平成7)
2004
(平成16)
年生まれの人

浮き沈みの激しい運勢
マイホームを持つことで安定する

五黄土星は「大地」や「地球」を意味し、ほかの八星を支配します。この星生まれの人は、幸運、不運の浮き沈みが激しく、波乱万丈の生涯を送ります。

強い意志と信念を持ち、わが道を進むため、若いうちは孤立することもありますが、中年期以降は運気が安定し、次第に上昇します。

マイホームは、多少ムリをしても若いうちに手に入れるのが吉。本拠地ができることによって運気が落ち着き、心に穏やかさが生まれます。

ホームグラウンドは八方位の中央。中央には「生産、死滅」といった象意があるので、中央に吉相、凶相があると、これらに

吉相だとこんな幸運が!!

★強いリーダーシップを発揮して成功する
優れた統率力と我慢強さによって社会的に大成功を収めます。

★お金や人が集まってくる
お金や物、幸運をもたらす人が集まってきて頼りがいのある人という評価が高まります。

★困難に負けず頭角をあらわす
反骨精神があり大きな試練があると、かえって闘志を燃やします。不遇な状態に置かれても、必ず頭角をあらわすでしょう。

凶相だとこんな不運が!?

■零落する
これ以上失うものがないというぐらいに落ちぶれてしまいます。芯の強さや信念から、人のアドバイスに耳を傾けないため小さな損失が大きくなり、事態がより深刻になります。

■世間から孤立する
ワンマンな性格がマイナスに働き、人が離れていきます。挑戦的な態度が嫌われ、自己主張の強さが独善的に見られて周囲の反感を買い、仕事でもプライベートでも孤立してしまいます。

■家族が病気がちになる
体の中央に当たる腹部の病気にかかりやすくなります。

関係する事柄が起こりやすくなります。

五黄土星の人の住まいの吉相

＊家の中央の風通しがよい
中央にいつも新鮮な空気が流れていると吉相。

＊中央部がいつも清潔になっている
中央にホコリがたまっていたり、不要なものが置かれていると運気が停滞する。

吉相の間取り例

中央が広々と空いているうえに、西に張りがある吉相。

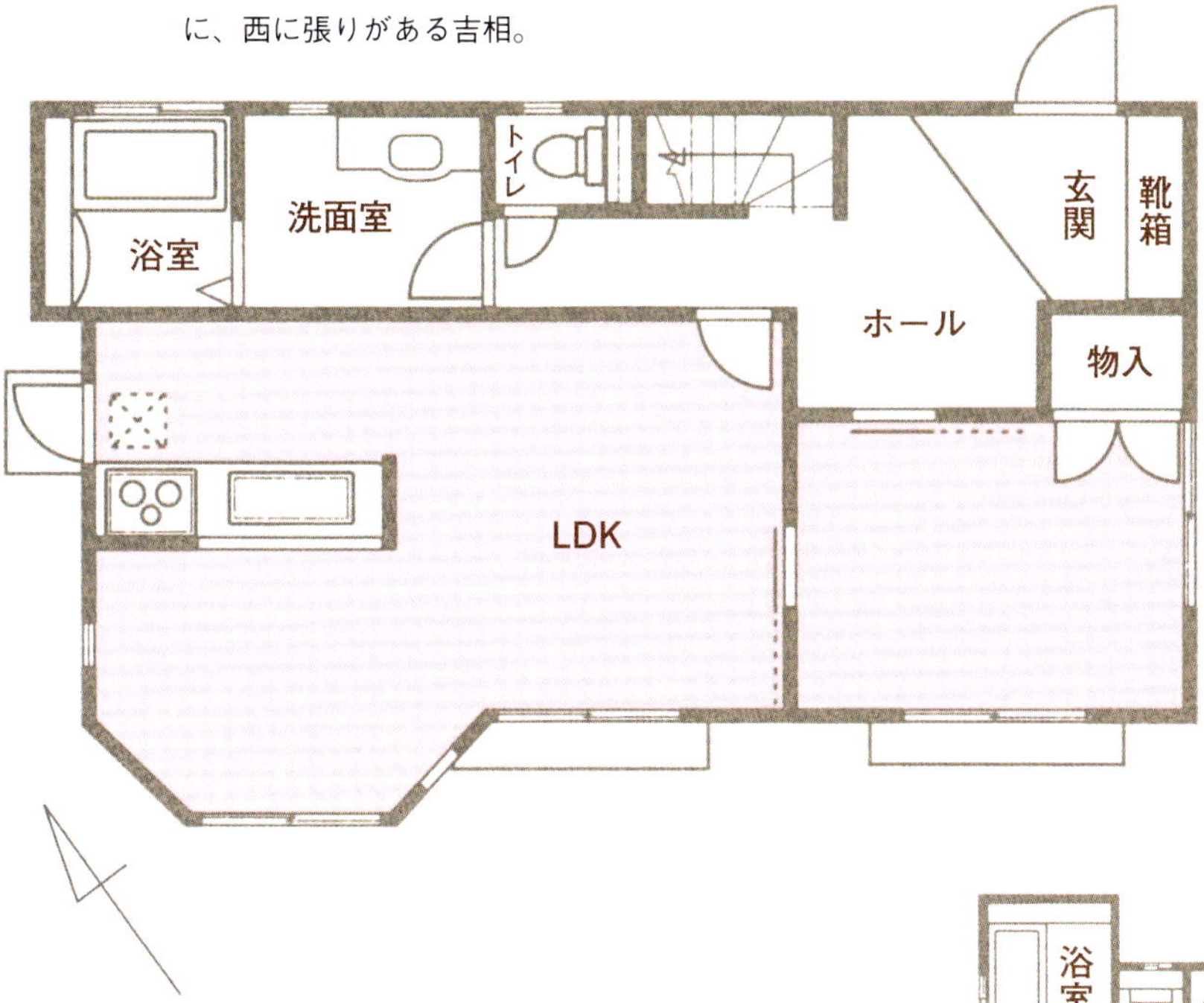

凶相の間取り例

家全体から見ると中央にあるホールの面積が少なく、南北が玄関と階段で開きになっている中央凶相の間取り。

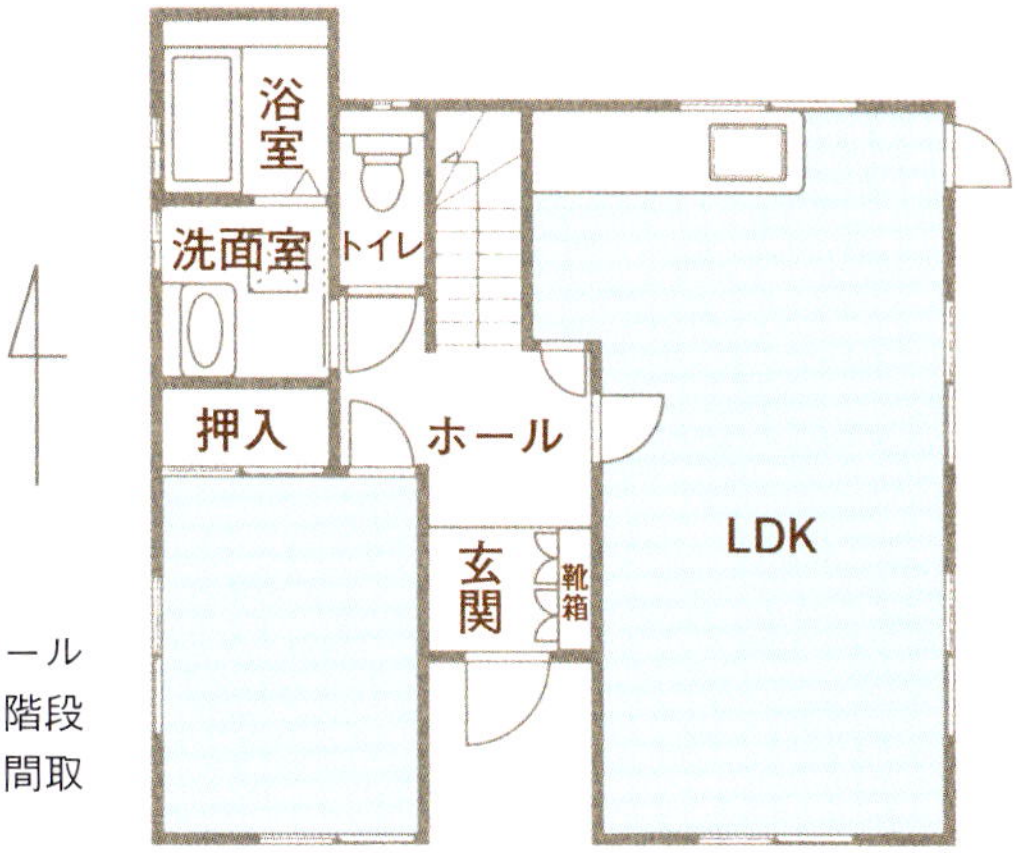

気をつけたい家相と改善アドバイス

✕中央に欠けがある ▶ ○改築、移転をしましょう

家の形がコの字形になっていたり中庭があったりして、中心が欠けになっているのは、人間でいえば心臓を失うのと同じ状態。大黒柱ということばがあるように、中央にはいちばんよいエネルギーが集中します。玄関から入ったエネルギーは中央に集まり、それから八方位に分散します。中央に欠けがあるとエネルギーが集中しないため、すべてに一貫性や発展性が欠けてしまいます。

なるべく早く改築や移転するのがベストですが、できない場合は五黄生まれのラッキーグッズやラッキーフラワーを飾ったり、インテリアにラッキーカラーを使って凶作用を少なくしましょう。

✕中央にトイレがある ▶ ○居心地のよい空間に

中央のトイレは家相では大凶。家の中央にいつも湿気や臭気があると、家族が病気にかかりやすくなり、いつもだれかが病院通いをしている状態になります。

こまめに掃除をして清潔を保ち、いつも換気扇を回して換気に注意しましょう。暖房便座などを置き、少しでも居心地のよい空間にします。

✕中央に段差がある ▶ ○段差の解消を

中央に掘りごたつがあるような場合は要注意です。家の中央は段差がなく、ある程度広さがあるのが吉相です。改築して段差の解消をしましょう。

✕中央に階段がある ▶ ○改築、移転がベスト

家の中心にあるリビングから階段で2階につながるのはおしゃれなつくりですが、家相から見ると中央階段は大凶。家族がバラバラになり、もめごとや事故が絶えません。

改築、移転がベストですが、できない場合は五黄生まれのラッキーグッズ、ラッキーフラワーを飾って、凶作用を少なくしましょう。

幸運を招く部屋づくり 4

部屋の中央にラッキーグッズを飾ると開運する。鳳凰《ほうおう》、ダイヤモンド、錦鯉、クジャクの置物や絵、しゃれたベルトなど。色彩のきれいな動植物が吉。

ホームグラウンドの部屋の中央を広くすっきりとしておくのが開運ポイント。掃除をとくに念入りに。

北東に机とイスを置くとよい変化がある。

カーテンなどはピンク系、黄色系でまとめると吉。

部屋の中央、あるいは南、東にラッキーフラワーの色鮮やかな赤や紫の花や夏の花を飾る。あきらめずに努力する精神力と自分の力を信じ続ける力が養われる。ブーゲンビリア、マリーゴールド、グラジオラス、ハイビスカス、ヒマワリなど。

六白金星

1904
（明治37）
1913
（大正2）
1922
（大正11）
1931
（昭和6）
1940
（昭和15）
1949
（昭和24）
1958
（昭和33）
1967
（昭和42）
1976
（昭和51）
1985
（昭和60）
1994
（平成6）
2003
（平成15）
年生まれの人

磨けば光る晩年運の持ち主 マイホームは地道な貯金で

六白金星の人には、「天」の象意があり、強い責任感で信頼を集めリーダーになります。プライドが高く独立独歩な一方で、思いやりがあり困っている人を放っておけません。

若いうちは苦労も多くありますが、中年期以降にチャンスが訪れ、晩年は財運や名誉にも恵まれるでしょう。

高級志向で分不相応な豪華な家を欲しがりますが、蓄財は苦手。ムリなローンを組んだりせずに貯金に励めば、中年期以降に望みの家を手に入れることができるでしょう。

ホームグラウンドは西北です。西北には「充実、多忙、堅固」といった象意があり

吉相だとこんな幸運が!!

★リーダーシップをさらに発揮する
積極的な行動力や統率力に、教養、良識、思いやりなどがプラスされて、リーダーにふさわしい人物になります。精神も安定するでしょう。

★金運がアップする
もともと蓄財が苦手なわりには、お金に困らない運勢の持ち主ですが、さらに金運がアップし、物質的に恵まれます。

★家庭が円満になる
家族の中心となって親戚からも頼りにされ、円満な家庭を築くことができます。

★ますます健康に恵まれる
1つのところにじっとしていられない性分ですが、さらに健康でエネルギッシュになります。

凶相だとこんな不運が!?

■仕事でもプライベートでも行き詰まる
持ち前のリーダーシップが裏目に出て、周囲の人の反感を買います。人の援助を受けられず、仕事面でもプライベートでも行き詰まることに。

■金運が低迷する
新しい仕事や事業はうまくいきません。詐欺まがいの話に乗って大損をしたり、ギャンブルに手を出したりして金運は低迷。見栄をはって借金を繰り返して生活が破綻するケースもあります。

■家庭でトラブルが続出
西北は主人の定位。欠けがあると、一家の主の運勢がメチャメチャになるため、家庭内も混乱します。

■ストレスから病気になる
さまざまなトラブルからストレスがたまり、ノイローゼや心因性の病気にかかりやすくなります。また、突発的な事故にも要注意。

ます。住まいの西北に吉相や凶相があると、これらに関係のあることが起こりやすくなります。

六白金星の人の住まいの吉相

＊西北に3分の1以下の張りがある

＊西北に母屋の3分の1以下の別棟がある

＊高台に建つ閑静な住宅地
適度に高級感のある住まいは吉相となる。

＊高級感のあるインテリア
外観だけでなくインテリアにもお金をかけるのは吉相。

吉相の間取り例

西北に3分の1以下の張りがある吉相。

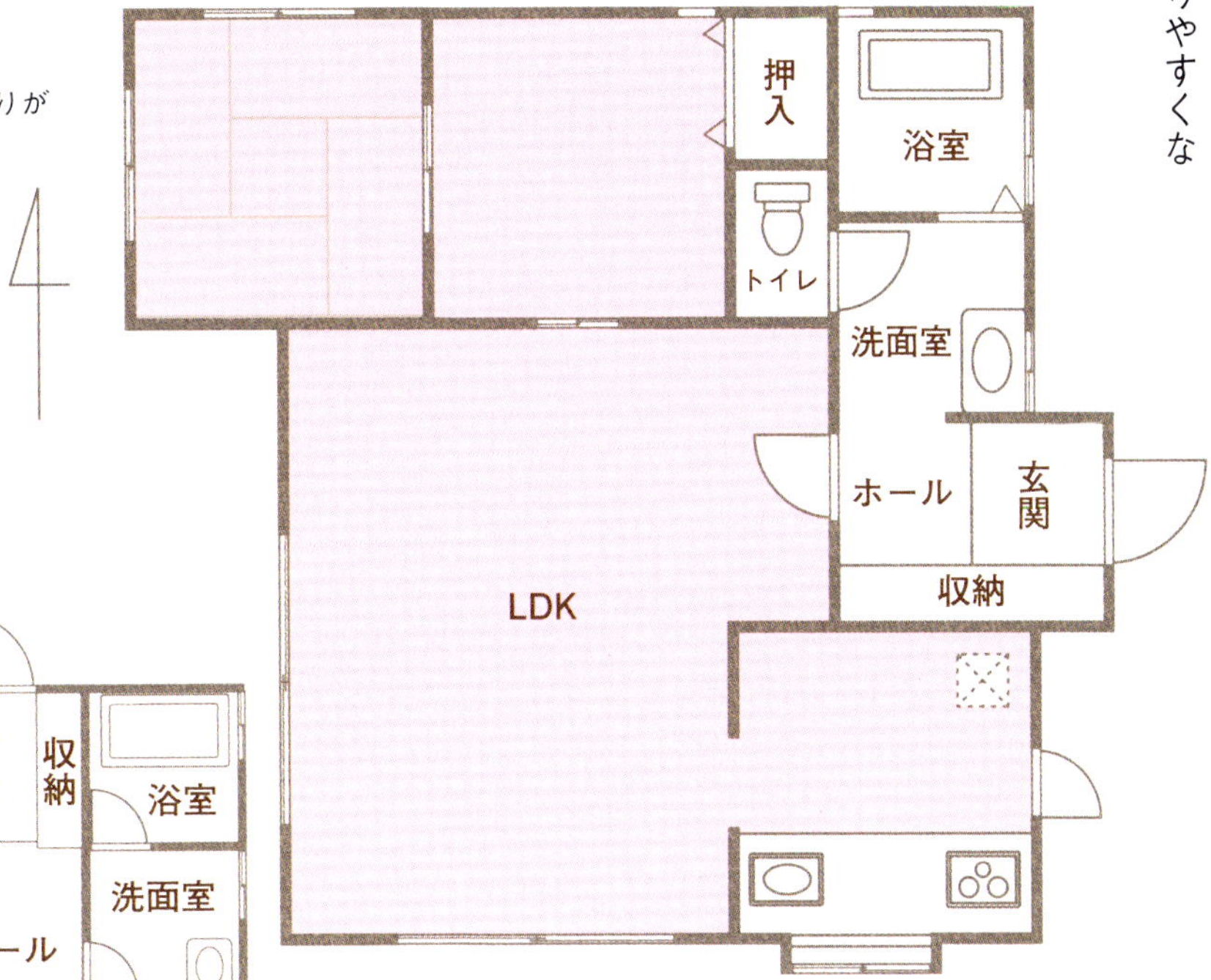

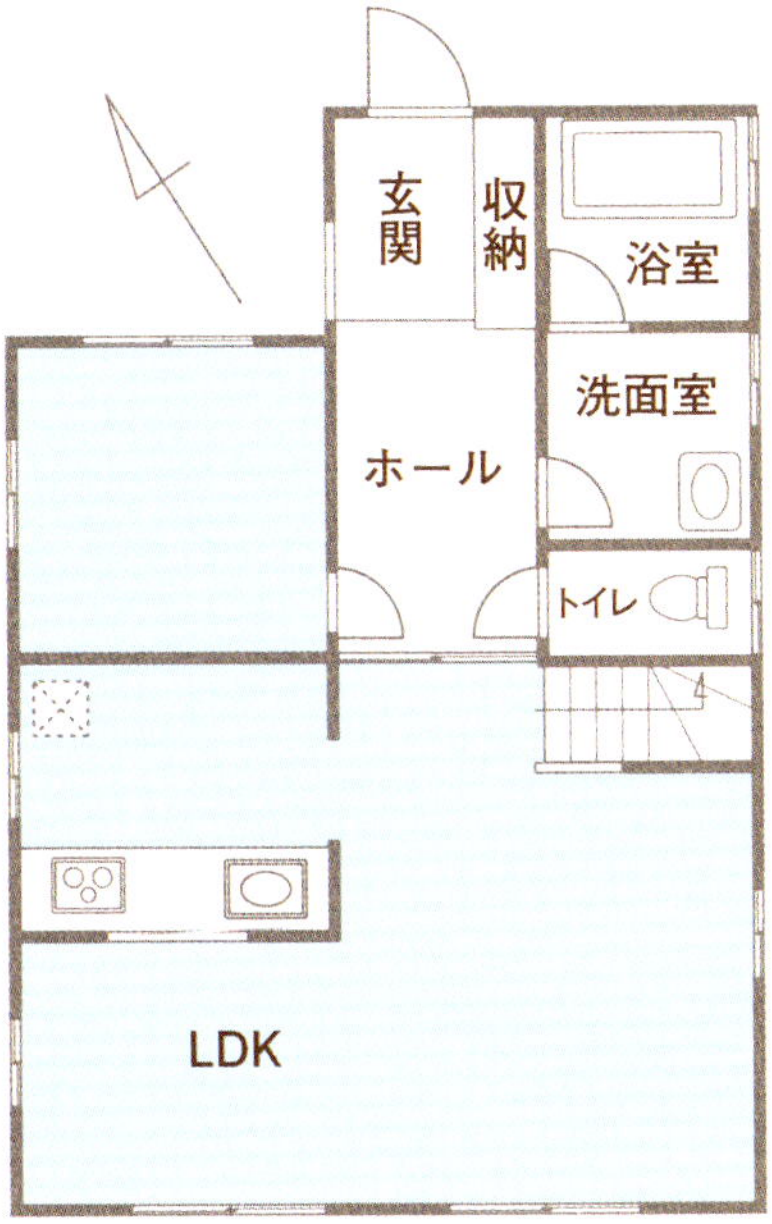

凶相の間取り例

西北に欠けがある凶相。

気をつけたい家相と改善アドバイス

✕西北に欠けがある

○ラッキーグッズやラッキーフラワーを飾る

とくに一家の主人が六白金星の場合は最悪の家相となります。欠けが大きいと凶作用も大きくなります。西北の玄関や裏口、大きな窓などでも同様の作用が起きます。

六白生まれのラッキーグッズやラッキーフラワーか、西北のラッキーフラワーを飾って、凶作用を少なくしましょう。

✕西北に台所がある

○インテリアは高級感のあるものが吉

西北の五行は金で、火とは相剋の関係になります。そのため火を使う台所があると、この年生まれの人には凶相となります。

西日が入る場合はブラインドで遮光を。西北は格上の方位なので、インテリアは高級感のあるものにすると吉。

✕西北にトイレがある

○換気に注意し観葉植物を置いて

西北の象意は「天」であることから、トイレなど不浄なものがあると凶相になります。

掃除を徹底して清潔を保ち、窓がない場合は換気扇を回します。西北の場合、トイレでもインテリアは少し豪華にするのが吉。ラッキーフラワーを飾りましょう。

幸運を招く部屋づくり 4

白や黄色、オレンジ色の花や高さのあるラッキーフラワーを西北に飾ると、人間関係がスムーズになる。謙虚な気持ちで人を立てることができて好感度がアップ。ハナビシソウ、キンギョソウ、白いスプレーマム、白いクレマチス、カラーなど。

西北を常に清潔にして、ラッキーグッズを飾る。山、シカ、キリン、ライオン、トラ、竜、ウシ、竹、竹の子などの置物を。くさりのようにつながっているものが吉。

東にＡＶ機器など音の出るものを置くと開運する。豪華で立派なものがベスト。

七赤金星

1903
（明治36）
1912
（大正元）
1921
（大正10）
1930
（昭和5）
1939
（昭和14）
1948
（昭和23）
1957
（昭和32）
1966
（昭和41）
1975
（昭和50）
1984
（昭和59）
1993
（平成5）
2002
（平成14）
年生まれの人

若いころの努力が晩年に生きる マイホームは計画的な貯金で

七赤金星の人は、象意に「口」と「収穫」があるため、衣食住に困らない運勢を持っています。生まれつき器用で社交性に富み、巧みな話術で人を引きつけます。

45歳ごろから運勢が上昇して豊かな老後を送ることができます。若いころに努力と苦労を重ねるほど、大きな成功を手にするでしょう。

マイホームは、計画的に貯金をして、買えるときに購入しておくと吉。チャンスを逃さずによい方角の物件を選ぶと、さらに発展するでしょう。

ホームグラウンドは西です。西の象意には「金銭、悦ぶ、集まる」があり、住まいの西に吉相や凶相があると、これらのこと

吉相だとこんな幸運が!!

★仕事がうまくいく
仕事や事業、商売がうまく運んで収入がアップ。そのほかに思わぬところからお金が入ってくる幸運にも恵まれます。散財しないで心から感謝すれば、お金がお金を呼ぶことに。

★食べ物が幸運をもたらす
西は「口」をあらわすことから食べ物が幸運をもたらします。人にごちそうしてもらったり、会食やパーティーですばらしい人にめぐり合ったりします。ただし、食べすぎには注意して。

★友人、知人に恵まれる
話し上手で楽しい人なので、家庭も職場も明るくにぎやか。社交性が増して多くの人がまわりに集まってきます。

★満ち足りた人生を送る
衣食住に不自由がなく、人望も得て精神的にも満ち足りた人生を送ることができます。

凶相だとこんな不運が!?

■出費がかさむ
財布を落としたり泥棒に入られたり、家電製品が壊れたり、家族が次々に病気になるなど、お金のかかることが続き、金策に苦労します。

■欲張って失敗する
西に大きすぎる張りがある場合は、目先の欲に振り回されて失敗するようなことが起こります。

■収入が減る
給料が減ったり、自分のミスで会社に損失を与えるようなことが起こります。経営者は資金繰りに困って、最悪の場合は倒産も。

■家庭でトラブルが続出する
お金がないことから家族がグチをこぼし合い、けんかが絶えません。口げんかが大きな争いになって離婚や別居の話になったりします。

■不倫や浮気問題が浮上する
西は「若い女性」の象意があることから、浮気や不倫などのトラブルも。

に関係のあることが起こりやすくなります。

七赤金星の人の住まいの吉相

＊西に3分の1以下の張りがある

＊西に母屋の3分の1以下の別棟がある

別棟が物置や倉庫であればさらに吉相。ただし整理整頓、掃除がきちんとされている必要がある。

吉相の間取り例

西に3分の1以下の張りがある。

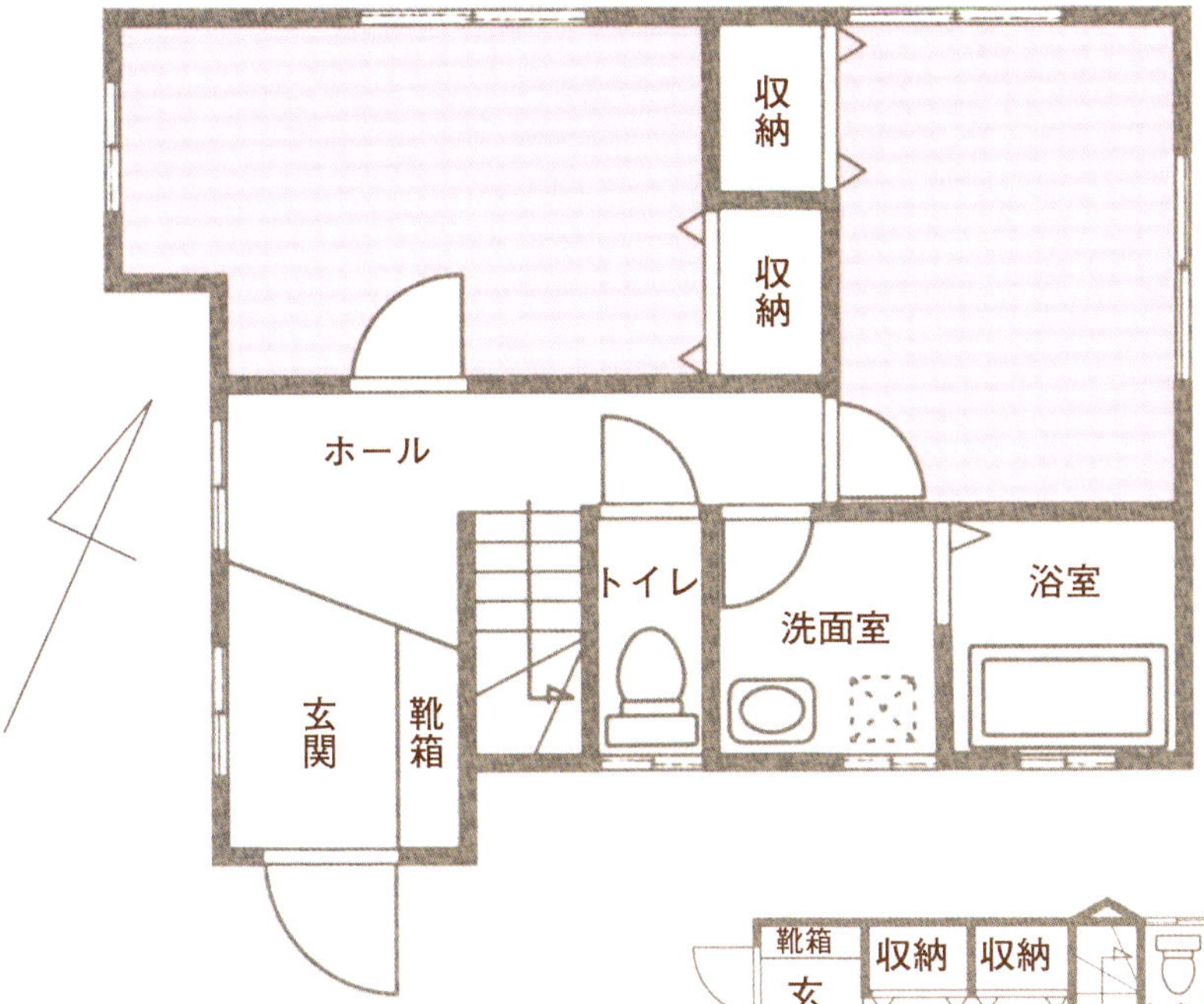

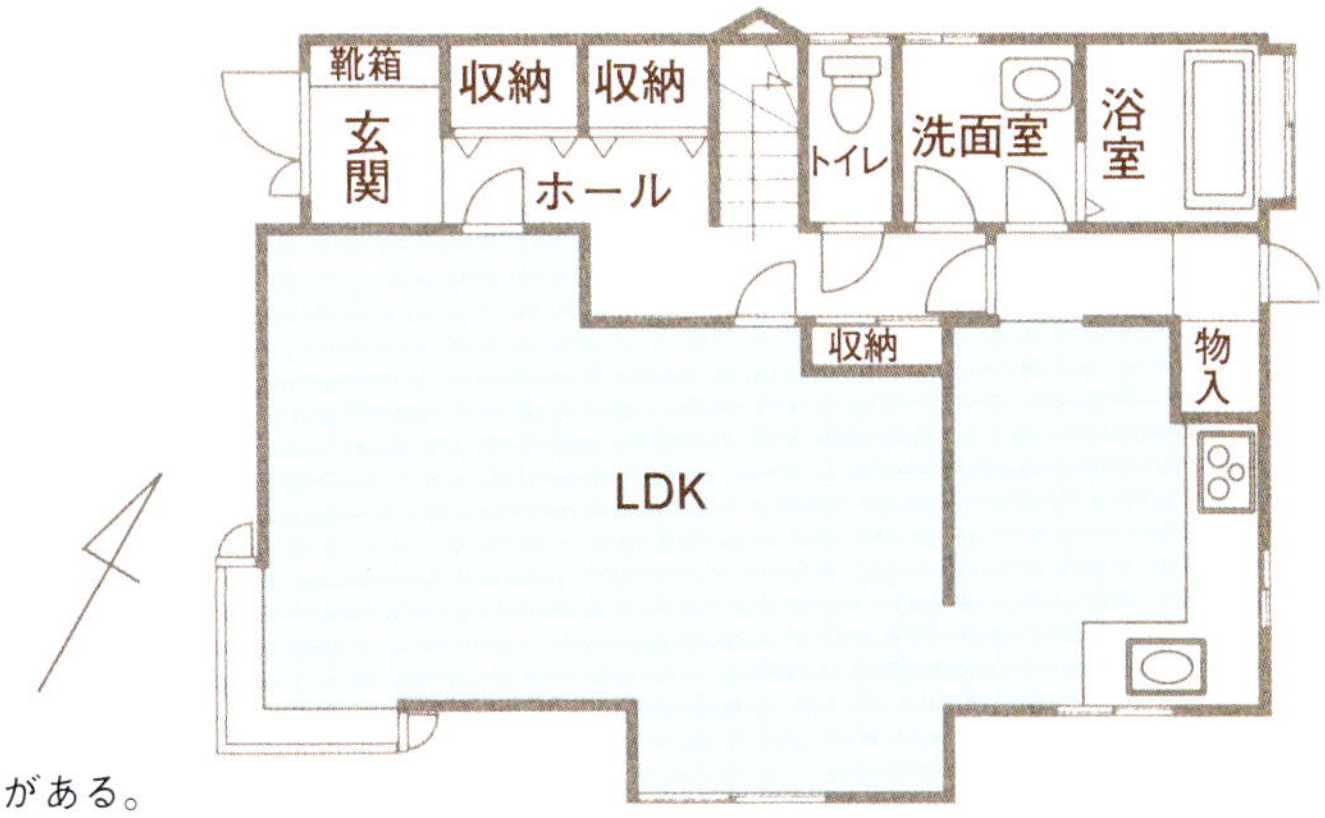

凶相の間取り例

西が欠けているうえに、玄関がある。

気をつけたい家相と改善アドバイス

×西に欠けがある
○改築か移転がベスト

金運や働く喜びに見放されて働く意欲がなくなります。欠勤や遅刻が多くなり、仕事の評価も下がって、転々と仕事を変わることに。改築して欠けを解消するか吉方移転がベストです。できない場合は、七赤生まれのラッキーグッズやラッキーフラワー、あるいは西のラッキーフラワーを飾って凶作用を少なくしましょう。

×西に大きすぎる張りがある
○家具で張りを解消する

張りが3分の1以下になるように、大きな家具を置いて張りを解消しましょう。家具は天井までふさぐような大きなものにするのがポイント。

×西に玄関か裏口がある
○ラッキーフラワーを欠かさず飾って

お金の出入りが激しくなります。

窓がある場合は遮光して、西日を入れないようにします。さらに七赤生まれのラッキーフラワーか、西のラッキーフラワーをいつも飾っておくようにしましょう。マットやスリッパなどにラッキーカラーの黄色を使うのも吉。

×西にトイレがある
○遮光して掃除と換気を念入りに

熱気がこもると細菌の温床になります。散財が増えます。窓があって西日が入る場合はしっかり遮光します。照明は明るめにして、タオルなどの小物に黄色を使います。悪臭が残らないように、換気と掃除は念入りにしましょう。七赤生まれのラッキーフラワーを飾ると吉。

×西に浴室がある
○換気をして湿気をためない

湿気と熱気でカビや細菌が発生しやすく不衛生になりがち。家族が病気にかかりやすくなるばかりでなく、経済的なトラブルも起こります。窓が大きく西日が差し込むようなら、黄色、ピンク、ベージュ系のブラインドで遮光しましょう。換気扇を回し、浴槽の水は家族の入浴後にすぐに流して湿気をためないようにします。

×西にキッチンがある
○西日をさえぎりラッキーフラワーを飾って

西日が差し込んで、物が腐りやすくなります。生ゴミなどの悪臭がして不衛生になりがち。西日が入らないようにブラインドで遮光し、窓辺にラッキーフラワーを飾りましょう。キッチングッズはステンレス製のピカピカ光るものに。

幸運を招く部屋づくり

4

西に七赤生まれのラッキーフラワーである黄色、オレンジの花や、背の低い花を飾ると、物事を最後までやり抜く粘り強さが身につく。菜の花、黄色いプリムラ、タンポポ、ランタナ、マリーゴールドなど。

西を清潔にして、ラッキーグッズを飾る。陶器、陶製の花びんやヤギ、サルの置物など。高級品でないもののほうが吉。

西に窓やドアがない。

東南にドレッサーを置くと良縁に恵まれる。

八白土星

目的に向かい努力する大器晩成型 遺産に恵まれる

八白金星の人は、「山」の象意を持ち、小さなことを積み重ねていって大成する運勢です。後継者運があり、遺産や事業を譲り受けたり目上の人から援助を受けたりします。

若いころは、いろいろなことに挑戦しても成果は今ひとつですが、中年期以降に困難を克服して成功を収めます。

後継者運があるため、マイホームの取得に苦労することはありません。不動産を引き継がなくても、若いころから貯蓄に励み資金を用意することができるでしょう。

ホームグラウンドは北東です。北東には「相続、連結、親戚」などの象意があります。住まいの北東に吉相や凶相があると、これ

1902（明治35）
1911（明治44）
1920（大正9）
1929（昭和4）
1938（昭和13）
1947（昭和22）
1956（昭和31）
1965（昭和40）
1974（昭和49）
1983（昭和58）
1992（平成4）
2001（平成13）
年生まれの人

吉相だとこんな幸運が!!

★財産を築くことができる

北東が吉相だと、新たな家屋や土地、山林などの不動産を得たり、またそれから利益が生じたりと、財産を築くことができます。

★家庭が円満

子どもが立派に育ち後継者となります。勤勉で倹約家に育って、親に心配をかけることがありません。経済力のある伴侶にも恵まれるでしょう。

★健康に恵まれる

心身ともに健康、季節の変化にも影響を受けず気力も充実します。

凶相だとこんな不運が!?

■運気が乱れ、何かとトラブルが起こる

仕事では働く気力がわかずトラブルが多くなり、家庭でもお金、健康などをめぐり波乱が多くなります。

■受け継いだ財産を失う

不動産、事業などを受け継ぐ際に、新旧の交代や親類縁者とのもめごとで損害をこうむり、最悪の場合はすべてを失うことに。また、ギャンブルに熱中して財産を使い果たしたり、巧妙な詐欺にあったりするおそれもあります。

■遺産をめぐって家族にトラブルが起こる

遺産相続、財産の後継問題が長引き家族がバラバラになります。親戚同士が争い行き来がなくなります。

■家族が病気がちになる

家族のだれかがいつも病気をしている状態。治っても再発することを繰り返し、金銭面でも苦労します。

らに関係のあることが起こりやすくなります。

八白土星の人の住まいの吉相

＊北東に張りも欠けもなく平らで、壁でふさがれている

北東は鬼門に当たるので、張りも凶相になる。

＊北東に母屋の3分の1以下の別棟がある

＊小高い土地の一戸建ての家

象意から高くなっている土地や一戸建てが吉相。マンションは上層階のほうが吉相。

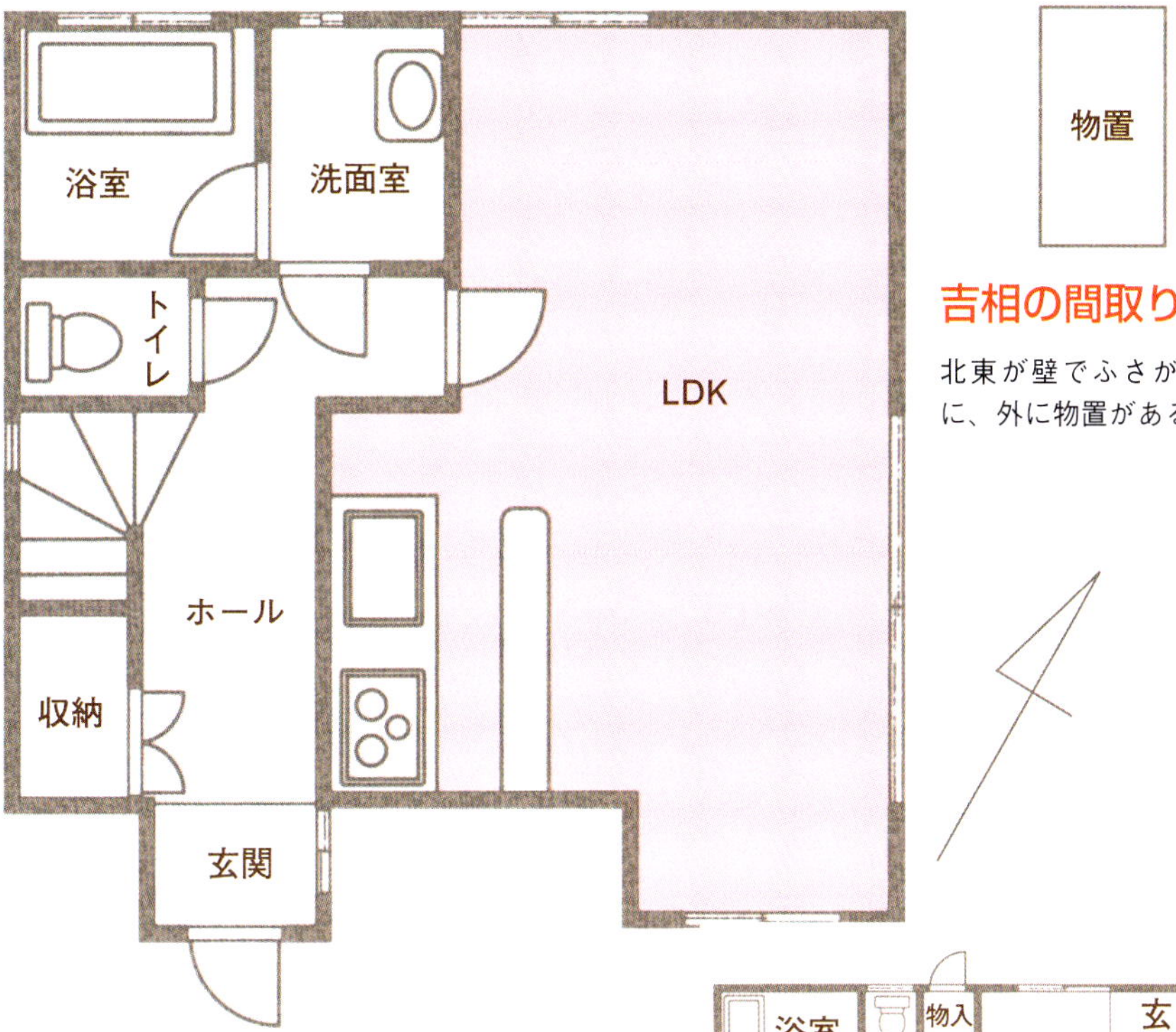

吉相の間取り例

北東が壁でふさがれているうえに、外に物置がある。

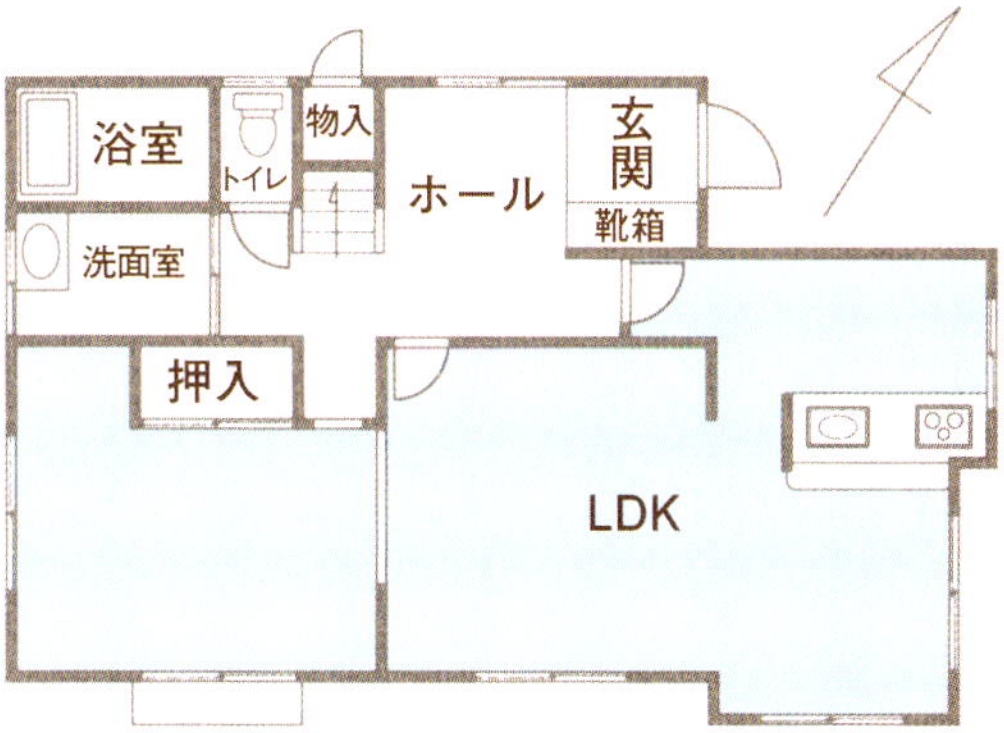

凶相の間取り例

北東が欠けており、しかも玄関になっている。

気をつけたい家相と改善アドバイス

×北東に欠けがある、あるいは張りがある ▶ ○改築や移転がベスト

ほかの方位では吉相となる張りも、鬼門である北東では凶相です。平穏無事な運勢が乱れて、波乱万丈となります。

改築して欠けや張りを解消するか、吉方移転がベストです。できない場合は、八白生まれのラッキーグッズやラッキーフラワー、あるいは北東のラッキーフラワーを飾って凶作用を少なくしましょう。

×北東にトイレがある ▶ ○清潔に明るくし、換気を心がけましょう

鬼門である北東は神聖な場所です。常に清潔にしておかなければならない場所なので、トイレや下水などがあると凶相となります。北東にトイレがあると病気になってなかなか治らなかったり、ケガが絶えなかったりします。

床や壁、便器は白にして、清潔を心がけます。窓があれば開けて換気をしますが、なければ換気扇をいつも回しておき、ラッキーフラワーを飾りましょう。

×北東にキッチンがある ▶ ○清潔を心がけて

水気と火気があり、ゴミや排水がたまっているのは凶。家族、とくに男の子が病気やケガをしやすくなります。

北東は不浄を嫌います。シンクに汚れものをためておいたり、レンジが汚れっぱなしなのはいけません。何よりも清潔を心がけ、不要なものをためこまないようにしましょう。

×北東に玄関や大きな窓、廊下がある ▶ ○清潔にしてラッキーフラワーを飾って

北東に玄関があると、驚くほど人が来たりだれも来なくなったりとムラが多くなります。また、玄関が汚れているとケガや事故にあったり、相続でもめることが多くなります。

いつも掃除をしてきれいにしておき、八白生まれのラッキーフラワーあるいは北東のラッキーフラワーを飾っておくのが吉。大きな窓がある場合は、開けっぱなしにしないでカーテンを引いておくようにしましょう。

×北東に浴室がある ▶ ○換気扇はいつもオンに

湿気が多く、カビや細菌が発生しやすい浴室は凶相です。家族がバラバラになるおそれがあります。浴室が汚れていると病気やケガをしやすくなります。

掃除を徹底して清潔を保ち、窓があれば開けておき、ない場合は換気扇を回して換気をしましょう。タイルやバスタブは汚れが目立ちやすい白系が吉。

幸運を招く部屋づくり 4

北東をいつも清潔にして、ラッキーグッズを飾る。金魚、熱帯魚、鶴、エビ、ネックレスなど。色彩のきれいな動植物はすべて吉。

ホームグラウンドの北東に窓やドアがなく、壁でふさがれている。

北東にラッキーフラワーの鮮やかな夏の花や赤や紫の花を飾る。コミュニケーション力が身につき、周囲との関係がよくなる。カーネーション、ポインセチア、シャクヤク、ダリア、ガーベラ、バラなど。

西に黄色いもの、鳥の置物を飾ると金運がアップ。

九紫火星

1901
(明治34)
1910
(明治43)
1919
(大正8)
1928
(昭和3)
1937
(昭和12)
1946
(昭和21)
1955
(昭和30)
1964
(昭和39)
1973
(昭和48)
1982
(昭和57)
1991
(平成3)
2000
(平成12)
年生まれの人

中年期に運勢が開花
マイホームは若いうちに手に入れる

九紫火星の人は、「火」の象意を持ち活発な人生を送ります。親や先祖の恩恵を十分に受けて恵まれた環境で育ち、中年期に運勢の最盛期を迎えます。才能が開花して社会的な名誉や地位を得るでしょう。その後は運勢がだんだん下火になるので、この時期に生活の基盤をつくっておくことが大切。

住居も先祖や親の恩恵を受けられれば、早い時期に手に入れられます。そうでなくても中年期までに自力で取得するチャンスがあるでしょう。

ホームグラウンドは南です。南には「精神、権利、義務」などの象意があります。住まいの南に吉相や凶相があると、これらに関係したことが起こりやすくなります。

吉相だとこんな幸運が!!

★仕事が順調に運ぶ
十分に太陽の光を浴びることで、よりエネルギッシュに活動的になり、さまざまなアイデアが浮かびます。

★人脈に恵まれる
さらに魅力的になり、いつも注目される存在になるでしょう。ネットワークが広がり、情報や物、お金まで が集まってきます。

★美的センスが磨かれる
ファッションの分野で個性を発揮し、評価されて成功を収める幸運もあります。

★異性にもてる
異性から降るような誘いを受けます。誠実なつき合いを。

★家庭が円満になる
社交性が生かされて家庭も円満。地域でも中心的な存在になります。

★健康に恵まれる
心臓が強く血液の循環がいいので、いつもエネルギッシュ。気力、体力ともに充実します。

凶相だとこんな不運が!?

■対人関係にトラブルが起こりやすくなる
自意識が強い性格なため自己顕示欲が前面に出て、周囲から反感を買って孤立します。

■別居、離婚問題が生じる
外づらはいいものの家庭ではわがままが目立ち、孤立します。いさかいが絶えず、別居や離婚に発展するおそれがあります。

■心臓疾患や頭部の疾患に悩む
心臓疾患や高血圧に悩まされます。また、うつ病や神経症、偏頭痛など頭部の疾患にかかるおそれがあります。

■火難に注意する
「火」の象意から火難を受けたり、不慮の事故を起こしやすくなります。

九紫火星の人の住まいの吉相

＊南に3分の1以下の張りがある
＊南に母屋の3分の1以下の別棟がある
＊日当たりがよい

「太陽」の象意があるので、さんさんと日が当たるのが吉相となります。

吉相の間取り例

南に3分の1以下の張りがある。

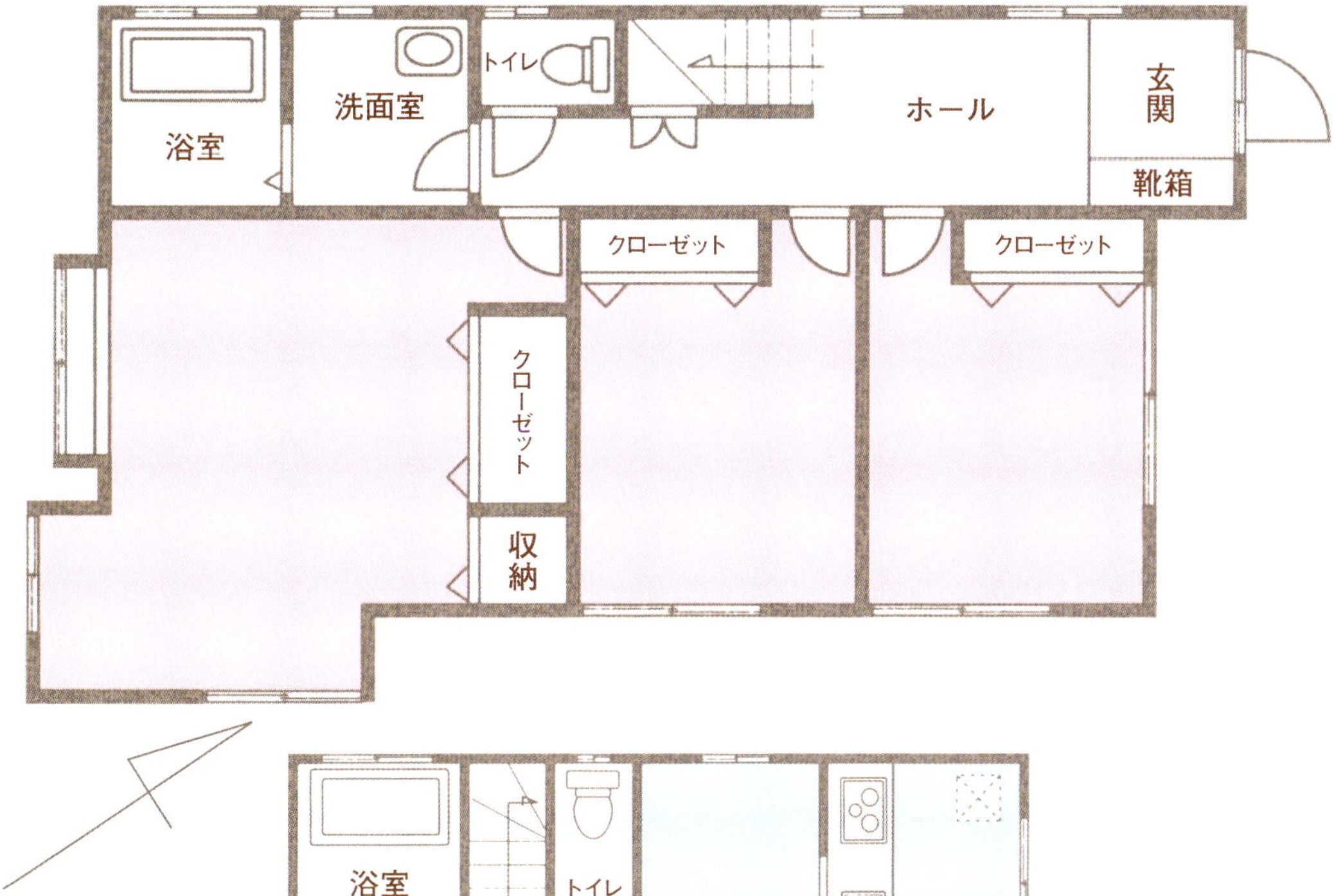

凶相の間取り例

南が欠けている。

気をつけたい家相と改善アドバイス

✕南に欠けがある
○改築か移転、ラッキーフラワーを

自我ばかりが強くなり、対人関係にトラブルが生じやすくなります。

改築をして欠けを解消するか吉方移転がベストです。できない場合は、九紫生まれのラッキーグッズやラッキーフラワー、あるいは南のラッキーフラワーを飾って凶作用を少なくしましょう。

✕南に玄関、出入り口がある
○ラッキーグッズやラッキーフラワーを飾って

玄関だけでなく大きすぎる窓や廊下も開きとなって凶相です。玄関に窓があったり、扉にガラス部分があって、太陽光が直接入るのは凶になります。しかし、くもりガラスやレースのカーテン越しに光が入るのは問題ありません。

玄関にはラッキーグッズやラッキーフラワーを飾りましょう。

✕南にトイレがある
○換気、通気を心がけましょう

南のトイレはマンションなどにありがちで、窓のない場合が多いものです。南のトイレは換気、通気をよくして清潔を心がけましょう。

✕南にキッチンがある
○日差しのコントロールを

象意が「火」なので、水を使うキッチンは凶相です。

窓がある場合は、直射日光が入って温度が上がり、物が腐ったりしないように、ブラインドなどで日差しのコントロールをしましょう。

✕南が広く壁でふさがれている
○改築か移転をする

人にとって大切な太陽のエネルギーが入ってこない間取りは凶相です。

南の壁の東寄りに窓をつける改築をするか、吉方移転がベストです。できない場合は、九紫生まれのラッキーグッズやラッキーフラワー、あるいは南のラッキーフラワーを飾って凶作用を少なくします。

✕南に池や井戸がある
○埋めたりふさいだりする

池や井戸は強すぎる直射日光によって水が腐りやすくなるので凶。埋めたりふさぐのがベスト。

幸運を招く部屋づくり

部屋のコーナーにルームライトや幸福の木やポトスなどの丈の低い観葉植物を置く。

東にＡＶ機器やオルゴール、電話などを置く。

カーテンやベッドカバーにはラッキーカラーのイエロー系やブルー系を。

ホームグラウンドの南には小さめの窓が吉。

南にラッキーグッズを置く。ウグイス、メジロ、チョウ、ハチ、飛行船などの置物や絵、しゃれたデザインのサンダル、スリッパなどが吉。

南にラッキーフラワーの青、青紫の花や春に咲く花を飾ると開運する。アサガオ、サクラソウ、サイネリア、ラベンダー、スミレ、ヒヤシンスなど。

土地の吉凶

昔の人が家を建てるときには、まず土地の吉凶を見ました。昔の人の言い伝えには現代にも通じるところがあります。土地や家を探すときの参考にしてください。

理想的な吉相の土地

古代中国から、よい土地には竜脈が通じているとされてきました。竜脈とはエネルギーの流れている土地のことです。そこに家を建てれば、富貴を保つことができ、子孫が繁栄するとされてきました。とくに次の４つは「四神相応の地」といって、最高の地相とされています。

●青竜《せいりゅう》の地相

東から東南にかけて低く開けていて、東に川が流れている土地。最高の地相で、住む人に発展をもたらします。

●朱雀《すじゃく》の地相

南側が低く開けている土地。太陽の恵みを十分に受けられる地相で、住む人は明るい人生を歩み、幸運に恵まれます。

●白虎《びゃっこ》の地相

西が高く、西北から南西に通じる公道がある土地。住む人に金運をもたらします。

●玄武《げんぶ》の地相

北側が高い丘陵となっている土地。北からの陰気と冷気をしっかり防ぐ地相で、住む人に幸運をもたらします。

現代風にまとめていえば、東から南にかけて低く広々と開けていて、なおかつ西から北東にかけて高くなっているところが宅地として最高ということです。現代の住宅事情ではむずかしいところですが、知っておくとよいでしょう。

なるべく避けたい凶相の土地

住むにはふさわしくなく、災いを招きやすい土地には、次のようなものがあります。

●南が高く北が低い土地

冬の風当たりが強く、家全体が冷えて健康を損ないやすい地相。生殖器や泌尿器の病気にかかりやすい暗示があります。また、北に下がっている土地では、雨が降ると南側の流水が家に向かって流れてくることになります。日当たりがよくないので乾きも遅く、室内が湿っぽくなって陰気な家になってしまいます。

●東が高く西が低い土地

冬は暖かいのですが、夏はじりじりと照りつけられ、非常に暑くなります。熱が家の中にこもって物が腐りやすくなります。また、西の凶作用でお金が流出したり、子どもが親に反発するということが起こります。

●変形の敷地

正方形か東西に長い敷地が吉相。ひし形や三角形などの変形の敷地では、精神がゆがみます。

Part4

願いごと別にわかるインテリア家相・部屋相開運法

運勢にかかわる吉相と凶相

恋愛運や金運をアップしたいなど、願いごとをかなえたい場合は、それに関係する方位に凶相がないか調べて対策を立てましょう。

願望に関係する方位の凶相をチェック

好きな人と結婚したい、金運を上げて収入をアップさせたい、子宝を授かりたいなどの願いごとをかなえるには、願望に関係の深い方位を調べることから始めます。

たとえば、金運に恵まれていない場合は西の方位をチェックします。西はお金に関係の深い方位で、ここに欠けや開放部などの凶相があると、どんどんお金が出ていってしまいます。欠けは改築をして解消するのがベスト。窓や出入り口がある場合もふさぐようにします。改装するか、それができない場合は、窓をなるべく開けないようにしてカーテンをかけるなどの工夫をしましょう。

間取りの方位に注意する

運に恵まれていないと感じるときは、願いごとに関係の深い方位の間取りに注意します。たとえば、恋愛運に恵まれない場合は、愛情に関係の深い北や、結婚に関係のある東南をチェックします。トイレはどこにあっても凶相とされますが、これらの方位にあると恋人ができなかったり、なかなか結婚に発展しないということが起こります

運勢と関係のある方位

恋愛運・結婚運	北・東南
家庭運	西北・南西・北東
人間関係運	北
仕事運	南西
金運・財産運	西
健康運	西北
美容運	南

恋愛運・結婚運

出会いから結婚にまでかかわる北または東南の方位に注目

恋愛運・結婚運にかかわるのは北と東南の方位です。

北には「和合、男女の情愛、セックス」の象意があります。北は愛情運をつかさどり、とくに男女間の情愛に関係がある方位。素敵な人とめぐり合って、恋をしたいと思うなら北の方位に注目してください。

東南には、「斉《ととの》う、信用、縁談」などの象意があります。理想的な人との出会いを結婚に結びつけたいと願うなら、東南が重要です。

開運には北、東南ともに吉相ならば、申し分ありません。自分の部屋や寝室が、家の中心から見て北や東南にあるのも吉。凶相ならば、なるべく早く凶作用を少なくする対策を立てて、恋愛運・結婚運をアップさせましょう。

恋愛運・結婚運アップの間取り

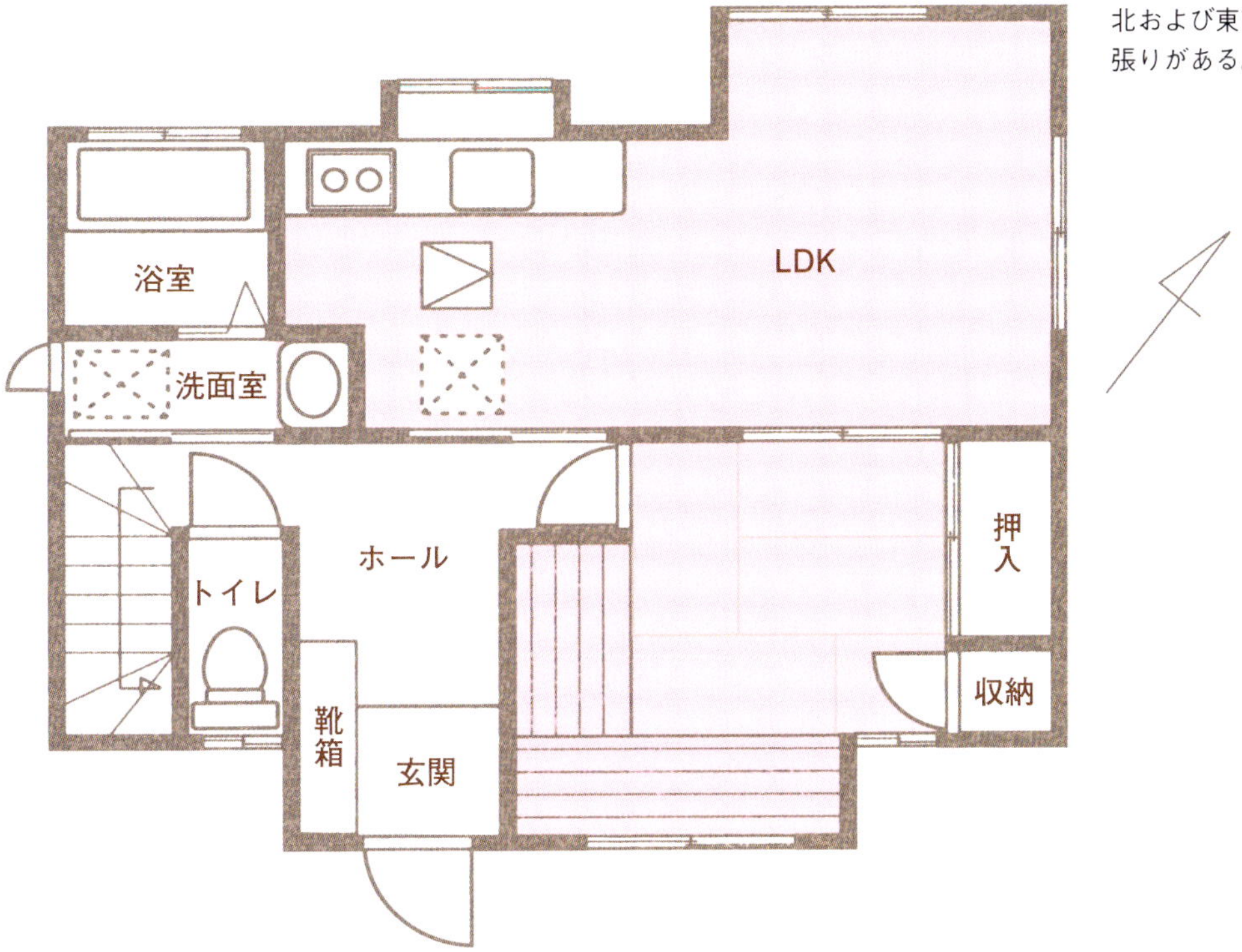

北および東南に張りがある。

気をつけたい方位×インテリア

素敵な人との出会いがない、恋人がいてもなかなか結婚にまで発展しないという場合は、北や東南に凶相があったり、トイレや浴室、キッチンなどの間取りに問題のある可能性があります。

		×	◎
トイレ	北	北は、家相では聖なる場所とされており、不浄なトイレには不向きな場所。北には「男女の情愛、和合、秘密」といった象意があります。ここにトイレがあると凶相となり、浮気などのトラブルが起こりやすくなります。	寒さ、冷たさ対策を。暖房便座にしたり、温風ヒーターを置いて暖かくします。照明を明るくして、タオルやマットなどの小物はピンク系やオレンジ系、赤など暖色系のものにすると開運します。
トイレ	西	西には「悦ぶ、甘言、口論」などの象意があります。家の中心から見てトイレが西にある場合は失言から人間関係にトラブルが起こりやすく、恋人に恵まれなかったり、なかなか結婚できない暗示があります。	西に窓がある場合は、強すぎる西日をさえぎることのできるブラインドをつけましょう。色は白、黄色、ベージュ、ブラウン系が吉。タオルやマットは高級感のあるものを。花柄がおすすめです。照明は明るくして、常に清潔を心がけて。
トイレ	南	南には「離別、立腹、けんか」の象意があります。水とは相性の悪い方位で、ここにトイレがあると、飽きっぽく移り気になったり精神的に落ち着かなくなります。恋人ができても、急に別れなければならなくなるのは凶作用のあらわれです。	マンションなどでは南にトイレのあることも多く、その場合、窓がないのがほとんどです。窓がないと凶作用は強く出ます。十分な換気が必要です。タオルやマットなどのグッズは、白、グリーン、ブルー、ラベンダーが吉。観葉植物を置きましょう。
トイレ	東南	東南にある場合は、ほかの方位よりも凶作用は少ないですが、トイレは基本的にどの方位でも凶相。恋愛運・結婚運に関係の深い方位なので、手抜きをしないで対策を立てましょう。	換気をよくして悪臭がこもらないようにしましょう。東南は香りと関係が深いので、芳香剤やポプリなどを置くと吉。タオル、マット、スリッパなどは花柄や暖色系のものを。
浴室	西	西には「悦び、結婚式」という象意があります。しかし、ここに浴室があると女性に浮気心が起こりやすくなり、結婚前にゴタゴタする暗示があります。また、金銭がからむとさらに大ごとに。	西の気をさえぎるために、西日が入る場合は、黄色、ピンク、ベージュ、ブラウン系のブラインドなどで遮光をします。浴槽のお湯は使用後にすぐに抜き、湿気をためないように換気扇をまめに回しましょう。清潔を心がけてカランや鏡もピカピカにします。
浴室	南	南は水と相性が悪く、大量に水を使う浴室は凶。南の「離別」の象意から恋人と別れるおそれがあります。	使用後は浴槽の湯を抜きましょう。換気をまめにして、大きな窓がある場合は遮光します。タオルやマットなどのグッズはグリーン系がいいでしょう。
キッチン	西	ここにキッチンがある家で育った女性は、わがままになりがち。複数の男性とつき合うなど恋愛トラブルを起こしやすくなります。	西日をシャットアウトしましょう。カーテンやブラインドは白か黄色、ピンクに。西日の陰の気に負けないように、小物や花で華やかに。高級感のある家具や小物を1点でも置き、白、黄色、ピンクの花を飾ります。

願望別アドバイス

素敵な人と出会いたい

北を吉相にしましょう。良縁に恵まれます。まず、自分の部屋の北側を徹底的に掃除して、自分のラッキーフラワーや、北のラッキーグッズのネズミの置物や絵を飾ります。

また、北にトイレがある場合は、いつもピカピカに掃除をしておきましょう。タオルやマットはピンクやオレンジ系、赤系が吉。

玉の輿に乗りたい

結婚と金銭にかかわりの深い西の方位に吉相があれば、玉の輿に乗れる可能性があります。

部屋の西側が壁でふさがれているのがベスト。西に窓があって、西日が差し込む場合は、黄色、ベージュ系のカーテンやブラインドで遮光しましょう。ラッキーフラワーは西北に飾ります。

好感度をアップさせたい

「信用、人気、コミュニケーション」に象意のある東南に注目しましょう。

部屋の東南をきれいにして、自分のラッキーフラワーや、東南のラッキーグッズである龍の置物や絵などを飾りましょう。そうすると彼のあなたに対する好感度だけでなく、世間の評判や信用も高まるはずです。

彼への告白を成功させたい

交渉ごとをつかさどっているのは北の方位。しかも北には「和合」の象意があり愛情問題にも関係が深いので、ここに吉相があればうまくいきます。

しかし、北にトイレ、浴室、キッチンがある場合は要注意。清潔を心がけ、凶作用が少なくなるようにインテリアに工夫を。照明を明るくして、ピンク、赤、オレンジなど暖色系の色を使い温かい雰囲気にします。

さらに、自分の部屋の北側をいつもきれいにして、ラッキーフラワーを飾りましょう。

つき合っている人と結婚したい

家の東南と西の方位に注目してください。

東南にキッチンやリビング、寝室があるのは、女性にとってラッキーな間取り。「斉《ととの》う、縁談、信用」の象意から、すべてが順調に運びます。結婚後も穏やかで幸福な家庭を築けるでしょう。運気がさらにアップするように、いつもきれいに掃除して、ラッキーフラワーを飾りましょう

西には「悦び、結婚式」の象意があります。西側が壁でふさがれている場合は吉相ですが、トイレや浴室、キッチンがあると凶相になります。縁談がまとまりにくくなる暗示があります。凶作用を少なくする工夫をしましょう（→Ｐａｒｔ５）。

恋人と仲よく過ごしたい

寝室の床がフローリングだと、陽の気が過多になって、口論やけんかになりやすくなることがあります。床にカーペットやラグマットを敷いてみましょう。雰囲気が落ち着いて口論にまではならないはず。

また、日当たりがよすぎても、陽の気が過多になります。レースのカーテンで日当たりを調節してください。

元彼とスッパリ縁を切りたい

南の吉方位に引っ越しましょう。南に吉相があると、必要でない人は去り、必要な人だけが周囲に残るということが起こります。イヤな相手とは縁が切れるかわりに、素敵な人との出会いが期待できます。

逆に、引っ越した先が南の凶方位の場合は、仲のよい恋人同士や夫婦が別れてしまうことになるので、注意が必要です。

失恋の痛手を癒したい

失恋ばかりしてしまうと落ち込んでいる人は、まずマイナス思考から抜け出しましょう。そのためには部屋の東南の方位をチェック。東南は恋や結婚をつかさどり、しかも発展を意味する方位です。

東南に置いてある不要な品物を片付け、いつも掃除をして気持ちのよい空間にしましょう。新しい恋愛につながるよい気を招くことができるはずです。

家庭運

円満な家庭は夫婦の方位がキーポイント

円満な家庭は、夫婦が健康で仲がよいことが基本。それには、主人の方位の西北と主婦の方位の南西がポイントです。

西北には「父、頭部、充実」などの象意があり、吉相だと夫が健康で仕事も順調。一方、南西には「母、主婦、大地」の象意があり、吉相だと妻が健康でしっかりと家庭を支えます。

夫婦仲のよさは北がつかさどります。子宝に恵まれたい場合も、北に注目を。北には「男女の情愛、セックス」の象意があります。

家庭運アップの間取り

西北に張りがあり、南西が壁でふさがれていて吉相となっている。

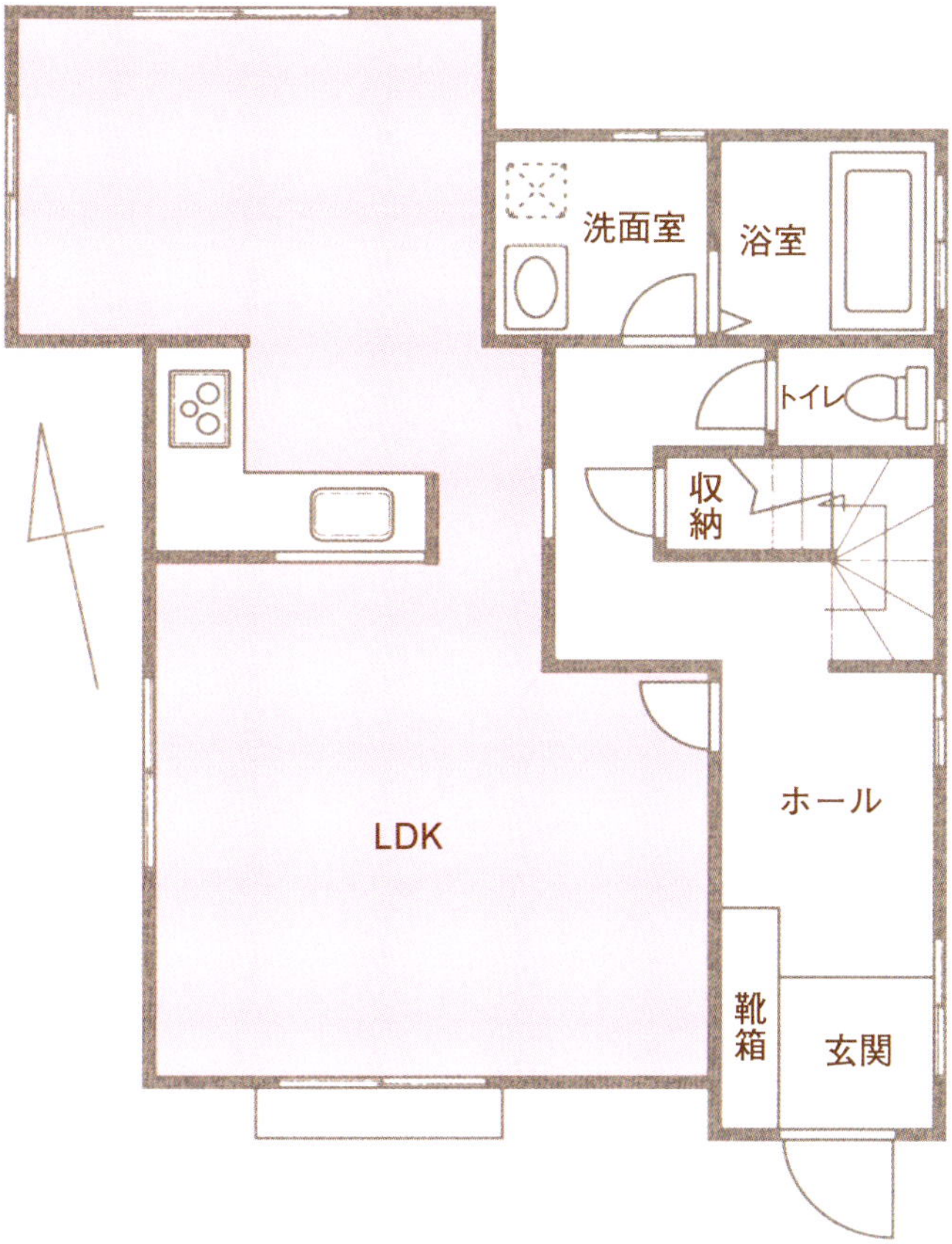

気をつけたい方位×インテリア

夫婦の間にもめごとが絶えない、子宝に恵まれないといった場合は西北や南西、北、北東などに凶相があったり、トイレ、浴室、キッチンなどの間取りに問題がある可能性があります。

		×	◎
トイレ	西北	西北の中心にトイレがあると、主人が心身ともに不調になります。肝臓や腎臓、精力減退などで悩むことがあります。ストレスがたまり、気力がなくなって仕事もうまくいかないことが多くなります。家の中が暗い雰囲気に。	換気が悪いとストレスがたまります。窓がない場合は換気扇を回しておきましょう。マット、スリッパなどのグッズは、赤、白、黄色系が吉。インテリアは少し豪華な雰囲気が吉。
	南西	南西は裏鬼門に当たり、とくに主婦が体調をくずします。イライラして精神的に落ち着かず不眠症になったり、慢性の下痢や便秘、胃腸障害などに悩まされることに。主婦が病気がちだと家庭内も暗くなります。	西日の熱気から不衛生になりがちです。悪臭が立ちやすいので、まめに掃除をして清潔を保ちましょう。マット、便座カバー、タオルはラベンダー、赤、黄色系がいいでしょう。
	北	北は聖なる方位なので、不浄なトイレがあるのは凶。夫婦間のトラブルが多いのは、トイレの凶作用です。また、冷えから主婦が婦人科系の病気にかかりやすく、子宝に恵まれないこともあります。	暖房便座や温風ヒーターで暖かくしましょう。照明は明るめにして、便器など衛生陶器は白、ピンク系に、便座カバーは赤、ピンク系がいいでしょう。明るく温かい雰囲気にすると家庭運も上向きに。
	北東	北東は表鬼門に当たり、トイレがあるのは凶。家族が関節に痛みを伴う病気になったり、骨折などのケガや事故にあいやすくなります。とくに男性や男の子に凶作用が出やすいので注意が必要です。	とにかく清潔と換気に気をつけてください。スリッパ、タオルなどは白が吉。トイレで本などを読んで長居をするのはやめましょう。
	南	南にトイレがあると主人の勤務態度が散漫になり、仕事面で評価が下がります。収入のわりに暮らし向きが派手なため、家計が苦しくなり夫婦の間にけんかが絶えません。最悪の場合、離婚ということも考えられます。	熱気がたまるので、窓があるならいつも少し開けておきましょう。ない場合は換気扇を回して通気と換気を心がけて。掃除をまめにして清潔でさわやかな雰囲気を保つのがポイント。カバーやマット、スリッパなどはブルー、ラベンダー、グリーン系の寒色系のものを。
浴室	南西	南西に浴室があると主人が怠慢になり、職を転々と変えるおそれがあります。家を手放したり、借金で苦労する暗示があります。家庭の主導権は主婦が握ることになります。もしくは、主婦が病気がちで家庭が暗いムードに。	西日が強烈だと南西の凶相が強く出ます。夫婦が不和になる可能性もそれだけ高くなるので、黄色や白のブラインドでしっかり遮光します。換気扇を回しっぱなしにして、通気と換気を心がけましょう。
	北	北に浴室があると主人に浮気心が起こりやすく、不倫などのトラブルがある場合は長期化のおそれがあります。また、夫婦間の性的交渉に不満がつのる暗示があります。セックスレスは凶作用のあらわれです。	この方位の浴室は、日当たりが悪く湿気からカビが発生しやすくなります。浴室のカビは大凶。湿気がたまらないようにバスタブの湯は入浴後に抜いて掃除して、窓を開けて風を通しましょう。バスグッズは黄色や暖色系を。
	北東	北東は不衛生になることは絶対に避けなければならない方位です。家族に団らんがなくバラバラという場合は、北東の浴室の凶作用のあらわれが考えられます。	清潔と換気を心がけましょう。入浴後はすぐにバスタブの湯を抜いて掃除をして、風を通します。バスタブや壁などをさっと拭いておくと、カビの発生を防ぐことができます。バスグッズは白が吉。
	南	南に浴室があると離婚問題が起きやすくなります。また、投機やギャンブルに手を出したり、契約がこじれてゴタゴタする暗示もあります。お金がからむと一家離散の憂き目を見るおそれがあります。	水とくに相性の悪い方位なので、バスタブに水をくみ置いておくのはよくありません。使用後は水を抜いて、さっと洗い流しておきます。大きな窓があると、日差しが強烈すぎて、凶作用が強く出ます。グリーンやブルー系のブラインドで遮光を。

キッチン		
南西	主婦や家庭内の女性の体調がいつもすぐれず、家中がなんとなく元気がない場合は、南西のキッチンの凶作用がすでに出ています。胃腸の病気や慢性の下痢、便秘に悩まされる暗示があります。	南西に窓がある場合は黄色系のブラインドで遮光を。暖気がこもりやすいので、通気をよくするように心がけましょう。
北	北のキッチンは冷えます。冷えから婦人科系の病気をわずらったり、なかなか子宝に恵まれないのは、北の凶作用のあらわれです。妊娠しても、最悪流産のおそれがあります。	足元にラグマットを置いたり、小さな温風ヒーターを置くなど保温対策を万全にしましょう。インテリアも明るく温かい雰囲気に。
北東	表鬼門の北東に、通気の必要なキッチンは凶。主婦が家事をしないで遊び歩いたり、パチンコに夢中になったり、食事が原因で家族にもめごとが起こるということがあったら、すでに凶作用があらわれています。	北東は汚れを嫌う方位です。食器はすぐに洗ってしまい、レンジやコンロも使うたびにきれいにしましょう。冷蔵庫や棚も整理整頓しましょう。食品の買い置きもほどほどに。
南	南の強烈な日差しは、正確な判断を鈍らせることがあります。主人の仕事面での評価が下がったりローンに追われるなどして収入が減り、それが原因でけんかが絶えないのは凶作用のあらわれです。	大きな窓があるなら、日差しのコントロールが大切です。グリーンやベージュ系のブラインドやカーテンで遮光して、照明は明るくします。シンクはいつも清潔にしておきましょう。

願望別アドバイス

会話の多い家庭にしたい

リビングやダイニングルームが東南や東にあるのがベスト。朝日が当たるため、陽の気を受けて明るく快活な雰囲気になるでしょう。これらの方位にあっても、今ひとつという場合は、インテリアや掃除の徹底で運気をアップさせてください。

また、北も家族の愛情に関係の深い方位です。リビング・ダイニングがこの方位でない場合は、東南や東、あるいは北が張りになるように改築するか、インテリアを工夫しましょう（→Part5）。

夫の浮気をやめさせたい

北に浴室がありませんか？　浴室は夫婦の愛情運を左右するスペースです。仕事が終わってもなかなか帰ってこなかったり、外泊が多いときは、北の浴室の凶作用が考えられます。

通気や換気に注意して念入りに掃除を。バスタブがプラスチック素材の場合、汚れていると凶作用が強く出ます。洗面器やイスの水垢にも要注意です。タオル類は、ブルー、グリーン、白系がおすすめ。照明も明るくして、居心地のよい浴室にしましょう。

子どもの成績をアップさせたい

子ども部屋の方位をチェックしてください。南や西にありませんか？

南は頭の働きに関係の深い方位。ここに子ども部屋があると、日差しが強すぎて、夏は暑く気持ちが落ち着きません。西に子ども部屋がある場合も、西日が暑すぎてなかなか集中して勉強する気になれません。

勉強に集中できる子ども部屋は北です。ただし、寒く暗い方位ですので、寒さ対策と、目が悪くならないように照明を考えてあげる必要があります。

また、男の子なら東、女の子なら西に、その子のラッキーグッズを飾ってあげましょう。小学校の高学年以上でしたら、南または中央に飾ります。

子どもを授かりたい

北に夫婦の寝室があるのがベスト。二人の結びつきがパワーアップします。また、西北や南西もいいでしょう。西北は主人の定位なので、夫によい影響が。南西は主婦の定位。妻が愛情豊かになります。

さらに北に凶相がないかチェックをしましょう。北に欠けやトイレ、浴室、キッチンなどの水まわりがあると、セックスレスになったり、婦人科系の病気にかかって妊娠しにくくなるおそれがあります。また、妊娠しても流産が心配です。凶相を解決するには、改築や引越しがいちばんですが、インテリアで凶作用を少なくすることはできます（→Ｐａｒｔ５）。

子どもの非行に悩んでいる

西と南の方位をチェックしましょう。西には「遊び」の象意があるため、ここに欠けやトイレ、浴室などの凶相があると、飲酒や喫煙などの非行に走ることがあります。

一方、南には「華美」の象意があります。どうも、行動が派手になって繁華街やゲームセンターに入り浸っているようだというのであれば、南の凶相のあらわれが考えられます。また、南には「精神」の象意もあり、凶相は善悪の判断を鈍らせるので、さらに心配です。

吉方位への引越しや改築で凶相を除くのがいちばんですが、とりあえずはインテリアの工夫で凶作用を少なくすることから始めましょう（→Ｐａｒｔ５）。

人間関係運

ネットワークを広くする北の方位に注目

人間関係に大きな影響を与えるのは北の方位です。北には「水、交わり」の象意があります。水はときと場合によって、さまざまに形を変えます。このことから、北に吉相があると、柔軟性や順応性、協調性といった面が強くなり、社交性を発揮できます。友達がたくさんできて、ネットワークが広がります。

凶相がある場合は、社交性がなくなって孤立してしまいがち。また、交際する相手が悪く、トラブルに巻き込まれることもあります。

人間関係運アップの間取り

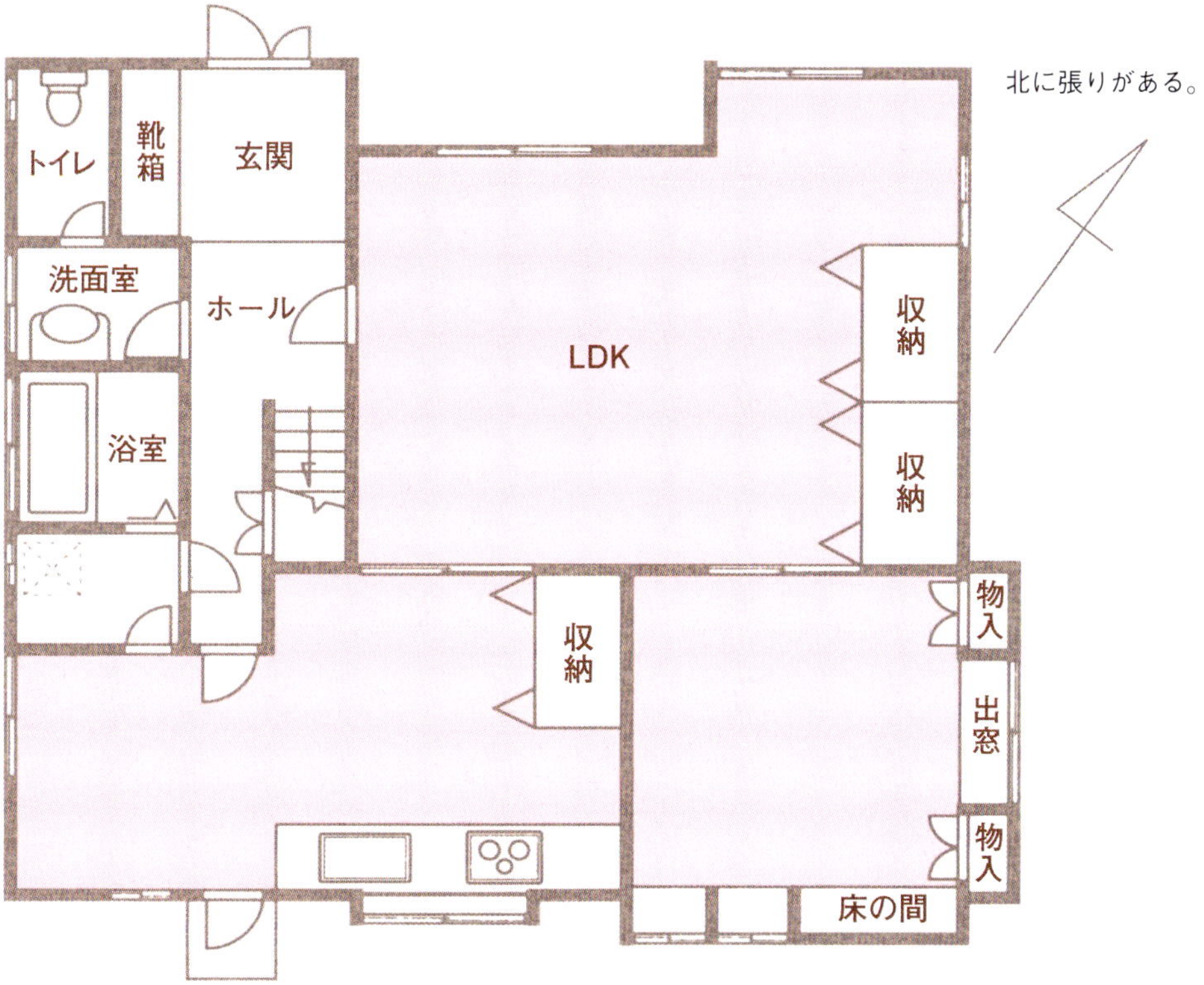

北に張りがある。
トイレ
靴箱
玄関
洗面室
ホール
浴室
LDK
収納
収納
収納
物入
出窓
物入
床の間

気をつけたい方位×インテリア

人の集まるリビング・ダイニングの方位はとくに重要。また、玄関は人とともに運気も出入りする場所です。インテリアで凶作用を少なくして、人間関係運をアップさせましょう。

	方位	×	◎
リビング・ダイニングルーム	北	日が当たらず冷えるので、家族が団らんしたり人が集まったりするには不向きな方位です。友達を招きにくいとか、招いてもなんとなく盛り上がらない、さみしいということがあったら、凶作用のあらわれです。	照明を明るくしてインテリアは暖色系にしましょう。湿気がたまりやすい方位なので、天気のよい日には窓を開けて換気を。ラッキーフラワーを飾って運気をアップさせましょう。
玄関	北	人とつき合う元気が出なかったり、不信感を感じてしまって友達ができない場合は、すでに凶作用が出ていると考えられます。	インテリアは暖色系の色を中心に明るめのものに。花柄もいいでしょう。照明も明るくしましょう。外灯は早い時間につけて、家族全員が帰宅するまでつけておきましょう。

願望別アドバイス

姑との関係をよくしたい

同居の場合、お姑さんの部屋が南西にあると吉。南西は穏やかなエネルギーの流れる方位なので、お年寄りの居室に向いています。

また、南西には「老婦人」の象意があり、ここに吉相があると、老婦人から利益がもたらされる暗示があります。

お姑さんの部屋を南西に置けない場合は、この方位を壁でふさいで吉相にするといいでしょう。窓があってふさげない場合は、厚手のカーテンやブラインドをかけっぱなしにしておくことをおすすめします。

友達を増やしたい

「交わり、コミュニケーション」をつかさどる北の方位、あるいは「つながり」や「友人」の象意のある北東にラッキーフラワーを飾りましょう。

親類とうまくやっていきたい

親類とトラブルが起きやすいのには、北東の方位の凶作用が考えられます。

吉相の場合は、何かと親戚に助けられますが、凶相の場合は、最悪絶交ということもあります。北東は鬼門に当たり、張りがあっても凶相になります。

北東の凶作用を少なくするには、とにかく掃除をきちんとして清潔と整理整頓を心がけるのがいちばんです。そして、そこに自分のラッキーグッズを飾りましょう。

仕事運

どんな職業でも成功する南西の方位

職種によって仕事運に影響する方位には違いがありますが、どんな職業でも堅実に成功に導いてくれるのが南西の方位です。南西には「大地、営業、勤勉」といった象意があります。

南西が吉相なら、忍耐強く真面目に仕事に取り組む姿や、努力を惜しまない勤勉さ、謙虚さといったことが評価されます。意欲的に仕事に取り組むことができ、どんな職業でも認められて成功を収めるでしょう。

また、「発展、進展」を意味する東や「リーダー」をあらわす「西北」も仕事運に関係する方位です。職業によっては、これらの方位が重要なものになります。

仕事運アップの間取り

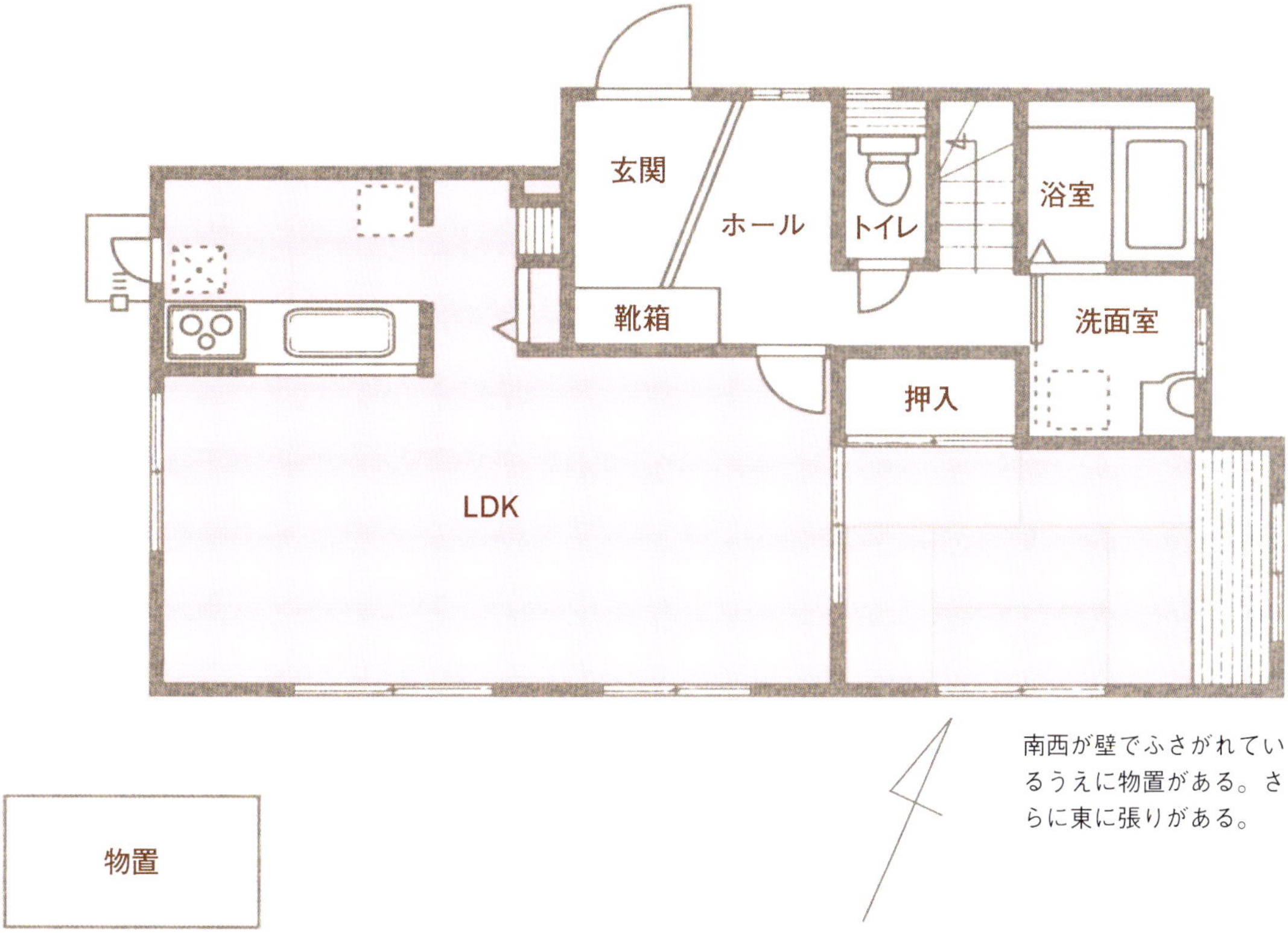

南西が壁でふさがれているうえに物置がある。さらに東に張りがある。

気をつけたい方位×インテリア

南西は裏鬼門に当たり、張りも欠けも凶相になります。キッチン、トイレ、浴室などは、インテリアや掃除に気をつけて凶作用を少なくしましょう。

	方位	×	◎
キッチン	南西	西日で暑いのに紫外線の殺菌力は弱いため、物が腐りやすい方位。真面目に働く意欲がわかず、評価が下がってしまうのは、南西のキッチンの凶作用のあらわれです。	西日は黄色やベージュ系のブラインドやカーテンで遮光します。暑さ対策は、窓の外によしずなどの日よけを置くのがベスト。通気をよくしましょう。
トイレ	南西	熱気がこもり、掃除をサボっていると悪臭がただよいます。がんばろうという気持ちがあっても、体力がついていかないスタミナ不足は、南西のトイレの凶相の影響です。やがては気力も失われることに。	窓があっても換気扇を回して通気をよくしましょう。掃除をまめにしてマットやカバー類も洗濯を。タオルやスリッパなどの小物は、黄色、赤、ラベンダー系が吉。
トイレ	東	ムダ口が職場の問題になったり、何気ないひと言が大きくなってうそつきといわれるなど、口が災いのもとでトラブルを起こすことがあれば、東のトイレの凶作用があらわれています。また、電話での聞き違いが大きなミスになることも。	日当たりのあるなしにかかわらず、窓がある場合は開けて換気を。窓がない場合は換気扇をいつも回しておきましょう。掃除をまめにして清潔を心がけ、新聞や本を持ち込むのはやめましょう。
トイレ	西北	気力や行動力がなくなってしまい、何をやってもうまくいかないとか、せっかく出したアイデアも失敗に終わってしまうのは、西北のトイレの凶作用です。また、目上の人に逆らって出世できないこともあります。	少し豪華なインテリアにすると吉。換気が悪いとストレスがたまるので、窓がない場合はいつも換気扇を回しておきます。マット、スリッパなどのグッズは、赤、白、黄色系がいいでしょう。
浴室	南西	掃除をおこたると熱気と湿気でカビが発生しやすい方位です。やる気が起こらないうえに、頑固な性格から人のアドバイスに耳を貸すことができません。人間関係のトラブルから仕事を転々とすることに。	入浴後、すぐに湯を抜いてさっと洗うようにしましょう。日差しが強く入る場合は、黄色や白のブラインドで遮光します。

願望別アドバイス

いい上司に恵まれたい

「リーダー」をあらわす西北に吉相があると、有能な社長や上司のもとで仕事をすることができます。さらに、その引き立てを受けることができるでしょう。また、自分がリーダーになる場合も西北が重要です。

転職を成功させたい

職業によって重要な方位が違います。自分の職業に関係の深い方位に凶相がないかチェックをして、凶作用を少なくする工夫をしましょう。

転職先の人間関係も重要ですので、北の方位にも注目を。仕事運をつかさどる南西にラッキーフラワーを飾りましょう。

職業別　開運方法

方位の象意には職業をあらわすものがあります。たとえば、東には「アナウンサー」や「歌手」、「植木屋」といった象意があります。このような職業の人には東が関係の深い方位ということになります。仕事がどうもうまくいかないときは、その方位に凶相がないかチェックしてみてください。

会社員	「信用、風」の象意がある東南に凶相があると人間関係がうまくいきません。とくに営業の人は要注意。商社や貿易関係は東南、コンピュータ関係は西北、金融関係は西の方位が重要です。
飲食業	「口」の象意のある西と人間関係運を高める北に凶相があると、お客が入りません。
不動産業	「土地」の象意のある南西、「山林、家屋」をあらわす北東に凶相があるとうまくいきません。
医師・看護師	「頭部」をあらわす南と「病気」を意味する北が重要です。
薬剤師	「薬草」の象意のある東と西北が重要です。
美容師・理容師	「斉《ととの》う」を意味する東南、「麗しさ」を意味する南が重要です。
教師	「勉強」を意味する南が重要です。南は「頭部」をあらわし、頭脳活動全般に関係があります。
客室乗務員	「風」の象意があり「飛行機」の意味を持つ東南が重要です。
デザイナー	「美的センス」を意味する南が重要です。
芸術家	「頭脳、アイデア、ひらめき」を意味する南と、「新しい」「考える」を意味する北が重要です。音楽家は「音」を意味する東も重要。手を使う画家や彫刻家は「腕」を意味する南西も大切です。

希望の部署に配属されたい

東南に注目しましょう。東南には「斉《ととの》う、信用、成長」といった象意があり、ここが吉相だと仕事面での順調な発展が期待できます。

ただし、その会社に入社したときの方位と時期が悪いと、希望の部署への配属はむずかしいでしょう。

独立・開業したい

自営業は扱う品物によって吉方位が違います。一般的には東と西北に吉相があると成功します。東には「発展」の象意が、西北には「社長」の象意があるからです。さらに飲食業の場合は西と北、服飾関係は南西が重要です。

南西には「さまざまな織物、布」の象意があります。高級品なら西北に吉相があると、さらに業績が上がります。「貴金属、宝飾品」も西北です。

ただし吉相は2つまでで、それ以上つけると凶相に変わってしまうので、注意が必要です。

金運・財産運

西の方位が吉相だとお金の循環がよくなる

金運にかかわるのは西の方位です。西には「秋、収穫、悦ぶ」などの象意があり、その意味から金銭、現金の意味もあります。

西に吉相があると現金収入に恵まれるだけでなく、物質運もよくなって、いただきものが多くなったり、食事をごちそうしてもらうことが増えたりします。本業以外のサイドビジネスも好調、臨時収入があります。

うれしいのは入ってくるだけでなく使う喜びもあること。ファッションや趣味、レジャーにお金を使ってもまた入ってくるというように、お金が順調に循環します。衣食住に不自由することなく、生活を楽しむことができます。

金運・財産運アップの間取り

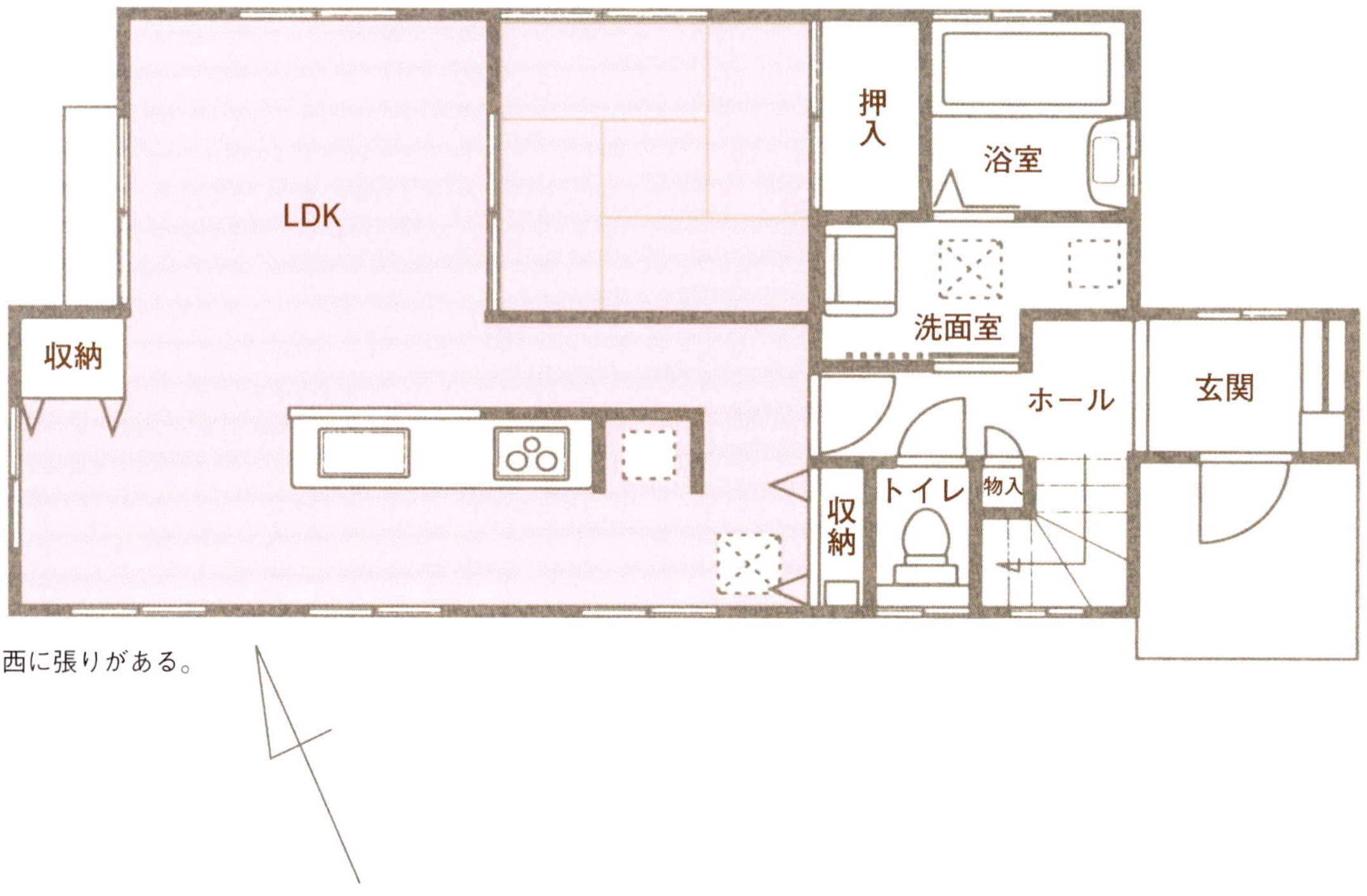

西に張りがある。

気をつけたい方位×インテリア

西に欠けや開きがあると、どんどんお金が出ていってしまいます。トイレや浴室、キッチンが要注意です。また、不動産の取得や財産を受け継ぐことについては、北東が重要な方位です。

		×	◎
トイレ	西	必要のない散財が増えます。収入はあるのに出ていくほうが多くて、お金がなくて困ることがあれば、西のトイレの凶作用です。	窓があって西日が入る場合は、黄色、白系のブラインドやカーテンでしっかり遮光します。照明は明るくして、換気扇を回して通気をしましょう。タオルなどは高級品を使うのが吉。
	北東	仕事がうまくいったりいかなかったりムラがあるため、職を転々とすることがあります。そのため収入も安定しません。北東の「変化」の凶作用と考えられます。	換気扇をいつも回しておいて換気に注意しましょう。窓のカーテンやブラインドは白が吉。照明は明るめにします。トイレの中で本や新聞を読んで長居をするのは、凶作用を受けるのでよくありません。
浴室	西	西に大量の水があると、平常心がなくなります。仕事に身が入らず遊ぶことばかり考えて、ブランド品や高級品を買いあさったり海外旅行をしたり、分不相応なぜいたくを続けたあげく、支払いに困っているような状況は、西の浴室の凶作用です。	西に大きな窓があり、強い西日が入る場合は、黄色、オレンジ系、ベージュ系のブラインドで遮光します。入浴をすませたら、浴槽の湯はすぐに抜き窓を開けて換気扇を回し、湿気をためないようにします。
	北東	だまされたりギャンブルに熱中して、貯金を失ってしまうことがあります。また、不動産を受け継ぐということについて、肉親や親類とトラブルになることがあったら、北東の浴室の凶作用のあらわれです。	掃除と換気を徹底します。入浴後、浴槽のお湯を抜いてさっと洗い流しておきます。照明は明るく、洗面所の鏡は大きめにします。洗面所では洗濯物を見えないところに置くようにしましょう。
キッチン	西	西にキッチンがあると、欲しいと思ったら我慢できずにお金がなくても買ってしまったり、衝動買いでムダ遣いをしてお金がなくなってしまうことに。お金がないため家庭内でのいさかいが多くなり暗い雰囲気になります。	西日が入る場合は黄色系か白、ベージュ系のブラインドやカーテンで遮光します。西日が入ると家事をする意欲がなくなります。シンクの給排水の水漏れにも注意。家具や小物は高級感のあるものを。
	北東	北東にキッチンがあると仕事に関するお金の出入りが激しく、とくに自営業の人はうまく運営していくことができません。	汚れを嫌う方位なので、食器を洗わずに置いておいたり、買い置きの食料品などをそのまま放置しておくのは凶。シンクやコンロはいつも掃除して。マット、タオルなどは白、ベージュ系が吉。
窓	西	西の中心に大きな窓があると西日の影響をもろに受けます。空いた窓からよい運気が出ていって、そのかわり不運が入ってきます。うまい話にだまされたり詐欺にあったりして、大金を失うことに。	通気のために窓は開けておきたいものですが、この場合はカーテンやブラインドで遮光して、なるべくなら開けないほうがいいでしょう。

願望別アドバイス

収入を増やしたい

西に3分の1以下の張りがあるか、西が壁でふさがっているのが、金運アップの吉相。また、西に倉庫や物置があるのも吉です。吉相がない場合は、西の方位をいつもきれいにしておいて、ラッキーフラワーを飾りましょう。

マイホームを持ちたい

不動産運は北東がキーポイントです。北東は表鬼門に当たるため、張りや欠けがなく、壁でふさがっているのが吉相です。

ここは、いつもきれいにして、ラッキーフラワーを飾るのが、簡単で確実な方法です。着実に貯金していけば、思いどおりの家を手に入れられるでしょう。

宝くじを当てたい

西北と西がポイントになります。西北には「投資家」の象意があり、吉相があると勝負運が強くなります。西は金運がアップし、副収入に恵まれる方位です。

貯金を増やしたい

西の吉相のほかに、北の吉相があるとお金がたまります。北には「秘密」の象意があり、ここが吉相だと、人に知られずにしっかりお金をためることができます。盗難にもあわないでしょう。

財テクでお金をもうけたい

西と「投資家」の象意のある西北の方位が重要です。西北に吉相があると、投資的なことや株で利益をあげる暗示があります。

サイドビジネスを始めたい

西と北に吉相があると、滑り出しが順調でうまくいくでしょう。北には「目立たない」という意味があります。趣味と実益をかねたサイドビジネスで高収入をあげても、ほかの人に気づかれずにすみます。

さらに自分の方位にラッキーフラワーを飾るとよいでしょう。

やりくり上手になりたい

主婦の定位の南西と西に注目しましょう。南西に吉相があると、主婦の本領を発揮して、物をムダにしないで有効に使うアイデアに恵まれたり、真面目に忍耐強くお金をためるのが上手になります。

ただし、西の凶相があると、水の泡になりがちなので注意してください。

健康運

体調の管理は西北の方位がポイント

体調がすぐれなかったり、もっと体力をつけたいというのなら、西北の方位をチェックしましょう。西北には「天、太陽、充実、すこやか」といった象意があり、人体では頭や肺、血圧作用にかかわる方位です。

この方位に吉相があると、体力、気力ともに充実します。吉相がない場合は、ラッキーフラワーを飾ったり、インテリアの工夫によって、凶作用を少なくして、なるべく早く本来の体調を取り戻すようにしましょう。

八方位はそれぞれが体の部位と深い関係を持っています。たとえば南は頭部と関係があり、凶相があると脳の疾患が起こりやすくなります。気になる症状があったら、関係の深い方位を調べてみるのもいいでしょう。

健康運アップの間取り

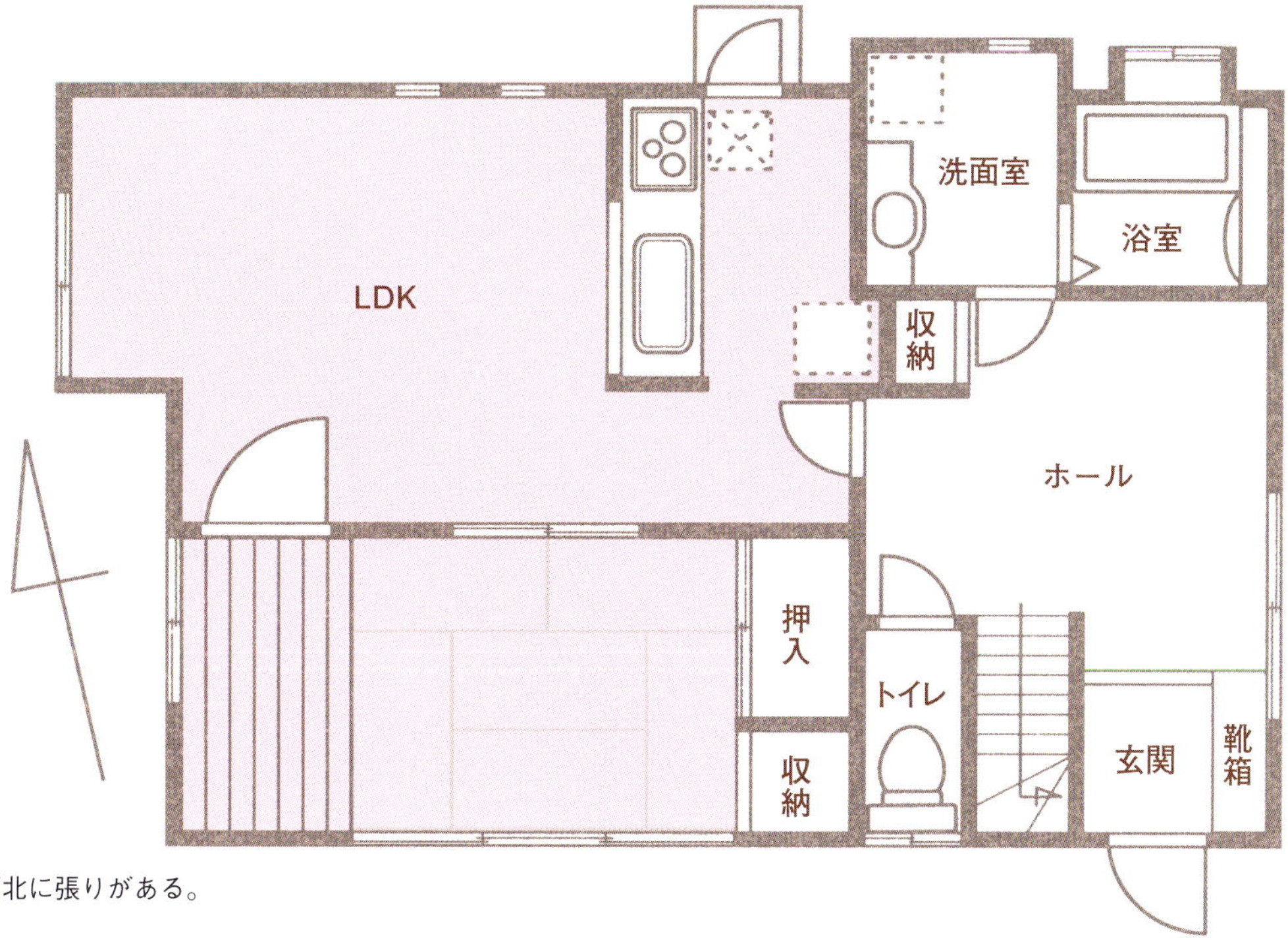

西北に張りがある。

気をつけたい方位×インテリア

西北は、もともとは主人の定位です。欠けは凶相ですが、トイレ、浴室、キッチンも凶作用が出やすいところ。インテリアや掃除の徹底で運気を上げましょう。

		×	◎
トイレ	西北	風邪を引くとせきが止まらなくなって非常に苦しい思いをしたり、症状が長引いたり、気管支炎や喘息など肺に関係のある病気に悩むことがあります。病院と縁が切れないのは西北の凶作用のあらわれです。	換気をよくするため、窓がない場合は換気扇を回しておきましょう。マット、スリッパなどのグッズは、赤、白、黄色系が吉。少し豪華なインテリアで開運します。
浴室	西北	交通事故やケガをしやすいということがあります。骨折や打ち身などをしやすいのも、この方位の凶相の影響です。交通事故は、最悪命を落としかねないので、注意が必要です。	主人の定位なので汚水がたまる浴室は凶。バスタブの汚れ、排水口の詰まりには要注意。窓があって西日が差し込むようなら白、黄色系のブラインドをつけ、窓がないなら換気をしっかりします。タオルはよく日光に当てたものを使ってください。
キッチン	西北	慢性的な頭痛に悩んだり、精神的に落ち着かず、イライラしてノイローゼになりそうなのは西北のキッチンの凶作用のあらわれ。西北には「頭」の象意があるので、頭に関係する症状は要注意です。	格上の方位なので、インテリアは高級感のあるものが吉。西日が入るなら、黄色やベージュ、グレー系のブラインドやカーテンで遮光を。食器棚には1つでもよいので高級な食器を入れましょう。

方位別に注意したい病気や症状

各方位には、それぞれ意味する体の部位や関係の深い内臓があります。その方位に凶相があると、関係する部位や内臓に凶作用があらわれることがあります。さらに、それがその人の生まれ年の方位に当たると、健康への影響がさらに大きくなるので注意が必要です。

	関係の深い人	関係のある部位・臓器	気になる症状・病気
北	一白年生まれ、一白月生まれ 子年生まれ 12月生まれ	腎臓、生殖器、肛門、膀胱、尿道、精液、鼻《び》孔《こう》、耳孔、あご、眼球	・腎臓機能の働きが弱いため疲れやすい ・熟睡できずイライラしがち ・冷え性がひどい
南西	二黒年生まれ、二黒月生まれ 未年生まれ、申年生まれ 7月生まれ、8月生まれ	脾臓、腹部、腸、右手、へそ	・食欲不振、消化不良でスタミナ不足 ・胃潰瘍、胃がん、胃下垂、胃けいれん、十二指腸潰瘍、黄疸、腹膜炎、下痢、便秘、嘔吐、しゃっくりなど、胃腸の疾患や不快な症状に悩む ・皮膚病、にきび、しみ、そばかすなどの肌のトラブル
東	三碧年生まれ、三碧月生まれ 卯年生まれ 3月生まれ	肝臓、左脇、のど、咽頭《いんとう》、足	・肝臓の働きが悪く疲れやすい ・神経質なことから頭痛や胃痛になりやすい ・喘息、百日咳など呼吸器系の病気にかかりやすい ・神経痛、リウマチ、骨折、打ち身など足の痛みやケガが多い
東南	四緑年生まれ、四緑月生まれ 辰年生まれ、巳年生まれ 4月生まれ、5月生まれ	腸、左手、太もも、髪、気管、呼吸器、食道、動脈、神経、筋	・肺と腸のトラブルが多い ・季節の変わり目などに体調をくずしやすい ・体臭がきつくて悩んでいる ・髪が薄い
西北	六白年生まれ、六白月生まれ 戌年生まれ、亥年生まれ 10月生まれ、11月生まれ	頭、肋骨、左肺、肋膜、血圧作用、骨、右足	・呼吸が弱く息切れがしやすいためエネルギー不足 ・高血圧になりやすい ・グズグズすることが多く病院と縁が切れない ・ケガをしやすい
西	七赤年生まれ、七赤月生まれ 酉年生まれ 9月生まれ	右肺、口中、歯、咽頭、神経衰弱、気管支	・肺が弱くスタミナが乏しい ・風邪や気管支炎、肺結核などに注意 ・虫歯や歯周病、口内炎などにかかりやすく、そのため消化不良を起こしやすい
北東	八白年生まれ、八白月生まれ 丑年生まれ、寅年生まれ 1月生まれ、2月生まれ	耳、鼻、腰、筋肉、こぶ、関節、脊髄、左足	・季節の変わり目に体調をくずしやすい ・背骨や手足の関節の疾患に悩む ・骨折しやすい ・花粉症や鼻の病気に悩む
南	九紫年生まれ、九紫月生まれ 午年生まれ 6月生まれ	心臓、目、視力、頭部、血球、顔面、脳	・心疾患、高血圧などになりやすい ・精神的な不安定から不眠症や神経症になりやすい ・目の疾患に悩む
中央	五黄年生まれ、五黄月生まれ	腹部	・胃がん、大腸がんなど腹部にがんができやすい ・そのほか腹部に発生する病気のすべてに注意

願望別アドバイス

ぐっすりと眠りたい

よく眠れないのには、寝室のまわりがうるさい、人の出入りがあって落ち着かない、暑さ、寒さ、明るさなどの環境的な原因が考えられます。寝室の位置がトイレや玄関、階段の近くだと落ち着きません。寝室の位置を見直しましょう。北や西北は静かな方位で寝室向きです。

質のよい睡眠を取るには「北枕」がおすすめです。亡くなった人を安置するときに、頭を北にすることから、北枕は縁起が悪いとされます。しかし、北は真夜中をあらわす方位であり、地球の磁気作用に逆らわずに平行に寝ることができるので、熟睡することができます。

冷え性を治したい

冷え性は低血圧や貧血、やせ型で筋肉が少ないため血流の悪い人に多く見られます。食事や軽い運動で体質を改善する一方で、冷やさない環境にすることも重要です。

女性が長い時間を過ごすキッチンやリビングが北や北東にあると、冬だけでなく1年中冷えます。キッチンにマットを敷くだけでも冷たさは緩和されますが、足元に温風ヒーターを置くのがいいでしょう。ヒーターの転倒にはくれぐれも注意してください。

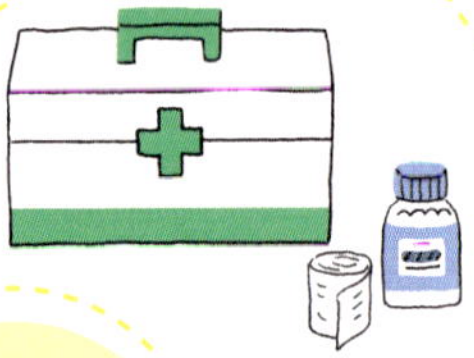

風邪を引きにくい体質になりたい

風邪を引きやすい人は東南に注意してください。東南は呼吸器系や消化器系をつかさどる方位です。ここに凶相があると、気管支にトラブルが起こりやすい傾向があります。さらに胃腸が弱いと、エネルギー不足になって風邪を引きやすくなります。

最近の住宅は気密性が高く、暖房で窓を閉め切りにしがちな冬は、とくに換気に注意が必要です。手洗い、うがいをよくしましょう。皮膚を鍛える乾布摩擦もおすすめです。

ストレスを解消したい

イライラして気持ちが落ち着かない場合、南に面した窓が大きすぎて、日差しが強烈に入ってくることが原因ということがあります。しかし、南を壁でふさいでしまうのも日当たりや風通しが悪く、紫外線の殺菌効果も期待できなくなり、健康によくありません。窓をくもりガラスにするとか、よしず、すだれなどを外に立てて外気を取り入れながら遮光する方法を考えましょう。

また、ブルー、グリーンなどの寒色系の色は気持ちを落ち着かせるので、インテリアに取り入れるといいでしょう。

美容運

美的センスや感性が磨かれる南の方位がキーポイント

外見だけでなく、知性や美的な感覚など、内面から磨きたい人は、南の方位に注目しましょう。

南には「火、光、発見、華美」の象意があり、人気や才能、インスピレーション、美しさといったことと関係があります。リビングや自分の部屋が南にある場合は、いつもきれいにしてラッキーフラワーを飾りましょう。

また、美しさを磨く浴室は、換気と掃除をよくしてカビや悪臭の発生を防ぎ、リラックスできる環境に。ゆっくり湯につかると、血流がよくなり、ストレスも解消するので、美肌づくりに役立ちます。鏡はいつもピカピカにしておきましょう。

美容運アップの間取り

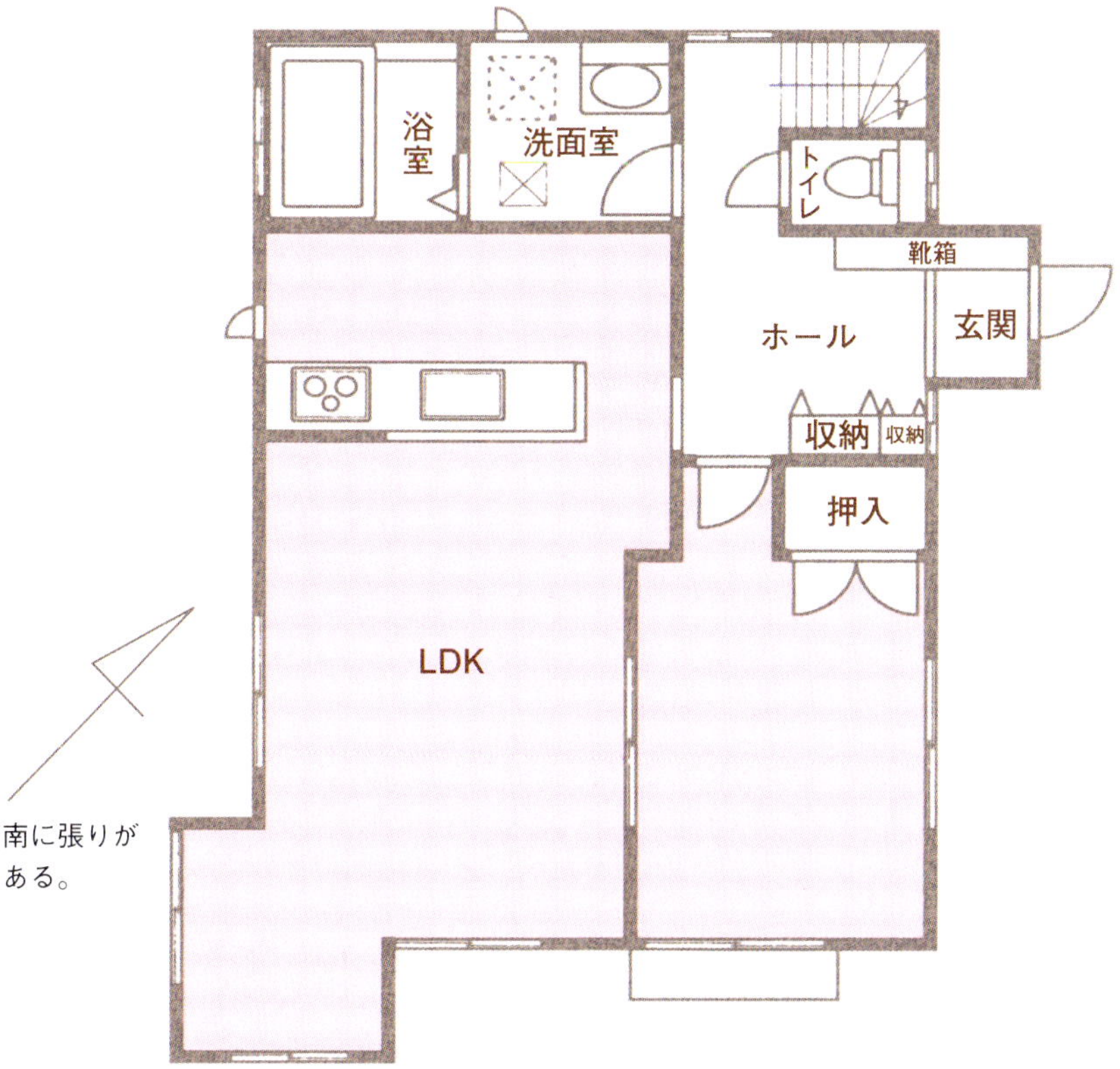

気をつけたい方位×インテリア

美しさに関係の深い南と、消化器に関係の深い南西の凶作用に注意。トイレや浴室は、換気と清潔を心がけ、凶作用を少なくして運気をアップさせましょう。

		×	◎
トイレ	南	南のトイレは熱気で臭気がこもり、水との相性も悪い方位なので凶。窓がない場合は凶作用が強く出ます。よく眠れないため顔色が悪くなり、イライラして肌へのダメージが大きくなります。	換気をよくしましょう。窓があれば少し開けておき、ない場合は換気扇をいつも回しておきます。便座カバーやマット、スリッパなどはブルー、グリーンなど寒色系がいいでしょう。掃除をまめにしてさわやかな雰囲気を保ちましょう。
トイレ	東南	髪が傷んでパサパサ、抜け毛がひどい、白髪が急に増えたなど、髪の悩みは東南の凶作用のあらわれです。また、むくみや湿疹が出ることもあります。	こまめな掃除と換気で運気をアップさせましょう。窓がなければ換気扇を回しておきます。「ハーブ」や「香木」の象意があるので、香りとは相性のよい方位。芳香剤の香りも強すぎなければ吉。
トイレ	南西	南西は主婦の定位のため、その家の主婦や女性に凶作用が出やすくなります。イライラや不眠、慢性の下痢や便秘、胃腸障害などが、肌荒れやにきびなどのトラブルの原因に。	西日の熱気で不衛生になり悪臭も立ちやすいので、換気と掃除を徹底してください。マット、便座カバー、タオルもこまめに洗濯しましょう。
浴室	南	南の「火」の象意から、多量の水を使う浴室は凶相。顔、頭部、目に凶作用が出やすくなります。イライラがこうじてヒステリックになることも。	使用後は湯をすぐに抜いて、さっと洗うようにしましょう。南に窓があり直射日光が当たるなら、ブルー、グリーン系のブラインドで遮光します。風通しをよくしてカビと湿気を防ぎましょう。
浴室	南西	南西に浴室があると、消化器系が弱くなりスタミナ不足に。栄養素が十分吸収できないため、肌のつやも悪くなり肌荒れを起こしやすくなります。	熱気から水が腐ったりカビが発生しやすいので、換気と排水に十分な配慮を。日差しが強く入るなら、黄色や白のブラインドで遮光し、窓がない場合は使用後に換気扇を30分くらい回しておきます。汚れた衣類を洗面所に放置しておくと凶作用が増します。

願望別アドバイス

若さを保ちたい

若さには、健康であることが大切です。そのためには東南と東に注目してください。両方とも日当たりと風通しのよい方位です。東南に吉相があると、「斉《ととの》う」の象意から体力、気力ともに充実して、生き生きと過ごすことができます。東は肝臓、足をつかさどる方位で、吉相があると疲れにくく、いつまでも若々しくいられます。

ダイエットしたい

ダイエットに成功してやせても、健康を損なっては意味がありません。「胃腸」をつかさどり「食欲」に象意のある南西や「健康」をつかさどる西北の吉相が重要です。南西に凶相があると、ダイエットに体がついていけず、スタミナ不足、栄養不足に悩まされます。

美肌になりたい

健康でないと肌は美しくなりません。「麗しさ」の象意のある南と、「胃腸」をつかさどる南西に注意してください。

美肌の大敵は紫外線による日焼けです。日焼けはしみやしわ、たるみといった肌の老化を招きますので、南に大きな窓があって日が差し込みすぎる場合は、しっかり遮光しましょう。胃腸が弱く下痢や便秘をしていると、栄養不足となって肌荒れを起こしやすくなります。また、入浴は血流やリンパの流れをよくして老廃物を体外に排出してくれます。美肌に効果のある吉方の温泉でリラックスするのもよい方法です。

方位気学を日常生活に生かす

家相は住まいの方位を見ることで幸せになる方法を教えてくれますが、その大もとの方位気学を使うと、実はもっといろいろなことができます。

旅行について見るときは

方位気学は、毎年や毎月、毎日の運勢はもちろん、素敵な人との出会いから結婚、就職や転職、買い物や旅行、試験などにも応用できます。

たとえば、旅行の場合、ひとり旅なら自分の吉方位を選びます。自分の生まれ年の九星（本命）と相生・比和の関係にある九星が運行する方位に旅行すれば、事故やトラブルにあうことなく、楽しく過ごすことができるでしょう。

複数の人で旅行するときは、みんなに共通する吉方位を選ぶことはむずかしいので、みんなが楽しく過ごせる四緑方位を選ぶのがおすすめです。

一方、凶方位を選ぶと、日帰りでも凶作用を受けることがあります。旅行中に問題が起こらなくても、そのあとによくないことが起こるおそれがあります。吉方位を選ぶ方法については、184〜185ページを参考にしてください。

海外旅行の場合は、目的地が日本から見てどの方位にあるかということと、到着したときの現地時間を基準にして判断します。

買い物について見るときは

また、家相では、家を購入するといった大きな買い物の際に方位気学の知識を使いますが、日常の買い物の場合にもこれは応用できます。凶方位で買い物をすると、必要のないものを衝動買いしてしまったり、不良品だったりすることがあります。ちなみによい買い物のできる方位は「信用」の象意がある四緑と、「最高の資質」の象意のある六白が運行する方位です。四緑の運行する方位では、適正な価格で信頼できる品質のものが買えます。電化製品や車、マンションなどがいいでしょう。高級品やブランド品を買うなら六白の運行する方位がおすすめです。

方位気学は、このように積極的によい方位を使うことで不幸を未然に防いで、より大きな幸運をつかもうというものです。凶方位ということばは出てきますが、発想はまったくのプラス思考。家相を入り口にして方位気学を学び、幸せな人生を歩むことをおすすめします。

Part5

場所別にわかるインテリア家相・部屋相開運法

場所別の吉相と凶相

各場所の象意からインテリアを工夫し、環境を整えることで家族の運気を上げることができます。

インテリアの工夫と掃除が大切

玄関、リビング、キッチン、トイレ、バスルーム、寝室、子ども部屋など、場所別にも、方位の象意からそれぞれ吉方位と凶方位があります。凶相の場合は、インテリアの工夫によってその作用をやわらげ、掃除を徹底して環境をよくすることで開運します。

場所にはそれぞれ役割があります。それを理解したうえで、八方位の吉凶とその意味するところを見てみましょう。

たとえば、玄関は家の顔であると同時に、宇宙のエネルギーが外気とともに入ってくるところです。北に玄関があるのはやや凶相。北の象意には「冷気、セックス、病人」などがあります。これは病気が絶えなかったり、異性関係にトラブルが起きたりすることを暗示します。この凶作用をやわらげるには、なるべく照明を明るくし、玄関マットなどは暖色系を選ぶようにします。

家族の定位を生かす

家族にはそれぞれ決まった方位、つまり定位《じょうい》があります。家の主人には主人の定位があり、主婦には主婦の定位があります。その方位に吉相があれば、それぞれの運勢がアップして、家族にもいい影響があらわれます。凶相だと病気になったり仕事に失敗するなど、それぞれに凶作用があらわれ、家族にも悪影響を及ぼします。

家族の定位

主人	西北
主婦	南西
長男	東
長女	東南
少男（男の子ども）	北東
少女（女の子ども）	西
中男（30歳以上の男性）	北
中女（30歳以上の女性）	南

環境を整える

家の中には宇宙のエネルギーが流れており、その働きが家相となってあらわれます。よいエネルギーが入ってきて、それが家の中をとどこおりなく流れれば、運気はアップします。エネルギーの流れをよくするには、家の中の環境を整えることが大切です。それには3つのポイントがあります。

❶換気をよくする

換気が悪く湿気がこもり、家の中の空気がよどんでいたり、悪臭がしたりすると、よいエネルギーが入ってこないし、流れをさまたげます。

❷整理整頓をする

物が出しっぱなしになっていたり、不要なものがためこまれていたりすると、空気の流れがさまたげられるので、エネルギーもスムーズに流れません。

❸掃除をして清潔にする

ホコリ、汚れ、ゴミなどもエネルギーの流れをさまたげます。

場所別 吉凶判断 早見表

◎理想的な位置　●安心してよい位置　△やや悪い位置　×避けたほうがよい位置

内外部＼方位	北	南西	東	東南	西北	西	北東	南
玄関	△	×	◎	◎	△	△	×	△
リビングルーム	×	△	●	◎	●	×	△	◎
ダイニングルーム	×	△	◎	◎	●	×	△	●
寝室	◎	●	◎	◎	◎	△	△	×
書斎	◎	×	●	×	●	×	△	×
子ども部屋	△	×	◎	◎	●	×	×	◎
キッチン	×	×	◎	◎	×	×	×	×
バスルーム	△	×	◎	◎	×	△	×	×
トイレ	△	×	△	△	×	△	×	×
神棚	◎	×	△	×	◎	◎	×	×
仏壇	◎	×	●	×	◎	◎	×	×
池	×	×	×	×	×	×	×	×
車庫	●	×	●	●	◎	●	×	×

玄関

玄関は幸運を呼ぶ家の顔

玄関は人や外気が出入りするところというだけでなく、その家の印象を決める大切な顔です。家相でもすべての吉凶の入り口として、重要な場所とされています。訪れる人が入りにくいような玄関では、幸運も足踏みしてしまいます。さらに、家族が帰ってきたときにほっとできるような気持ちのよい場所でないと、マイナスの運気が外から一緒に入ってきます。

家が面している道路やマンションの通路などによって、玄関の方位が制約を受けるのは、やむをえません。しかし、インテリアやふだんの心がけによって、方位の凶作用を少なくして幸運を呼ぶ玄関にすることができます。

吉相玄関のチェックポイント

★方位は東か東南がベスト
朝、太陽の光が降り注ぐ玄関から出かけられれば、1日のスタートが気持ちのよいものになって吉。紫外線の殺菌効果が期待でき、また雨が降っても乾きやすいので、カビや悪臭も発生しにくくなります。

★出っ張っている
玄関は開放部になるので、欠けはもちろん平らでも凶相になります。出っ張った玄関が吉相です。

★明るく風通しがよい
暗くて空気がよどんでいる玄関では、家族が活動的な気持ちになれず、また訪れる人の印象もよいものになりません。靴にカビが発生したり悪臭がしたり、衛生面でもよくありません。

★ある程度の広さがある
開放部だからといって狭い玄関は凶。狭いと靴や傘などで、たたきが乱雑になりがち。散らかっているとイメージダウンになるうえに、転倒の原因にもなります。狭い場合は収納や照明などの工夫を。

★掃除が行き届いている
いくら方位がよくて、素敵なインテリアの玄関でも、散らかっていたりホコリだらけで悪臭がすれば、印象は最悪。逆に暗くて狭い玄関でも、掃除が行き届いていて気持ちよく人を迎える心遣いがあれば、運気はアップします。

こんなときどうする？
方位別アドバイス

現在の住宅事情では、凶方位であっても、限られたスペースで玄関をつけざるをえないのが実情です。玄関のある方位の特徴を理解して、それに合ったインテリアを工夫し、幸運を呼び込みましょう。

◎理想的な位置　●安心してよい位置　△やや悪い位置　×避けたほうがよい位置

北	△	1年を通じて日当たりが悪いため、寒くて暗い玄関になりがち。家族に病気が絶えなかったり、人間関係や夫婦間の悩み、子どもの学業不振などが起こりやすくなります。	照明を明るいものにして、インテリアは暖色系で温かい雰囲気にまとめましょう。外灯は暗くなったら点灯して、家族全員が帰ってくるまではつけておきます。靴箱は木製や木目のあるものにして、上に花を飾ります。たたきは1日1回、できたら水拭きを。
南西	×	裏鬼門に当たります。午後からの強い日差しで、とくに夏は気温が下がりません。玄関を開けっぱなしにはできないので、熱気がこもり暑さが増します。そのようなところに帰宅すれば疲れも倍増。病気にかかりやすくなります。	断熱性能の高いドアや、扉の一部が通風タイプになっているドアに変えて、少しでも風が通る工夫を。たたきやインテリアを寒色系の色にして、照明を蛍光灯にすると視覚的に涼しい印象になります。
東	◎	朝日の当たる玄関は大吉。当たらなくても吉。「上昇」の象意を持つ方位で、運気にも活気が生じて躍動的になります。とくに新規分野で成功を収める暗示があります。長男が家を離れる可能性があります。	明るい雰囲気のインテリアが運気をアップさせます。暗い場合は、玄関ホールに赤い花を飾ったり、朝日の昇る絵などを飾りましょう。靴箱は木製のものにして華やかな花を飾ると吉。
東南	◎	新鮮な空気と太陽のエネルギーが充満する方位です。昔から「辰巳玄関」は商売が繁盛し家運が上昇するといわれています。東南は日が当たるので、雨が降っても乾燥が早く殺菌の効果も期待できます。風通しがよければさらにいいでしょう。	狭い場合は、インテリアや建具に透明ガラスや鏡を使って広く見せる工夫を。明るくさわやかなインテリアを心がけて。木や花と相性がよい方位なので、花を絶やさないようにしましょう。「ハーブ類、香木類」の象意があるので、ポプリなどのよい香りも吉。
西北	△	一家の主人の定位なので、ここに玄関があると尻に敷かれる傾向が。しかし女性がしっかりしていれば問題はないでしょう。西日が当たりますが、冬は寒く暗い方位です。一戸建ての場合は、ほかの家の東や南側に面しているため人の目があり、防犯上は有利です。	インテリアは温かみのある落ち着いた雰囲気にまとめ、照明も白熱灯を使うと効果的です。日が多く当たる場合は、落葉樹などを玄関脇に植えると夏の暑い西日をやわらげてくれます。玄関マットや絵、置物などは高級感のあるものがいいでしょう。
西	△	「金銭」に象意がある方位で、ここに玄関があると散財が多く、なかなか貯金ができません。また、異性とのトラブルが起こるという暗示も。しかし、この方位の玄関が吉相であれば人づき合いのよい楽しい家族になります。	西日が入る場合は遮光してください。インテリアは高級感にあふれたものに。シャンデリア風の照明器具もいいでしょう。大理石や金属製の置物も吉。花を置くのもいいでしょう。
北東	×	表鬼門に当たります。人が来ないかと思うと大勢やってくるなど、ムラの多い相となります。玄関が汚れていると、ケガや事故にあったり家庭内のもめごとなど、あらゆるトラブルに見舞われる可能性があります。	終日薄暗いときがあるので、インテリアは明るい色調でまとめ、照明も温かみのある白熱灯に。マットやスリッパなども暖色系にするといいでしょう。隣接する建物の西側になるため死角になることが多く、空き巣などの被害にあいやすいので防犯を心がけて。
南	△	南の象意には「離別」があるため、家族の独立心が強くバラバラになることがあります。精神的に落ち着かずイライラする傾向があり、知的な職業の人にはマイナスになります。	玄関内に陽気が入るのは吉。直射日光が強く差し込む場合は、レースのカーテンやくもりガラスなどで、日差しをやわらげましょう。水と相性の悪い方位なので、水槽や金魚鉢は置かないようにします。マットやスリッパなどをグリーンにするのも吉。

NG!!

運気DOWNの玄関

- ×玄関が欠けになっている。
- ×たたきのすみに砂ボコリがたまっている。
- ×たたきに靴が脱ぎっぱなし、出しっぱなしになっている。
- ×ゴルフやスキーセットなどが出しっぱなし。
- ×宅配便の箱や大きなバッグが置きっぱなし。
- ×使っていない傘や壊れたものが傘立てにあふれている。
- ×湿気がたまって靴やカビなどの悪臭がただよっている。
- ×照明が暗い。
- ×ゴミ袋が置かれている。
- ×ペットのトイレが置いてある。
- ×ホコリをかぶったドライフラワーや人形、置物がゴチャゴチャ置かれている。

方位別の開運グッズ

玄関の方位により、その象意に合った動物の置物や絵を飾ることで運気をアップさせます。その年の干支の置物や絵も吉。

また、よいエネルギーを招き入れ、よくない運気は玄関でシャットアウトしたいもの。玄関マットは外のホコリを取るという意味でも玄関先に置きたいグッズ。方位に合った色や柄のものを置いて開運しましょう。

	動物	玄関マット
北	ネズミ	赤、オレンジ、ピンク系。これらの花柄も吉
南西	サル	赤、ラベンダー、黄色系
東	ウサギ	ブルー、グリーン系
東南	竜	ピンク、グリーン、ベージュ系
西北	イヌ	黄色、オレンジ、茶系
西	トリ	黄色、オレンジ系
北東	トラ	赤、ラベンダー、ピンク系
南	ウマ	ブルー、ラベンダー、グリーン系

ツキを呼ぶ お掃除&収納術

MEMO

★ドアを拭く

白いきれいな雑巾で、内側、外側の順番で拭きます。ドアの桟《さん》や、いろいろな人がさわるドアノブも忘れずに。

★たたきは水拭きする

ほうきで掃いたあと、できれば毎日水拭きをします。「最近、なんだかついていない」と思う人にとくにおすすめです。靴箱の下や上がり口の下の空間など、目立たないところも忘れずに。

★ホコリを払う

風と一緒に砂ボコリなども入ってきます。靴箱の上や置物、人形などは定期的にホコリを払うようにしましょう。

★湿気、悪臭を追い出す

靴箱に乾燥剤や脱臭剤を入れて、湿気や悪臭を取り除きます。おすすめは炭やコーヒー殻の利用。しばらく置いておいた炭は、煮沸して日光で乾燥させると効果が復活。コーヒー殻は日光に当ててよく乾燥させ、封筒などの紙袋に入れて靴箱に入れます。効き目がなくなったときには、そのまま可燃ゴミとして捨てられます。

★靴箱を整理整頓する

流行の靴や新しい靴は上のほうに、定番の靴は下のほうに収納すると、靴箱の中の気が安定します。女性の場合はサンダルやミュールなどの軽い印象の靴は上段に、パンプスなどのしっかりした印象の靴は下段に、男性の場合はカジュアルなスポーツシューズなどを上段に、革靴を下段にしまいます。女性と男性の靴を一緒に収納する場合は、男性用が上、女性用が下になります。

★鏡をよく拭く

大吉の鏡も手垢などで曇っていると運気がダウン。きれいな乾いた布で拭いてピカピカにしておきましょう。絵などの額のガラスや窓も拭いて手入れをしましょう。

【表札】

玄関は幸運の入り口なので、ワンルームであっても表札を出しましょう。素材は木が吉。世帯主の名前をフルネームで書きます。洋風の玄関ならドアの左右に、和風の場合は引き戸の上の真ん中に配置します。

【照明】

人だけでなく幸運も招き入れたい玄関は、少し陽の気に傾くぐらいが吉。暗いと陰の気に傾くので、照明は明るく。自分の家という安心感から玄関で転倒する事故が多く起こっています。安全性の面からも明るい玄関に。

【靴箱】

靴箱はとにかく大きいものがいいと思いがちですが、スペースに合っているものが、違和感がなく吉。木製か木目の入ったもので扉つきがいいでしょう。上に物が置けるカウンタータイプが花や置物を飾れるのでおすすめ。

【靴】

たたきに靴が何足も置きっぱなしになっているのは大凶。靴は拭いて汚れを落とし、靴箱に収納が基本。古くなってはかない靴や3年以上はいていない靴は処分します。靴箱に入りきらないブーツなどは紙箱に入れて押入れなどにしまいましょう。

【傘立て】

傘立ては湿気を家の中に持ち込まないように、原則として玄関の外が吉。水はけのよいデザインのものを選びましょう。陶器製もいいでしょう。玄関の中に置く場合は、掃除をするときなどに外に出すようにしましょう。

【スリッパ・スリッパ立て】

来客用に清潔なスリッパを常備しておくのは吉。人が集まる家になります。スリッパは季節に合わせたものを用意します。スリッパ立ては、玄関が狭い場合はなくてもかまいません。

【玄関マット】

たたきと玄関ホールの段差が10㎝以下の場合は、原則として玄関マットを敷きます。ただし、狭いところにムリに敷いたり、汚れたものを敷きっぱなしにするのは凶。何も敷かないほうがいいでしょう。

【鏡】

玄関に鏡を置くのは大吉。出かける際の身だしなみチェックにも役立ちます。ドアを入って正面にあると落ち着かないので、左側か右側に置くようにします。ガラスだけでなくフレームのある鏡にしてください。

【水槽・金魚鉢】

ガラスの内側に藻がついて緑色になっていたり、水が汚れていたりするのは大凶。清潔にしておけないなら、置かないほうがいいでしょう。

【花・観葉植物】

花や観葉植物は基本的にどんなものでも吉。玄関に方位や家相の凶相があっても、花を飾ることで凶作用を軽くすることができます。生花を飾る場合は、きちんと水を変えて手入れを忘れずに。水を腐らせてはかえって逆効果です。

【人形・置物】

その年の干支の置物は吉。はく製は凶です。人形は陶器製やクリスタル製であまり大きくないものを。

【絵】

絵を飾るのは吉。玄関の広さとバランスのよい大きさで、雰囲気に合ったものを選びましょう。一般的に斬新な抽象画よりも風景画や花の絵のほうがふさわしいでしょう。

運気UP!! 幸運を招く玄関づくり

明るい照明。暗いと足元が見えにくく転倒することもある。

外の照明は、人が近づくと点灯するセンサーつきにすると、明るさと安全性が確保できる。

玄関を入って右側か左側に鏡を置く。出かける際の身だしなみのチェックにも便利。

生花を飾る。置物は数を絞って1～3点までに。

クロスや壁紙は明るめの色で。

靴は靴箱に収納して、なるべくたたきには置かない。

傘立ては外に置くのが望ましいが、中に置く場合は傘の水気をよく切って入れる。

靴箱は木製か木目のあるものを。

玄関マットは清潔を保って。

きれいに掃除されたたたき。ゴルフバッグやスキーセットなど、よけいなものが置かれていない。

キッチン

家族のエネルギーのもとをつくる場所

キッチンは家族の活動の源となる食事をつくる場所。相剋の関係である火と水を一緒に使うので、家相でも重要な間取りのひとつです。

まず気をつけたいのは換気です。換気が悪く調理やゴミの悪臭がこもっていると、入ってきたよいエネルギーが家の中を循環することができません。最近は換気扇の性能がよくなりましたが、自然の風通しがよいのが理想的。

また、主婦は1日に3時間以上キッチンにいるといわれています。暑からず寒からずで居心地がよく、シンクやコンロなどの配置がよく使いやすいキッチンにしましょう。

吉相キッチンのチェックポイント

★東か東南に面している
朝の太陽と新鮮な空気が取り入れられる方位。家族の健康を支える食事をつくるキッチンには最適。

★風通しがよい
換気がよくないと宇宙のエネルギーが入ってきません。家族の活動のもとをつくり出す場所なので、よい気がめぐっているのがベスト。

★暑すぎず寒すぎないこと
主婦は長い時間をキッチンで過ごします。暑いときに火を使ったり、寒い季節に長時間立っているのはつらいものです。

★働きやすいこと
シンクやコンロ、調理器具や収納などの配置がよいと、気持ちよく働けます。

★掃除が行き届いていて清潔
清潔な場所でないとよいエネルギーはめぐりません。家族の健康をつかさどるところだからこそ、よい気に満ちていることが重要です。

★きちんと片付いている
いろいろなものがゴチャゴチャ散らかっていると、よい気はめぐりません。

★ゴミが見えるところにない
三角コーナーなどにゴミがたまっていたり、ゴミ袋が出しっぱなしになっていて悪臭がすると、よいエネルギーは入ってきません。

★換気扇がきれい
空気の入れ換えにきれいな換気扇は必須です。

こんなときどうする？
方位別アドバイス

キッチンは、ダイニングやリビングルームに近いところや、排水の面で浴室などの水まわりとまとめてつくられることが多いもの。何かと制約が多い場所ですが、キッチンのある方位の特徴を理解してインテリアを工夫し、幸運を呼び寄せましょう。

◎理想的な位置　●安心してよい位置　△やや悪い位置　×避けたほうがよい位置

北	×	北の冷気で、寒さから主婦が病気になりやすい方位。「冷え性、セックス」などの象意があるので、婦人科系の病気や子どもに恵まれないなどの悩みがあったら、北の凶相があらわれています。	保温と除湿対策を万全に。照明は明るいものにして、炊事の際は流し元の照明もつけるようにしましょう。床下収納がある場合は通気と衛生に注意して、中の空気がよどまないようにしてください。インテリアは、赤、ピンク、オレンジなど暖色系を使って、明るい雰囲気に。
南西	×	本来は主婦の定位ですが、裏鬼門に当たります。午後の日差しは南からよりもさらに強く、気がこもって物が腐りやすくなります。主婦や女性の健康がすぐれずグズグズするようなら、南西の凶相があらわれています。	南西に窓がある場合は黄色系のブラインドで遮光を。暖気がこもりやすいので、通気をよくするように心がけて。シンクとコンロの掃除をこまめにして、スプーンやフォークなどはピカピカに磨きましょう。
東	◎	季節では春、1日では朝を意味する東の方位は陽気に恵まれ、フレッシュな空気を取り入れられるため、キッチンには最適の方位。家族全員が元気になります。	朝日の当たるキッチンはそれだけで幸せが舞い込むので、ブラインドやカーテンをいつも開けておくようにしましょう。東は音と相性がよい方位なので、音の鳴るピーピーケトルが吉。ラジオを聴きながら料理するのもいいでしょう。
東南	◎	さわやかな気の流れる方位で、キッチンに適しています。女性にはとくによい方位で、よい運気に恵まれます。	悪臭を嫌う方位なので、換気には注意。換気扇の掃除はこまめにして、生ゴミなどはその日に片付けるようにしましょう。東南の気のパワーアップには花や観葉植物を置いて。ピンクや白、淡い色の花がツキを呼びます。
西北	×	西北は主人の定位なので、主婦の働くキッチンには適さない方位です。ここにキッチンがあると、主人が家を空けることが多く女性主導の家になります。女性がしっかりしていれば、家庭がまとまるともいえます。	格上の方位なので、内装やインテリアは落ち着いた高級感のあるものが吉。西日が入る場合は、黄色やベージュ、グリーン系のブラインドやカーテンで遮光を。食器棚があるなら、一部でよいので高級な食器を入れましょう。
西	×	西日が強く当たり、物が腐りやすいのでよくありません。西は経済状況を左右する方位で、ここにキッチンがあると、女性に凶作用が出やすくなります。お金に苦労し、そのために家庭内にいさかいが起こりがちになります。	西日が入る場合は黄色系か白、ベージュ系のブラインドやカーテンで遮光します。西日が入ると調理する意欲がなくなります。シンクの給排水口の水漏れにも注意。窓辺に黄色や白、オレンジ系の花を置くと吉。家具や小物は高級感のあるものを。
北東	×	鬼門に当たるため、本来は壁で閉塞しているのが吉相。そのため、火や水を使い通風を必要とするキッチンがあるのはよくありません。窓がこの方位にあると転勤や転職が増えたり病人が出たり、相続の問題でもめたりしがちに。	汚れを嫌う方位なので、掃除と整理整頓を徹底します。食器を洗わずにそのままにしておいたり、よぶんな買い置きをするのは凶。シンクやコンロはいつもきれいに。家具やマット、タオルなどは白、ベージュ系、ピンク系がいいでしょう。
南	×	日当たりは申し分ないですが、温度の上がりすぎで物が腐りやすいので、キッチンには不向きです。また、南は「火」に象意があるので、水を使うキッチンとは相性がよくありません。収入のわりに暮らしが派手で浪費が多くなります。	窓があるなら、グリーン系やベージュ系のブラインドやカーテンで遮光します。照明は明るいものを。シンクはいつもピカピカにしておきましょう。ステンレス製のボウルや鍋なども、いつも磨いておくと運が開けます。

NG!! 運気DOWNのキッチン

×薄暗く風通しが悪い。

×シンクに水垢や汚れがある。三角コーナーに生ゴミがたまっている。

×水切りかごに食器が洗いっぱなしになっていて、食器置場になっている。

×コンロが汚い。油汚れやふきこぼれがこげついて真っ黒。

×包丁など調理道具が出しっぱなしで、鍋やフライパンが壁にかけてある。

×冷蔵庫の中が汚い。古くなった食品や食べ残しなども入っていて雑然としている。

×換気扇がベタベタで黒ずんでいる。

×戸棚の中や床下収納に、消費期限切れの食品や、腐ったり芽が出たジャガイモや玉ねぎがある。

×ゴミ袋がそのまま床に置かれていて臭う。

方位別の開運グッズ

最近はキッチングッズもカラフルなものがそろっているので、方位に合わせて色を統一しても楽しいのでは。白い冷蔵庫は方位を問わず吉です。

	キッチングッズ	冷蔵庫
北	赤、ピンク、オレンジ系	白
南西	黄色、ラベンダー、赤系	アイボリー系
東	ブルー、白、赤系	ブルー、赤系
東南	白、ピンク、オレンジ、グリーンなどの淡い色	白
西北	黄色、オレンジ、グリーン系	白
西	白、黄色、オレンジ系	白、クリーム色系
北東	白、ピンク系	白
南	ブルー、グリーン系	白、グリーン系

ツキを呼ぶ
お掃除&収納術
MEMO

コンロ回りには 重曹水
重曹 小さじ2～3
水
200cc
シュッ
ステンレスシンクにはクエン酸水
クエン酸 小さじ1
水
200cc
シュッ シュッ

★コンロ
コンロのまわりは、使うたびに拭いていれば汚れがこびりつきません。油汚れがひどいときは、中性洗剤や重曹で落としましょう。重曹の使い方は、200ccの水に小さじ2～3杯の重曹を溶かして重曹水をつくり、スプレーボトルに入れておきます。コンロのまわりが熱いうちに重曹水を吹きかけ、冷めたら拭き取ります。

★換気扇
汚れをためないように定期的に洗うのが最大のコツ。汚れてしまったら中性洗剤でつけ置き洗いを。手に負えない場合はプロに依頼するのも手です。

★シンク
三角コーナーや排水口のゴミは翌日まで持ち越さず、ビニール袋などで密封してふたつきのゴミ箱へ。シンクは1日の終わりに中性洗剤かクレンザーで洗って、水気を拭き取っておくとカビや水垢の発生を抑えられます。水栓金具も忘れずに磨いておきましょう。また、ステンレスのシンクなら、クエン酸水を吹きかけておくとピカピカになります。クエン酸水は水200ccに小さじ1杯のクエン酸を溶かしてつくります。

★冷蔵庫内
冷蔵庫の中はこぼれた液体や野菜くずで意外に汚れています。消費期限切れの食品を処分したら、庫内の拭き掃除をしましょう。

★食器棚
1年以上使っていないものや、欠けていたりひびが入っている食器は、思い切って処分。出番の少ない大皿などは下のほうに、よく使うものは取り出しやすい位置に置くなど、使い勝手を考えて整理を。

★食品ストッカー
消費期限切れの缶詰やレトルト食品、調味料などや、傷んでいる野菜類を処分。日付を確認しながらムダにならないように使いきり、安くても食べきれないものは買わないようにしましょう。

【冷蔵庫】

庫内を整理し、きれいにしたら、マグネットなどで扉につけた紙類ははずしましょう。扉はどんなものでも運気の出入り口。冷蔵庫の扉も紙でふさがっていると、運気アップの食事はつくれません。


【電子レンジ】

電子レンジは強い「火」の作用を持っているので、水気の冷蔵庫の上には載せないようにします。


【食器洗浄機】

食事のあと片付けに便利なうえ、節水にもなります。ただし、中に食器を入れっぱなしにしないようにしましょう。


【浄水器】

フィルターの交換などをきちんと行って衛生的に使わないと、かえってパワーダウンになります。


【照明】

料理をおいしそうに見せてくれるのが照明です。日当たりの悪い家やキッチンに窓がない場合は、照明が太陽のかわりになりますので、全体だけでなくシンク上の照明も必ず点灯する習慣を。


【食器棚・食器】

食器棚は東か南に向けて設置すると吉。使った食器はそのたびに洗ってしまいましょう。毎日使う食器は、なるべくよいものをそろえるようにすると運気がアップします。


【カトラリー】

フォークやナイフなど、金属製のものはきれいに磨いてピカピカにしておきましょう。


【ゴミ箱】

大きいとゴミをためてしまいがちになるので、小さめのふたつきのものにして、まめにゴミを出す習慣を。ゴミ袋をそのまま床に置いたり、マンションなどの通路に放置するのは悪臭のもとになり、衛生上もよくありません。


【観葉植物】

電子レンジやコンロのそばに植物を置くと気が乱れるので、これらから離れた場所に置いてください。

ツキを呼ぶ お掃除&収納術 MEMO

★シンク下・床下
ふたを開けたまま放置している調味料や酒類、壊れたりして使わない調理器具などを処分。床面をきれいに拭き、中のものを取り出しやすいように整理して収納しましょう。

運気UP!! 幸運を招くキッチンづくり

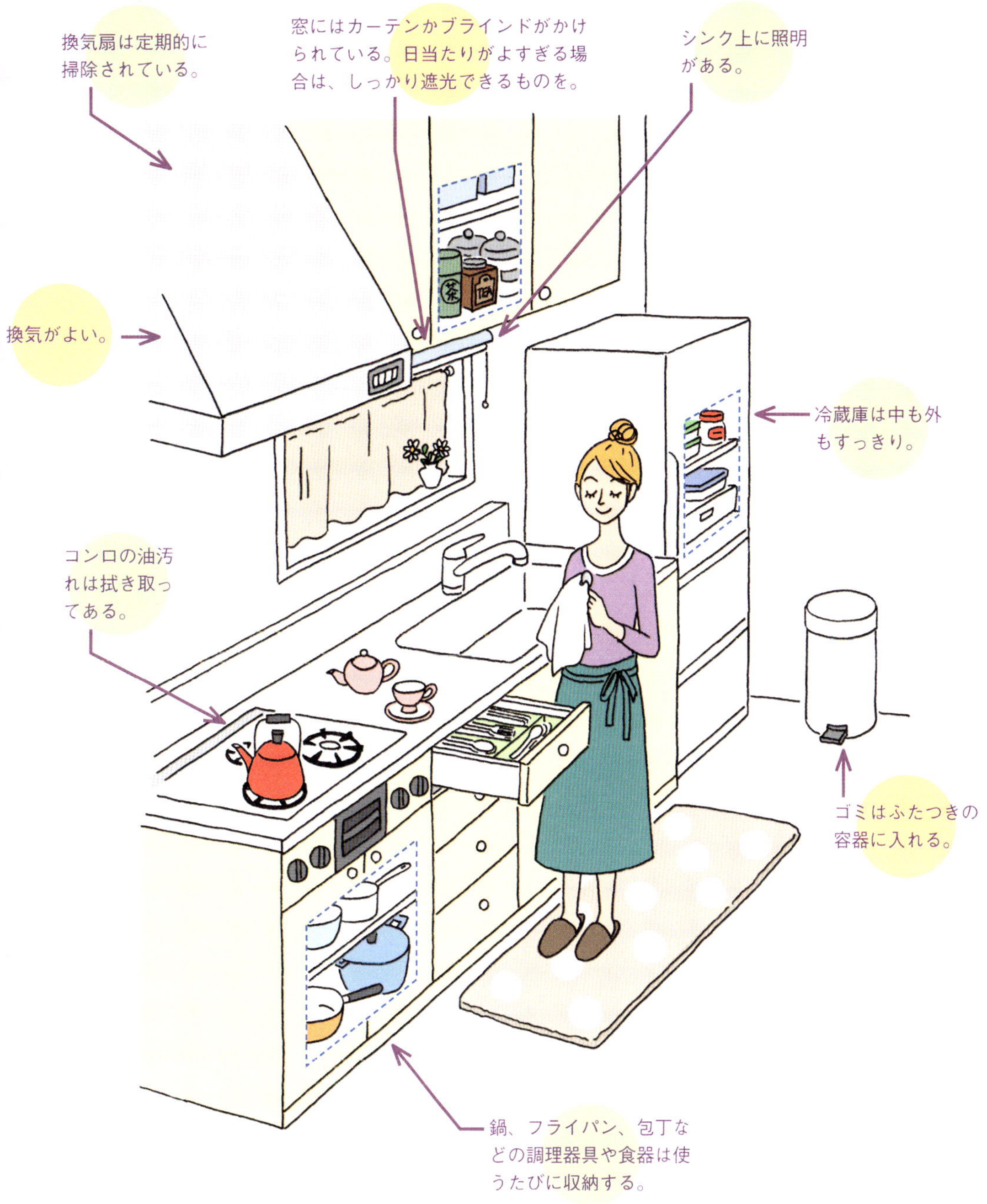
換気扇は定期的に掃除されている。

窓にはカーテンかブラインドがかけられている。日当たりがよすぎる場合は、しっかり遮光できるものを。

シンク上に照明がある。

換気がよい。

冷蔵庫は中も外もすっきり。

コンロの油汚れは拭き取ってある。

ゴミはふたつきの容器に入れる。

鍋、フライパン、包丁などの調理器具や食器は使うたびに収納する。

リビング・ダイニングルーム

家族が集まる大切な場所

リビングルームは家族全員が集まり、話をしたり遊んだりする団らんの場所です。また、友人や来客を迎える場所としても使われます。人が集まる部屋なので十分な広さがあり、くつろげることが大切。一方、ダイニングルームは食事をする場所で、家族の健康を維持するという重要な役割があります。そのため、ホコリや悪臭、騒音などがないのが理想的です。

最近はリビングとダイニングが同スペースという間取りが増え、家庭の中心となっています。リビング・ダイニングは、キッチンのそばにあることが多いので、料理の臭いや熱気がこもらないように、換気することが大切です。

吉相リビング・ダイニングルームのチェックポイント

★日当たりがよく風通しがよい

朝日の当たる東、太陽のエネルギーをほどよく取り入れられる東から東南の方位がベストです。朝食を気持ちよく取ることができ、家族全員が健康になります。

★空間にゆとりがある

家族全員が集まり、ゆっくり話をしたり遊んだりするには、ある程度の広さと、空間的な余裕が必要です。

★すっきりと片付いている

家族のための場所ですが、乱雑だったり汚れていたりすると落ち着かず、よい気もめぐりません。友人や来客を迎える場所でもあるので、すっきり片付けましょう。

★温かみがありくつろげる

リビングルームは、家族が長い時間一緒に過ごしたくなるような、気持ちのよい場所なのが理想的です。それには温かみとくつろぎ感があることが重要です。

★陰陽のバランスが取れている

日当たりがよく明るいリビングルームならインテリアは落ち着いた色に、日当たりが悪い場合はインテリアで明るくするなど、陰と陽のバランスが取れていることが大切です。

こんなときどうする？
方位別アドバイス

リビング・ダイニングルームは、家族や友人など多くの人が集まり、食事やコミュニケーションをとる大切なスペース。家の中心になる場所なので、方位をチェックして凶相があれば、すぐに対策を立てましょう。

◎理想的な位置　●安心してよい位置　△やや悪い位置　×避けたほうがよい位置

北	×	日当たりが悪く冷気のある方位です。家族全員が冷気を受けやすい体質になり、病気がちになります。家族の団らんがうまくできない場合は、北の「交わり」という象意がマイナスに働いています。	ダイニングではテーブルの上の照明を明るくして、食事がおいしそうに見えるようにしましょう。リビングも全体照明だけでなく、スタンドなどの補助照明を取り入れて明るくすると運気がアップ。ソファやクッション、カーテンなどに暖色系を取り入れると吉。
南西	△	裏鬼門に当たります。空気の流れがとどこおり、熱がこもって物が腐りやすくなるので、ダイニングには向かない方位です。食事中、会話がはずまない、せっかく用意してある食事を食べない、主婦が調理をする気になれないなどは、南西の凶作用の影響です。	汚れを嫌う方位なので、床やテーブルの上はいつもきれいに。照明は明るめにして、落ち着いた雰囲気のインテリアが吉。窓が大きければ、ベージュや黄色、アイボリー、ラベンダー系のカーテンをかけ、なるべく早い時間に窓を閉めるようにしましょう。
東	◎	東はリビング、ダイニングともに大吉の方位。フレッシュな空気が満ちて、エネルギーにもあふれています。健康面は問題なしといってもいいでしょう。家族の仲がよく、団らんが楽しめるでしょう。	東は音と相性がよいので、音楽を楽しみながら食事をすると吉。オーディオは東に置きましょう。窓が大きいのが吉相です。インテリアはブルー、ベージュ系などでまとめます。床はフローリングがよく、観葉植物を置いてください。
東南	◎	リビング・ダイニングともに大吉。太陽のエネルギーが十分に取り入れられ、家族全員が健康になります。信用、コミュニケーションに関連のある方位なので、来客が多くなります。象意に「風」があるので、風通しがよいことが重要です。	風通し、日当たりも今ひとつという場合は、木と相性のよい方位なので、なるべく木質系の家具を置いて花や観葉植物を飾り、東南の気をアップさせてください。テレビやオーディオなどは東に置き、エアコンや空気清浄機のフィルターをまめに掃除しましょう。
西北	●	西日が当たったり、北の冷気を受けたり温度が変わりやすい場所です。しかし、主人の定位なので、家族が落ち着いて団らんするには適しています。また、神棚や仏壇を祀るのにもよく、格のある仏間兼用の和室のリビングが向いています。	西日が入る場合は、ベージュや黄色系のブラインドやカーテンで遮光します。インテリアは、西北の象意に「充実、上等」があるので、高級感のある落ち着いた感じのものが合っています。テーブルで座る位置は、西北が主人になるようにすると開運します。
西	×	西日が当たり、物が腐りやすくなるので、ダイニングルームには向きません。リビングの場合も熱がこもり空気の流れが悪くなるので、健康に害が出るおそれがあります。また、お金のトラブルで口論やけんかが絶えない場合もあります。	大きな窓がある場合は、黄色、ベージュ系のブラインドやカーテンで遮光します。火と相性が悪い方位なので、テーブルにコンロを出して鍋物をするのは避けましょう。また、リビングに水槽を置くのも凶。テレビは東側に置くようにしましょう。
北東	△	鬼門に当たり、できればダイニングには避けたい方位です。日当たりがよくなく、冬は寒いので、家族の団らんには向いていません。家族間で金銭や相続のトラブルが多いのは、北東の凶作用のあらわれです。	北東は散らかっていて風通しが悪く暗いのは凶。毎日掃除をして換気に注意しましょう。この方位は和室のリビングに合っています。大きな窓がある場合は、障子を取りつけたり、黄色、ベージュ系のカーテンを引きっぱなしにしておきます。
南	●	日当たりがよくて明るいのはよいのですが、季節によっては日差しがまぶしかったり暑すぎたりして、落ち着きに欠けます。吉相ならにぎやかで話題が豊富、団結心のある家庭ですが、凶相の場合は自分勝手でけんかが多く、生活が派手になります。	カーテンを二重にして強い日差しをさえぎります。インテリアは青やグリーンなどの寒色系を中心にすると落ち着きます。水とは相剋の関係なので、水槽は置かないようにしましょう。

運気 DOWNのリビング・ダイニングルーム

×日当たりが悪く冷える。
×薄暗い。
×西に大きな窓があり、西日が差し込む。
×風通しが悪い。
×散らかっている。
×キッチンの調理の熱や臭いがこもっている。
×窓ガラスが汚れている。
×大きな吹き抜けになっている。

方位別の開運グッズ

リビングには家族全員が集まるので、その方位に合った動物の置物やぬいぐるみ、絵を置いて開運しましょう。あるいは家の働き手である主人のラッキーグッズをリビング内の主人のホームグラウンドに置くと、家全体の運気が上がります。

	置物・絵
北	ネズミ
南西	サル
東	ウサギ
東南	竜
西北	イヌ
西	トリ
北東	トラ
南	ウマ

手入れはお湯で固く絞ったぞうきんで拭いておけばよいでしょう。ときどき、専用のクリーナーを使って徹底的にきれいに。

★季節はずれのもの
夏なのにストーブが、冬なのに扇風機が出ているような状態は、ツキを落とします。使わないものは押入れや納戸などに収納場所を決めて片付けましょう。

★ソファやイス
木製ならから拭きを、布のカバーがかかっているならまめに洗濯しましょう。

★テーブルの上や周辺
新聞やリモコン類で雑然としがち。それぞれ置き場所を決めて、見たり使ったりしたら元に戻すようにして、テーブルの上には何も載せないようにしましょう。

ツキを呼ぶ お掃除&収納術 MEMO

★コーナーや見えないところ

人が集まるリビング・ダイニングはホコリがたまりやすいもの。すみずみまできちんと掃除機をかけて。フローリングの床は水拭きだけでなく、ワックスをかけておくと、きれいさが長持ちします。テレビ台のうしろやソファの下、壁とのすき間など、見えない場所もきれいに。掃除機のノズルが入らないときは、はたきを差し込んでホコリをはたき出します。

★カーペットやラグ

掃除機をかけても取れないゴミは粘着クリーナーやガムテープで取り除きます。ふだんの

★新聞、雑誌、CD、DVD

場所を決めて積み重ねておき、まめに資源ゴミの日に出すようにしましょう。保存しておきたい雑誌やCDはラックに整理して収納。定期的に内容をチェックして、いらなくなったものはいさぎよく処分しましょう。

★カーテン

半年に一度は洗いましょう。レースのカーテン、普通地のカーテンの順に洗います。生乾きのままつるすと、しわになりにくくアイロンがけの手間がはぶけます。ただし、生地によっては縮みますので、注意してください。

★テレビなど家電製品

まず取扱説明書で手入れのしかたの確認を。静電気でついたホコリはOA用のはたきで取ります。それからやわらかい布でから拭きを。裏側にたまったホコリは掃除機で吸い取りましょう。

★照明器具

プラスチックのシェードは、はずしてから掃除機でホコリを取って水拭きをします。電灯も忘れずに。木や紙製のシェードは水拭きできないので、はたきでていねいにホコリを取ります。

【リビングテーブル】

木製のものは方位を問わず吉です。テーブルクロスやビニールクロスをかけずに使いましょう。ガラスのテーブルは「陰」の気が強いので、きれいに磨きレースなどのクロスをかけます。長方形のものは方位を問わず団らんに吉。


【ソファ】

部屋の広さや使う人に合わせて大きさや素材を選びます。家族の団らんが中心なら布張りがおすすめです。来客が多く接客を重視するなら革張りがいいでしょう。使う人の収入や社会的な地位につり合わない豪華なものを置くと、発展運のさまたげになります。


【サイドボード】

扉つきのものが吉。東か南に扉が向くように配置します。ガラス扉の場合はいつもきれいに磨いておきましょう。カップなどはしまったままにせず、日常的に使うようにします。


【ダイニングテーブル&チェア】

テーブルは正方形か長方形で安定感のあるものが吉。円形の場合は、小さいものはよくありません。直径1.2m以上がいいでしょう。チェアは布張りで座面がゆったりしているものが吉。


【食器棚】

しっかりしたつくりで高級感のあるものが吉。東か南向きに設置できるとベストです。食器は水切りかごに置きっぱなしにしないで、食器棚にしまうようにしましょう。調味料などは食器とは別のところに収納します。


【カーテン】

リビングは接客の場ということもあり、重厚で高級感のあるものを選びたくなりますが、家族のくつろぎを重視するなら、明るく軽い印象のものが吉。カーテンの閉め切りはよくありませんが、南や西に面していて日差しが強く入る場合は、しっかり遮光できるものがいいでしょう。


【テレビ・オーディオ・電話】

リビングの東に置くのがベスト。東は音の出るものと相性のよい方位です。また、東はよい情報をもたらしてくれる方位なので、電話やFAXを置くのにも適しています。もっとも注意したいのは、静電気によってつくホコリ。毎日拭き掃除をしましょう。


【カーペット】

大地の気を吸収できなくなるので、カーペットは敷き詰めないほうがいいでしょう。素材は合成繊維よりもウールやシルク、綿など天然繊維のほうが吉。畳は自然のパワーを持っているので、カーペットを敷かないようにしましょう。


【照明】

日当たりがよくない場合は、天井の基礎照明だけでなく、間接照明やスタンドも利用して明るさを補いましょう。欠けている方位や運気のダウンが心配な方位に設置します。


【花・観葉植物】

花や観葉植物は運気アップのためにぜひ置きたいアイテムです。リビングが吉相でない場合は、ラッキーフラワーをリビング内のホームグラウンドに飾りましょう。精神的に落ち着ける部屋になり、家族の雰囲気も明るくなります。リビングにいることが心地よくなり、家族で過ごす時間が長くなって絆も深まります。

運気UP!! 幸運を招くリビング・ダイニングルームづくり

東から南に位置していて、日当たりと風通しがよい。
DVDやCDなどは整理されて、専用のラックに収納されている。
カーテンがきれいに洗濯され、窓が磨かれている。
床やテーブル、ソファの上などがすっきりと片付いていて、掃除が行き届いている。
サイドボードや食器棚は整理整頓が行き届いていて、ガラス扉が磨かれている。
ラッキーフラワーがリビング内のホームグラウンドに飾られている。
新聞や雑誌は必要なものしか出ていない。
広くゆったりした空間がある。

トイレ

健康を左右する場所

トイレは、排泄の場所ということから、家族の健康にかかわる重要な間取りです。しかし家相ではトイレは汚物とその処理に水を使い、湿気と臭気がこもるため方位のパワーダウンを招き、どこに置いても凶相に。とくに家の中央にあるトイレは大凶です。

　トイレの凶作用は、体と心の両面にあらわれます。家族の健康がすぐれない、ケガが多い、やる気が出ない、ストレスが多いと感じるなら、トイレをチェックしてみましょう。基本的に吉相の方位はありませんが、換気と清潔を心がけ、方位に合ったインテリアを工夫することで、凶作用を少なくすることはできます。

凶作用の少ないトイレのチェックポイント

★東か東南にある
どこにあってもトイレは凶相ですが、比較的凶作用の少ないのが、東と東南です。

★掃除が行き届き清潔
水洗トイレは昔のように悪臭がただようということはありませんが、掃除をおこたれば不潔になるので、運気はダウンします。

★窓がある
宇宙のエネルギーをなるべく取り入れるには、空気の流れがあることが必要です。また、臭気と湿気を逃すためにも窓は必要です。

★換気扇がついている
空気の流れをつくり、悪臭を追い出す換気扇は必須アイテム。窓がない場合はなおさらです。

★明るい
自然光が入るだけでなく、明るい照明がついていることが必要です。

★すっきり片付いている
トイレットペーパーや生理用品のストック、掃除用具などは、戸棚などに収納して片付けます。

こんなときどうする？
方位別アドバイス

どこにあっても凶相ですが、トイレをつけないわけにはいきません。方位の特徴を理解して、それに合ったインテリアを工夫して凶作用を少なくするようにしましょう。

◎理想的な位置　●安心してよい位置　△やや悪い位置　×避けたほうがよい位置

北	△	家相では北は君子の場所で、聖なる方位とされているので、トイレには不向きです。腎臓や膀胱、痔などの下半身の病気をわずらったり、冷えから女性が婦人科系の病気にかかりやすくなります。また、夫婦間のトラブルも起こりがちに。	暖房をして暖かくしましょう。北の五行は水で火とは相剋の関係です。直接火気が作用する電気ストーブより、暖房便座や温風ヒーターがおすすめです。照明は明るめにして、便器など衛生陶器は白、ピンク系に、便座カバーは赤、ピンク系にすると運気がアップ。
南西	×	裏鬼門に当たり主婦の定位であることから、とくにその家の主婦が体調をくずします。イライラして精神的に落ち着かず不眠症になったり、慢性の下痢や便秘、胃腸障害などの疾患に悩まされるのは南西の凶作用です。主婦が病気がちだと家庭内も暗くなります。	西日の当たる方位で、熱気から不衛生になりがち。悪臭もしやすいので、掃除を徹底してください。マット、便座カバー、タオルもこまめに洗濯しましょう。これらの小物類の色はラベンダー、赤、黄色系がいいでしょう。
東	△	東はどんなことでも吉相にするパワーがありますが、東の中心にトイレがある場合は、長男にトラブルが多くなり親が悩まされたり、家族間にもめごとが起きたりします。また、肝臓や呼吸器系、のどの病気に注意が必要です。	窓があり日当たりがある場合は青系のインテリアが吉。日が当たらなくても窓を細めに開けて換気をしましょう。窓がない場合は照明を明るくして、換気扇はいつも回しておきます。また、トイレ内に本を持ち込んだりしないで、すっきり片付けておきましょう。
東南	△	家庭内にトラブルが起こり、ストレスがつのります。とくに女の子のわがままに悩まされることがあります。適齢期の人は縁談がまとまらないことがあるかもしれません。健康面では風邪を引きやすくなったり、むくみや湿疹、神経痛に悩まされます。	悪臭がこの方位のパワーをダウンさせるので、こまめに掃除をしましょう。日当たりのあるなしにかかわらず、いつも窓を少し開けておいて換気をします。窓がなければ換気扇を回しておきましょう。強すぎてはいけませんが、芳香剤の香りをただよわせておくのは吉。
西北	×	主人の定位なので、トイレの場所には不向きです。西北の中心にトイレがあると主人の心身に不調の出るおそれがあります。肝臓や腎臓、精力減退などで悩むことがあります。また、急に単身赴任になることもあります。	トイレのインテリアは、本来豪華にするべきではありませんが、西北では少し豪華にします。換気が悪いとストレスがたまります。窓がない場合は換気扇を回しておきましょう。マット、スリッパなどのグッズは、赤、白、黄色系が吉。
西	△	西は金銭と若い女性に関係が深い方位。お金や女性問題で家庭内にトラブルが生じたり、結婚がまとまらなかったり、恋人ができなかったりしたら、それは西の凶作用です。また、歯痛や歯周病など口の疾患や呼吸器系、消化器系の病気に悩まされます。	窓があって西日が入る場合は、黄色、白系のブラインドやカーテンでしっかり遮光します。照明は明るくして、タオルなどは常に清潔に。衛生陶器や床、ドアはまめに拭き掃除をしましょう。
北東	×	表鬼門に当たりトイレは凶。「変化、相続、不動産」に関係の深い方位で、仕事に失敗したりギャンブルで財産を失ったり、後継者がいなくなったりします。相続問題のために親族間でもめることも。腰痛やリューマチなど痛みに苦しむ疾患に悩まされます。	窓がある場合は、いつも少し開けておいて換気をします。窓がない場合は換気扇をいつも回しておきましょう。窓のカーテンやブラインドは白やピンク系が吉。照明は明るめに。トイレの中で本や新聞を読んで長居をするのは、凶作用を受けるのでよくありません。
南	×	日差しがもっとも強く、臭気をこもらせるので凶。とくに窓がないと凶作用が強く出ます。また、水と相性の悪い方位です。友達がいなかったり、急な別離でさみしい思いをするのは南の凶作用。高血圧や心臓病、不眠症、神経症などにかかりやすくなります。	窓がある場合は、いつも少し開けておいて換気をします。ない場合は換気扇をいつも回しておきます。便座カバーやマット、スリッパなどはブルー、ラベンダー、グリーン系がいいでしょう。掃除をまめにして清潔でさわやかな雰囲気を保ちましょう。

NG!!

運気 DOWNのトイレ

- ×どの方位でも基本的に凶相。
- ×玄関の真正面にある。
- ×窓がない。
- ×換気扇がない。
- ×悪臭がする。
- ×照明が暗い。
- ×便座、タンクの水受けなど衛生陶器が汚れている。
- ×タオル、便座カバー、マット、スリッパなどが汚れている。
- ×床のすみにホコリがたまっている。
- ×雑誌や新聞が積んである。
- ×掃除用具がそのまま置かれている。
- ×床に予備のトイレットペーパーや生理用品が置きっぱなし。

方位別の開運グッズ

衛生陶器は白なら方位を問わず吉。タオルやマット、便座カバー、スリッパなどのグッズなら、手軽に方位別の色を取り入れられます。

	衛生陶器	トイレグッズ
北	白、ピンク系	ピンク、オレンジ系
南西	白、クリーム色系	白、黄色、ラベンダー系
東	白	白、ブルー系
東南	白、ピンク系	白、ピンク、淡いグリーン系
西北	白	白、黄色、オレンジ色系
西	白、ベージュ、黄色系	白、黄色系
北東	白	白、ピンク系
南	白、ブルー、グリーン系	白、ブルー、グリーン、ラベンダー系

ツキを呼ぶ お掃除&収納術 MEMO

★便器
便器の内側は、中性洗剤をつけてブラシでこすり洗いを。便器と便座の外側は中性洗剤をつけて絞ったぞうきんで拭きます。用を足すたびに、便座や縁をトイレットペーパーや、ペーパークリーナーでさっと拭いておくと汚れがたまりません。

★温水洗浄便座
取扱説明書にしたがってシャワーノズルを引き出し、先端部分は中性洗剤をつけて絞ったぞうきんや古い歯ブラシなどで汚れを落とします。

★タンクの水受け
こびりついた黒ずみは、クレンザーをつけてこすり洗いします。そのあとスポンジに水を含ませて洗い流します。

★床
週に1度は、水か中性洗剤をつけて絞ったぞうきんで拭きます。手が届きにくいところは、柄のついたスポンジなどを利用して。

★雑誌、新聞など
トイレに長居をするとよくない気を受けるので、雑誌や新聞を読むのはやめましょう。乱雑になるので、置かないようにします。

★トイレットペーパー、生理用品
収納場所がない場合は、ボックスを置いたり、つっぱり棚をつけて収納します。布を前につけると見た目もすっきり。トイレ内に収納しきれないものは、別の場所にしまいます。

★掃除用具
さっと使えるようにトイレ内に置きたいものですが、やはり場所を決めて収納します。

★換気扇
空気の流れをつくり、悪臭を追い出す換気扇は重要アイテム。掃除機でホコリを吸い取ってから拭きます。

★照明器具
トイレはなるべく明るいのが吉。シェードと電灯を拭きましょう。

【便座・ふたカバー】

必ず必要というわけではありませんが、使いたい場合は、方位に合った色のものを選ぶといいでしょう。週に１度は洗濯して清潔を保ってください。


【タオル】

タオルはまめに交換して清潔なものを使ってください。トイレは不浄な場所なので、方位にかかわらず凶作用が働きます。ダメージをほかの場所に持ち込まないようにするためにも、手を洗ったら清潔なタオルで拭きましょう。また、よくない気がしみ込むので、洗い替えのタオルはトイレ内に収納しないようにします。


【スリッパ】

トイレの凶作用から身を守るために必要です。不浄な場所であるトイレと、ほかの部屋を区別するためにも専用のものを用意しましょう。まめに洗ったり、裏を拭いたりして、スリッパにたまった厄を落とします。


【芳香剤】

よい香りはトイレの凶作用を少なくして、健康運へのダメージを防いでくれます。ただし強すぎる香りは逆効果です。清潔にして悪臭のもとを絶ってから、芳香剤やポプリ、アロマオイルなどを使いましょう。


【照明】

暗いトイレは家族の健康運にダメージを与えます。また、暗いとトイレが汚れていても気づきにくいものです。本を読めるぐらいの明るさが適当です。天井についている照明だけでは不十分な場合は、スタンドやアロマランプなどを利用して明るさを補いましょう。


【花】

凶作用を少なくしてよい気を呼び込むには花は欠かせません。旬の花など、どんなものでもよいのですが、自分のラッキーフラワーを飾るのが吉。気の循環がよくなって家族全員によい影響を及ぼします。


【絵・カレンダー】

花を飾るスペースがない場合は、小さな花の絵を置くのもいいでしょう。カレンダーやポスターを扉に貼るのはよくありません。扉に何か貼ってあると、エネルギーの出入りのさまたげになるからです。


【置物】

その年の干支の置物や自分のラッキーグッズが吉。ぬいぐるみはホコリに注意してください。

間取り別	対応策
玄関の真正面にあるトイレ	玄関の真正面にトイレがあるのは、玄関から入ったよいエネルギーが直接トイレに向かってしまうため、凶。また、お客にも家族にとっても、丸見えのトイレは使い勝手の悪いものです。玄関とトイレの間にカーテンやついたてを置くなどして空間を区切ると、凶作用を少なくすることができます。
家の中央にあるトイレ	中央にトイレがあると、主人が不在がちになったり、家族の間にけんかや病気が絶えなかったりします。対応策は、換気扇をいつも回しておき、暖房便座などを設置してトイレの居心地をなるべくよくすることです。衛生陶器やトイレグッズなどは白、黄色、ラベンダー系が吉。居心地がよくてもトイレには長居しないようにしましょう。

運気UP!! 幸運を招くトイレづくり

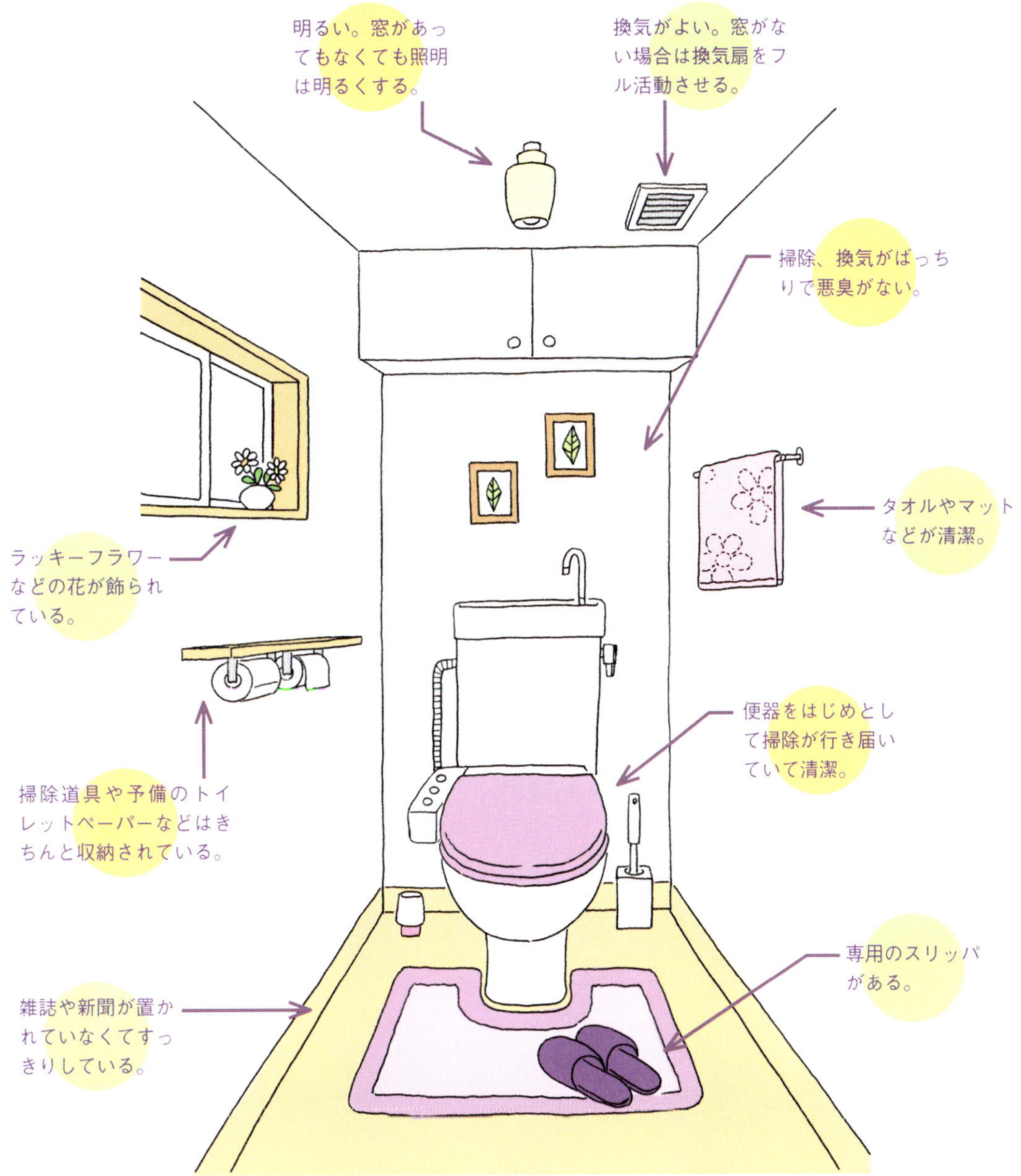
明るい。窓があってもなくても照明は明るくする。
換気がよい。窓がない場合は換気扇をフル活動させる。
掃除、換気がばっちりで悪臭がない。
タオルやマットなどが清潔。
ラッキーフラワーなどの花が飾られている。
便器をはじめとして掃除が行き届いていて清潔。
掃除道具や予備のトイレットペーパーなどはきちんと収納されている。
専用のスリッパがある。
雑誌や新聞が置かれていなくてすっきりしている。

浴室・洗面所

衛生面にとくに注意を

浴室は1日の体の汚れを落として、精神的な疲れを癒す場所。厄落としの場所といってもいいでしょう。洗面所にも同様の役割があります。しかし、浴室や洗面所は湿気でカビが発生しやすく、よほど換気をよくして衛生面に注意しないと、家族の健康運のダウンを招きます。

最近は給湯タイプの浴槽も多くなりましたが、基本的にどの方位にあっても、浴室は凶作用が働きます。水をたくさん使う洗面所は、浴室ほどではありませんが、やはり基本的に凶相です。その中では風通しのよい東と東南が吉相です。換気と掃除を徹底して、なるべく凶作用を少なくしましょう。

吉相浴室・洗面所のチェックポイント

★方位は東か東南がベスト

東と東南は風通しがよくカビが発生しにくいので、浴室や洗面所に適した方位です。窓があって日差しがあれば、さらに吉相です。

★風通しや換気がよい

家相では空気が循環することが大切です。窓がない場合は、換気扇を回しておきます。

★ゆったりしたスペース

ゆったり手足を伸ばせる広さが必要です。洗面所と合わせて、4畳から4畳半くらいあると十分。

★明るい

薄暗いと清潔感が感じられないし、くつろげません。窓のあるなしにかかわらず、照明によって明るさが十分確保されていることが必要です。

★バスタブに残り湯がない

残り湯があるといつも大量の水気が存在することになり、水の凶作用が起こりやすくなります。湿気がカビの原因にも。

★壁や天井がきれい

壁のすみ、天井、タイルの目地、バスグッズなどは、油断するとすぐにカビが発生したり、黒ずんできたりします。

★排水口がきれいになっている

排水口は洗い流した汚れとともに厄も出ていくところ。髪の毛がたまっていたり、汚れやぬめりがあるとすっきり排出されていきません。

★バスグッズが整理整頓されている

乱雑な場所にはよいエネルギーは循環しません。シャンプーや石けんなどは置き場所が決まっていて片付けられています。

★洗面台その周辺がきれい

ブラシや石けん、化粧品などが定位置に収納され、洗面ボウルや鏡、飛び散った水がきれいに拭かれています。

★洗濯機まわりがすっきり

洗剤や洗濯物を置く場所が決まっていて、すっきり片付いていること。

こんなときどうする？
方位別アドバイス

どの方位にあっても凶作用の出やすい場所ですが、インテリアや換気に気をつけ、まめに掃除をすることで影響を少なくすることはできます。方位別の注意点を見てみましょう。

◎理想的な位置　●安心してよい位置　△やや悪い位置　×避けたほうがよい位置

方位	評価		対策
北	△	寒いエネルギーの流れる場所で湿気もあり、浴室には向きません。家族が腎臓病にかかったり、女性は冷えがひどく婦人科系の疾患に悩まされたりします。また、浮気から夫婦が不仲になることがあります。洗面所にも不向きな方位ですが浴室ほど凶作用はありません。	カビが生えると凶運を招くので、とにかく換気に気をつけて。入浴後は必ず窓を開けて換気してください。最後の人が浴槽の湯を抜いてさっと掃除をしましょう。照明は明るいものにします。
南西	×	裏鬼門に当たり、凶相になります。熱気から水が腐ったりカビが発生しやすいので、換気と排水に十分な配慮を。凶作用は女性に出やすく、主婦が消化器系の病気に悩まされることに。汚れた衣類を洗面所に放置しておくと凶作用が増します。	日差しが強く入る場合は、黄色や白のブラインドで遮光します。最後に入浴した人が湯を抜き、壁や浴槽をさっと洗い流すようにしてください。窓がない場合は使用後に換気扇を30分くらい回しておきます。
東	◎	心身ともにさわやかなエネルギーに満ちた方位。窓があればさらに吉相です。浴室で気分転換ができるでしょう。とくに中高年の人は若返りが期待できます。洗面所も風通しがよく朝日が入るようであれば、問題はありません。	東にあっても狭く暗くカビが発生しているようなら、まず掃除の徹底を。窓があるなら開けて空気と陽気を入れましょう。音と相性のよい方位なので、防水ラジオを持ち込んだり、自分で歌を歌うのも吉。洗面所も通気が悪い場合は換気扇を回してください。
東南	◎	「風」の象意を持ち、風通しのよい方位なので、浴室や洗面所があっても問題はありません。窓があればさらに吉相です。さわやかな素肌美人をつくり、若い女性は良縁に恵まれます。	東南にあっても換気が悪く臭いがこもったり、暗くじめじめしていると、風邪を引きやすかったり呼吸器系や胃腸が弱くなる凶作用があらわれます。まず十分な換気を心がけて。窓がなければ換気扇を回しましょう。洗面所も同様です。
西北	×	主人の定位なので、汚水のたまりやすい浴室や洗面所には不向き。主人の体調が悪くなったり、急な単身赴任や入院で不在になる場合は、西北の浴室の凶作用です。洗面所も洗面ボウルや洗濯機、排水口が汚れていたり、詰まっていると凶作用が生じます。	浴室も洗面所も、窓があって西日が差し込むなら、黄色系、茶系のブラインドをつけ、窓がない場合は換気をしっかりします。照明は明るくし、洗面所の鏡は大きめにしましょう。タオルはよく日光に当てたものを使ってください。
西	△	西日が強く差し込み、熱気がこもって不衛生になりやすいので、浴室には不向きです。とくに女性に凶作用があらわれやすく、不倫や恋愛のトラブルが起こりやすくなります。分不相応なぜいたくをしてしまい、お金で苦労するということもあります。	西に大きな窓があり、強い西日が入る場合は、黄色、オレンジ系、ベージュ系のブラインドでしっかり遮光を。家族の入浴後はすぐに、浴槽の湯を抜きましょう。窓を開け換気扇を回し、湿気対策を十分にしてください。鏡やカランはピカピカに磨きます。
北東	×	表鬼門に当たり、体の汚れを落とす浴室は凶。洗面所も洗濯物などをためておくとよくありません。スタミナがなく季節の変わり目ごとに体調をくずしたり、腰や背骨を痛めたりすることがあれば、凶作用のあらわれです。	静かさときれいさが北東のポイントです。掃除と換気を徹底しましょう。最後の人が浴槽の湯を抜いてさっと洗い流しておきます。照明は明るく、洗面所の鏡は大きめにします。洗面所では洗濯物が見えないように片付けましょう。
南	×	南の象意は「火」なので、多量の水を使う浴室は凶相です。高血圧や心臓病、脳梗塞、目の疾患に悩まされるおそれがあります。また、洗面所が汚れていたり湿気がこもっていると、家族の団らんが少なくなったり、主婦や女性がヒステリックになったりします。	水をくみ置きしておいたり、使用後のお湯をそのままにしておくと凶作用の原因になるのでやめましょう。また、南に窓があり直射日光が差し込むなら、青、緑系のブラインドで遮光します。風通しをよくしてカビと湿気を防ぎます。

NG!! 運気DOWNの浴室・洗面所

- ×浴槽の内側に水垢のラインがついている。
- ×前日の残り湯が浴槽にたまっている。
- ×壁や床に黒ずみやぬめりがある。
- ×床や壁のすみ、タイルの目地にカビが生えている。
- ×排水口に髪の毛が詰まっている。
- ×洗面器やイスに水垢や黒カビがついている。
- ×使わないシャンプーやリンスのボトルが置きっぱなしになっている。
- ×汚れたタオルがぶらさがっている。
- ×洗面台の上がホコリだらけで、ブラシや化粧品類が置きっぱなし。
- ×洗面台の鏡が汚れている。
- ×洗濯物がランドリーボックスからはみ出ている。
- ×洗剤や化粧品類が床に置いてある。
- ×カビや排水口の悪臭がする。
- ×窓が締め切りで湿気がこもっている。

方位別の開運グッズ

浴室の床や壁、浴槽などを方位に合った色にするのはむずかしいので、毎日使うタオルやバスマットで開運を。また、九星別の自分のラッキーカラーで統一する方法もあります。

いろいろな色をそろえて楽しみましょう。

	タオルやバスマット
北	白、赤、ピンク系
南西	赤、ラベンダー系
東	白、ブルー系
東南	白、淡いピンク、ベージュ系
西北	白、黄色、オレンジ、ベージュ系
西	黄色、オレンジ系
北東	赤、ラベンダー、ピンク系
南	ブルー、グリーン、ラベンダー系

ツキを呼ぶ
お掃除&収納術
MEMO

★浴槽
入浴後、すぐに湯を抜いて洗うのがおすすめ。スポンジに浴室用洗剤を含ませて、浴槽内をまんべんなくこすります。そのあとシャワーですすぎ、から拭きを。浴槽のふたも忘れずに。

★壁と床
入浴後で暖かくぬれている状態ならスポンジに浴室用洗剤を含ませてこすります。壁は立ったときの肩のあたりから下がとくに汚れています。タイルの目地が黒ずんでいたら、古い歯ブラシにクレンザーをつけてこすり洗いを。すすぎはシャワーで洗い流します。カビはカビとり剤を吹きかけて、15分ほど放置してからスポンジを使い洗い流します。

★排水口
入浴後、毎回さっと洗っておくのがコツ。排水口のふたをはずし、目皿の髪の毛を取り除き、古歯ブラシなどでこすってぬめりを洗います。ふたも汚れていたら洗っておきます。1週間に1度ぐらいは、すべてのパーツをはずしてこすり洗いを。さらに月に1度は排水パイプ用の洗剤を使って、詰まらないように掃除しましょう。

★洗面器・イス
スポンジを使ってこすり洗いを。黒ずみや水垢などのしつこい汚れは、ティッシュペーパーを貼りつけ、中性洗剤か塩素系漂白剤をかけて1時間ぐらい置きます。貼っておいたティッシュペーパーでこすって、水で十分すすぎます。裏側の汚れもチェックして。

★換気扇
カバーをはずしてざっと洗い流しておいてから、浴室用洗剤を含ませたスポンジでこすり洗いを。細かい溝の間などは古歯ブラシを利用。すすいでから水気を拭き取ります。ファンがはずせるなら、一緒に洗いましょう。

【浴槽】

浴槽の材質にはヒノキ、プラスチック、ステンレス、ホーローなどがありますが、自然のパワーを受けられるヒノキがおすすめです。プラスチックは汚れがつきやすいので、念入りに掃除を。汚れをそのままにしておくと凶作用のもと。ステンレスはピカピカに磨いておくといいでしょう。材質はどんなものであれ、残り湯を張っておくのはよくありません。入浴後に湯を抜いて洗うようにしましょう。

【バスグッズ】

洗面器、イスなどもヒノキがいいでしょう。使用後は洗って、斜めに立てかけて水分を切り、ときどき日に当てるようにしましょう。プラスチック製のものは汚れがつきやすいので、ていねいに洗ってください。

【タオル類】

方位に合った色や自分のラッキーカラーのタオルを使って運気のアップを。どんなものでも汚れていたり、あまりにも古くなって傷んでいるものは逆効果。まめに洗濯をしてよくお日様に当てて乾かし、傷んだら新調しましょう。

【バスマット】

浴室の水の気をほかの部屋に持ち込まないようにするために必要です。方位に合った色やラッキーカラーのものを。敷きっぱなしにしないで、3日に1度は洗濯をして、よく日に当てましょう。

【石けん】

よい香りのものが吉。自分の好きな香りを選ぶのがいいでしょう。いい加減に放置しておくと、溶けたり石けんカスがタイルにこびりついたりして見苦しくなります。ソープディッシュに置いて、最後まできれいに使いましょう。

【シャンプー類】

浴室の床にじかに並べず、棚やラックに整理して置きましょう。プラスチック製のボトルは汚れやすいので、使ったあとに水でさっと洗う習慣を。使用頻度の低いものや試供品などは、浴室の外に収納場所をつくりましょう。

【鏡】

浴室にあるとシャンプーや石けんのはね、水垢、ホコリなどで汚れやすいもの。汚れがひどいときはクリームクレンザーを含ませたスポンジでこすり洗いをして水で洗い流し、から拭きをします。

【照明】

ただ明るいだけでなく、温かみのあるやわらかい光のものだとリラックスできるでしょう。天井と接している部分などはカビが発生しやすいので、電灯を交換する際に拭きましょう。

【花・観葉植物】

植物は浴室の水の気のダメージをカバーしてくれます。小さな鉢植えを置いたり自分のラッキーフラワーを浴室内のホームグラウンドに飾るのもよいでしょう。

ツキを呼ぶ お掃除&収納術 MEMO

★洗濯機まわり

床に置いてある洗剤や漂白剤などは、棚などに収納しましょう。洗濯機と壁とのすき間に置けるラックもあります。ゴム手袋などの小物は、マグネットつきのタオルかけを洗濯機につけて、かけて収納すると片付きます。

運気UP!! 幸運を招く浴室・洗面所づくり

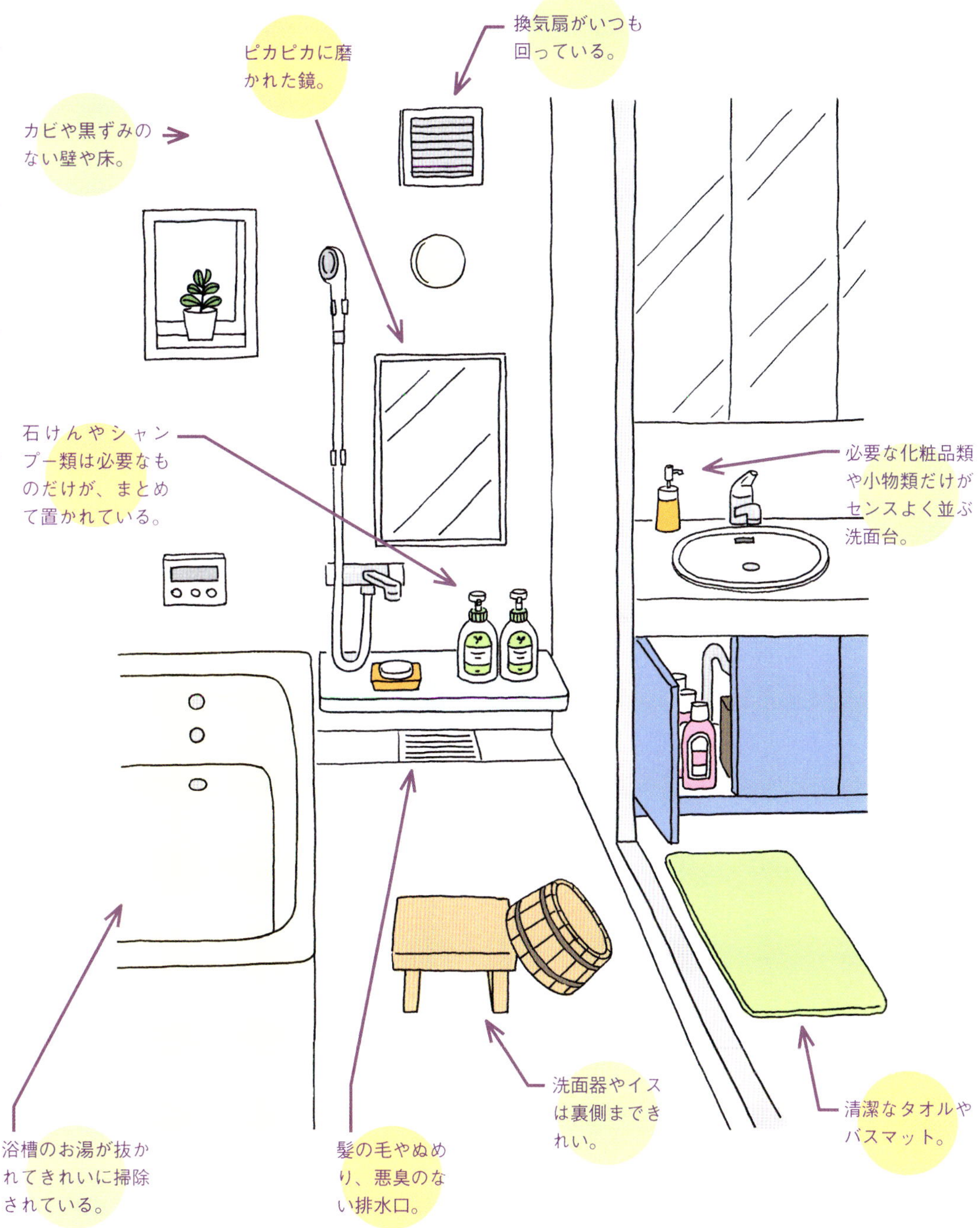

換気扇がいつも回っている。
ピカピカに磨かれた鏡。
カビや黒ずみのない壁や床。
石けんやシャンプー類は必要なものだけが、まとめて置かれている。
必要な化粧品類や小物類だけがセンスよく並ぶ洗面台。
洗面器やイスは裏側まできれい。
清潔なタオルやバスマット。
浴槽のお湯が抜かれてきれいに掃除されている。
髪の毛やぬめり、悪臭のない排水口。

寝室

静かで落ち着くことが安眠の条件

寝室は眠ることで心身の疲れを取る場所。静かで落ち着いたところにあるのがいちばん大切です。うるさくて寝つけなかったり、何度も目が覚めたりするようでは、翌日に支障が出るばかりでなく健康によくありません。

また、最近の住宅は気密度が高く、カビが発生しやすくなっていたり、内装資材から放出される化学物質も心配です。通風、換気がよいことがますます重要になっています。

寝室は水や火を使わないため、凶相の方位が少ない間取りですが、よく方位の意味を理解して、さらに運気をアップさせるようにしましょう。

吉相寝室のチェックポイント

★方位は東、東南、西北、北が吉
風通しがよく、朝日が当たる方位として東と東南が吉。西北と北は夜を意味する方位で熟睡できるため、寝室に適しています。

★風通しがよい
人は寝ている間にもコップ1杯の汗をかくといわれています。健康の面からも、宇宙のエネルギーの循環ということからも、風通しがよいことが重要です。

★静かで落ち着ける
ぐっすり眠るには静けさと暗さが大切です。昼間はにぎやかでも夜は静かで落ち着ける環境が適しています。

★1階にある
汚れた空気は上昇するので、寝室は2階よりも1階にあるほうが適しています。

★ゆったりした広さがある
スペースにゆとりがあると、寝ている間によいエネルギーを十分に受けることができます。

こんなときどうする？
方位別アドバイス

寝室は火や水を使わないので、凶相の方位は比較的少ない間取りです。方位の特徴を理解し、だれが使うかということも考えて運気を上げる寝室にしましょう。

◎理想的な位置　●安心してよい位置　△やや悪い位置　×避けたほうがよい位置

北	◎	北は真夜中を意味する方位です。象意に「睡眠」があるように、寝室に向いています。頭が冷えて熟睡することができます。「生殖器」に象意があるため、夫婦の寝室にすれば子宝に恵まれます。	陰のパワーが強い方位なので、インテリアや寝具は暖色系でまとめるといいでしょう。北風が当たるので、寒さ対策として冬は雨戸を閉め、カーテンは厚手のものにするのがおすすめです。テレビやオーディオなど音の出るものは東に置くと活力が増して吉。
南西	●	眠るだけならよいのですが、目が覚めたときに倦怠感の出やすい方位です。また、主婦の定位に当たるので、主人の寝室にした場合は、仕事よりも家庭を優先させて、仕事への意欲を失ってしまうことがあります。	フローリングよりも畳が向く方位です。畳の自然の気を受けられるように、カーペットを敷き詰めないほうがいいでしょう。西日が強く差し込む場合は、黄色やベージュ系のカーテンや障子でしっかり遮光してください。
東	◎	大吉の方位です。疲労が取れてやる気が満々となります。とくに若い人に向く方位で、次々にアイデアが浮かび成功を収めるでしょう。年配の人が使っていると、いつまでも気が若く、ファイトがわきすぎる傾向があります。	東は厚手のカーテンでしっかり遮光しないと熟睡できません。音と相性のよい方位なので、テレビやオーディオを東から南に置くといいでしょう。若い人はインテリアを派手にするのが吉。年配の場合は寒色系でまとめると落ち着きます。
東南	◎	朝日が当たり、風通しがよい方位なので健康になります。だれが使ってもよい寝室で、すべてが順調に運ぶでしょう。ただし、部屋の東南が欠けていたり、悪臭がするのはよくありません。風邪を引きやすく腸が弱いのは凶作用のあらわれです。	家具や押入れの配置を工夫して欠けを補うようにしてください。木と相性がよい方位なので、ベッドなどの家具をムク材のものに。「風」の象意があるので、エアコンの掃除をまめにしてきれいな風が出るようにしましょう。ポプリやハーブ類のよい香りも吉。
西北	◎	夜の方位なので寝室に適しています。「太陽、充実」の象意があり、エネルギーの源となる方位です。主人の寝室には最適です。また、中年以降の夫婦にも吉。仕事運や事業運に恵まれ、年を重ねるごとに大きなパワーを吸収することができます。	いつもきれいに掃除をしておくことが必要です。散らかっていると一気に凶相となります。インテリアは高級感のあるものが吉。カーテンはどっしりしたものに。カーペットは毛足の長いものがいいでしょう。部屋の西北に主人のものを置くと運気がアップ。
西	△	「金銭」や「悦楽」の象意がある方位です。ここに寝室があると精神的に怠惰になり、金遣いが荒くなったり、遊び好きになったりするおそれがあります。大きな窓があると、西日の強すぎるエネルギーを受けることになります。	西が壁でふさがっているのが理想的ですが、窓がある場合はカーテン、障子などでしっかり遮光を。インテリアは洋室でも和室でも落ち着いた感じにします。家具は重厚感のあるものが吉です。
北東	△	鬼門に当たり吉凶ともに変化の激しい方位です。欠けや張り、大きな窓があるのは凶相です。気持ちにムラが生じ、ゆっくり寝てリフレッシュすることができません。季節の変わり目に体調をくずしたり、腰や背骨が痛むのは、北東の寝室の凶作用です。	大きな窓は、雨戸があるならしっかり閉め、ないならば二重のカーテンをしてください。和室がよく、落ち着いたインテリアが向いています。押入れの中を汚すのは凶。寝室で使わないものはほかの場所に収納して、いつも整理整頓を心がけましょう。
南	×	南のエネルギーが強烈なので寝室には向きません。夜更かし型の生活になりやすく、落ち着かないため精神不安やうつ病に悩んだり、高血圧や狭心症などの心臓の病気、脳梗塞などの頭部の病気にかかることがあります。	エネルギーを抑えるために、南側の窓にはしっかり遮光できる雨戸やカーテンが、北側には風抜きのできる窓やドアが必要です。それがない場合は、インテリアを寒色系でまとめましょう。真南に熱帯魚などの水槽は置かないでください。

NG!! 運気DOWNの寝室

- ×玄関、トイレ、リビング、キッチンなど、人の出入りが多い場所の隣で落ち着かない。
- ×リビングと兼用になっているなど専用の部屋がない。
- ×大きな道路に面しているなど騒音がある。
- ×湿気が多く、押入れの中にカビが発生している。
- ×窓がない。あっても、窓を開けないため空気がよどんでいる。
- ×窓に雨戸やカーテンがない。
- ×部屋の中がホコリだらけ。
- ×ベッドの下に不要品があったり、ゴミ、ホコリがたまっている。
- ×脱いだ服が散らかっている。
- ×クローゼットの中がゴチャゴチャ。
- ×ベッドの寝具が乱れたまま。畳の場合はふとんが敷きっぱなし。

方位別の開運グッズ

方位別のラッキーグッズを寝室に飾って運気をアップさせましょう。

北	人形、ネコやペンギン、イルカの置物、洋酒のミニチュアボトル
南西	ヒツジの置物やぬいぐるみ、陶磁器の花びん、コットンのカバー類
東	ウグイスやヒバリなどさえずる小鳥の置物、おしゃれなスリッパ、CDプレーヤー
東南	竜の置物や絵、木彫りの置物、香水や匂い袋
西北	イヌの置物やぬいぐるみ、オルゴールつきジュエリーボックス、時計、真珠
西	トラやトリの絵や置物、ゴールドのアクセサリー、ミニチュアの楽器
北東	ウシ、ライオン、キリンなどの置物や絵、くさり状のアクセサリー
南	金魚やクジャクの置物や絵、本、鏡

ツキを呼ぶ お掃除&収納術

MEMO

★ホコリに注意

布製品が多く服を脱ぎ着する寝室は、ホコリが立ちやすい場所です。ベッドの下や壁との間、チェストや置物の上、照明のシェードなど、ホコリのたまりやすいところに注意して掃除を。

★カーテンも掃除する

広げて掃除機をかけるようにします。家で洗える素材なら、半年に1度は洗濯機で丸洗いを。カーテンレールの上は、ホコリを払ってから水拭きし、から拭きします。

★カーペットのゴミを取る

まず掃除機を一方向だけ前後にかけます。そのあと向きを90度変えて、もう一度かけます。十字に掃除機をかけることで、カーペットの毛にからまったゴミを吸い取ることができます。さらに1~2カ月に1回、中性洗剤を使って拭き掃除を。そのあと窓を開けて、湿気を追い出すのを忘れずに。

★ベッドの下は何も置かないのが基本

ベッドの下に不用品をためておくのは凶。よいエネルギーがめぐるさまたげになります。引き出しつきのベッドには、清潔なものを整理して収納しましょう。

★脱いだ服はすぐハンガーにかける

コートやジャケット、セーターなど、脱いだ服はイスの背やベッドに置かずに、すぐにハンガーに。とりあえず場所を決めてかけておき、寝るときにクローゼットに戻す習慣を。「とりあえず」がそのままになってしまわないようにしましょう。

★寝具は起きたときに整える

ふとんは、たたんで押入れなどに収納します。寝具が乱れたままだとよくない気が充満します。

【ベッド】

自然のパワーを受けるという意味で木製が吉。スチールパイプ製は、陰の気が強すぎるのでよくありません。ベッドの下は基本的には何も置かず、ホコリやゴミがたまらないようにします。引き出しつきの場合は、きちんと整理して使いましょう。


【ふとん】

畳自体がよい気を持っているので、直接ふとんを敷いて寝るのが吉。ただし、敷きっぱなしは凶です。起きたら押入れに収納し、週に1度は天日に干して乾燥させましょう。


【枕】

大きめのものが吉。枕カバーはこまめに洗濯して清潔にしておくのが基本です。北枕はよくないといわれていますが、家相から見ると大吉です。北に頭を向けると落ち着いて寝ることができ、健康に恵まれます。


【押入れ・クローゼット・タンス】

南、南西、西は日が当たるので凶。不用品を処分して整理整頓して使うのが基本です。押入れやウォークインクローゼットが外壁面に接してある場合は、部屋とは見なされず欠けになります。


【ドレッサー】

ドレッサーは基本的に東南が吉です。鏡はいつもピカピカに磨いておきましょう。


【照明】

寝室に日が当たらず、天井の照明だけでは物足りない場合は、窓のそばにスタンドなど部分照明を置きましょう。


【時計】

目覚まし時計を置くのは部屋の東が吉。東は音と相性のよい方位だからです。オーディオやテレビも東に置くとよいアイテムです。


【花・観葉植物】

花や観葉植物は寝室にも置きたいものです。自分のラッキーフラワーを部屋のホームグラウンドに飾ると運気がアップします。


【香り】

神経を落ち着かせリラックスさせるのに、アロマテラピーが有効です。ラベンダーのアロマオイルを枕カバーに1滴たらしたり、ティッシュなどにしみ込ませて枕元に置くのが手軽です。アロマオイルはそのまま肌につけないようにしてください。

ツキを呼ぶ お掃除&収納術 MEMO

★寝具はまめに洗濯と乾燥を
湿気のたまった寝具は健康によくありません。週に1度はシーツなどの洗濯をして、ふとんは日に当てるか、乾燥機で乾燥させましょう。

★押入れのカビを退治する
カビ取り用洗剤を吹きかけておいて拭き取るのがいちばん手軽。掃除のあとは、戸を開けておいてよく乾燥させます。カビを予防するには、毎日なるべく戸を開けておいて換気すること。床と壁の三方にすのこを置いて荷物との間に空気の流れをつくるのが有効です。

運気UP!! 幸運を招く寝室づくり

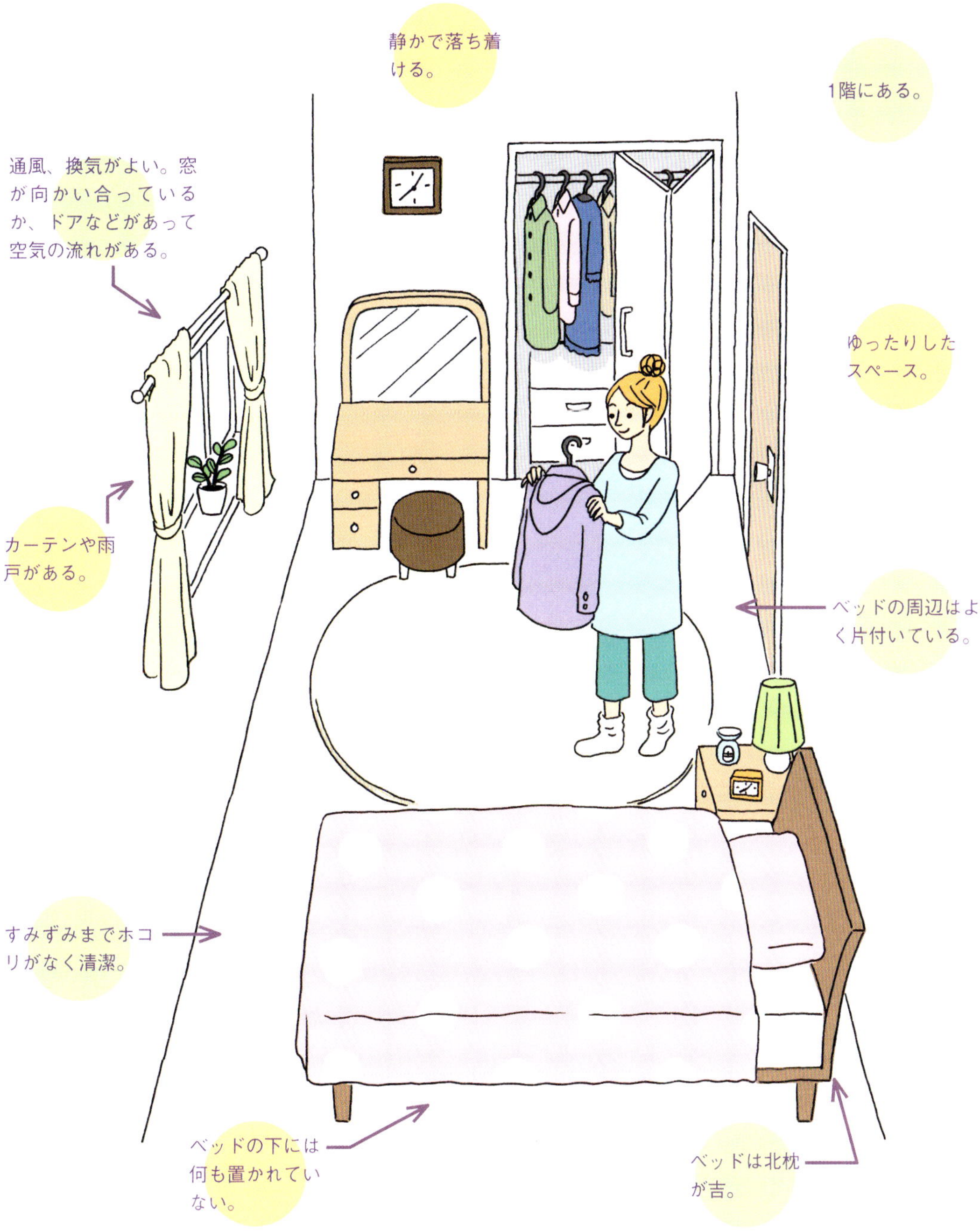
静かで落ち着ける。
1階にある。
通風、換気がよい。窓が向かい合っているか、ドアなどがあって空気の流れがある。
ゆったりしたスペース。
カーテンや雨戸がある。
ベッドの周辺はよく片付いている。
すみずみまでホコリがなく清潔。
ベッドの下には何も置かれていない。
ベッドは北枕が吉。

書斎

じっくりものを考える場所

　書斎は、じっくりと仕事や勉強、読書などをする場所。何よりも静かで落ち着ける空間であることが大切です。そのためには、周囲の影響を受けず、いつでも遠慮しないで使えることが必要です。

　また、集中するには、日差しが強く差し込んだり、湿度の高い場所は不向きです。

　昨今の住宅事情では、独立した書斎をつくるのはむずかしいですが、落ち着いて仕事や勉強に取り組める書斎を持つことで、仕事運がアップします。吉相位にあるのがベストですが、ほかの場所でもインテリアを工夫して、凶作用を少なくするようにしましょう。

吉相書斎のチェックポイント

★方位は北、西北がベスト
静寂を意味する北は、書斎にぴったりの方位です。西北も集中力が高まります。また、西北は主人の定位なので、主人専用の部屋を置くのに適しています。

★周囲の影響を受けない
話し声やテレビの音、洗濯機や食器洗浄機の音が響いてこないほうが、仕事や勉強、読書に集中することができます。

★周囲に遠慮をしないで使える
仕事や勉強の時間帯は、どうしても夜遅くになりがちです。いつでも家族に気がねをしないで使えることが重要です。

★日差しが強く当たらない
日当たりがよすぎて温度の上下が激しい場所は、集中力が持続しにくく落ち着きません。

★デスクのまわりがきちんと片付いている
デスクや本棚などが使いやすい配置になっていると、片付けもしやすく、仕事や勉強の能率が上がります。

★独立した部屋である
スペースの関係からリビングや寝室など、ほかの部屋と兼用の場合が多いですが、独立していたほうが集中できます。

こんなときどうする？

方位別アドバイス

書斎は静かで落ち着けることがいちばん。適した方位も人の集まるリビングなどとは、趣がちょっと違います。吉相位でなくてもインテリアの工夫で能率の上がる部屋にしましょう。

◎理想的な位置　●安心してよい位置　△やや悪い位置　×避けたほうがよい位置

北	◎	冷静さと落ち着きの必要な書斎には最適の方位です。南や東側につくられることが多いリビングと、少し距離を置くこともできます。しかし「孤独」の象意があるので、こもりっきりになると、家族から孤立するおそれが。寒い方位なので、冷え対策は万全に。	北に面した窓は安定した採光を得られますが、それほど大きくないほうがいいでしょう。冷え冷えした雰囲気になりがちなので、インテリアは暖色系でまとめましょう。
南西	×	南西に大きな窓があると、午後に強い日差しが入って夜になっても熱気がこもり、風通しもよくないので暑さが残ります。落ち着かないため書斎には向かない方位です。「主婦」や「母」の象意があるので、女性が作業をする部屋には向いています。	窓には黄色、ベージュ、オレンジ系のブラインドやカーテンをつけて、しっかり遮光します。
東	●	朝日が当たり活気にあふれる方位です。とくに、午後以降に使うのに適しています。「進む」「震う」という象意があるので、東に吉相があると新しいアイデアが出てきて、仕事にもプライベートにも発展があります。	午前中は日当たりがよすぎて落ち着きません。ブルーなど寒色系のブラインドやカーテンで遮光しましょう。音楽を聴きながら仕事をしたいなら、オーディオ機器は音と相性のよい東に置きます。
東南	×	さわやかなエネルギーの満ちる方位で頭はさえます。しかし、午前中から午後にかけて日差しが強く入るため、なかなか落ち着いた気分になれません。夕方から夜にかけて使うのがいいでしょう。	風通しが重要ポイント。窓は大きめのほうがよいのですが、日差しが強すぎる場合は遮光しましょう。木と相性がよいので、本棚やデスクは木質のものを。風通しも日当たりもよくないなら、花や観葉植物を置きましょう。
西北	●	日差しで気分が落ち着かないということがなく、集中力が高まる方位なので、書斎に向いています。また、主人の定位なので、主人専用の部屋を置くのは吉。仕事運が開け、才能を発揮することができるでしょう。	北側に窓があると安定した光が得られます。窓は小さめのほうが吉。デスクは木質のものを。インテリアは茶系でまとめると落ち着いて吉。ブラインドやカーテンは黄色、ベージュ系がいいでしょう。
西	×	西日が当たるため落ち着きません。室温の変化の激しい方位で、健康に悪影響を及ぼすおそれがあります。疲労感が取れず、肉体的にも精神的にもがんばりがきかないようであれば、西の凶作用が考えられます。	西日は白、黄色系のブラインド、カーテンで遮光します。部屋の外に木を植えるのもいいでしょう。デスクはムク材の重厚な感じのものが吉。スタンドやペン立てなどを真鍮製の光るものに。水槽は置かないようにしてください。
北東	△	読書や考えごとをするにはよい方位です。ただし、象意に「変化」があるので、じっくり取り組むのには向いていません。日当たりや風通しが悪いと凶相になりがち。季節の変わり目に体調をくずしやすかったり、背骨や腰が痛むのには北東の凶作用が考えられます。	寒い方位なので冬の寒さ対策が必要です。北東に大きな窓があるなら、早い時間に雨戸やカーテンを閉めたほうがいいでしょう。また、鬼門に当たる方位なので、掃除をしていつもきれいに使うようにしましょう。
南	×	「才能」や「知恵」に関係の深い方位ですが、じっくりと仕事に取り組んだり勉強したりするには不向きです。強すぎる太陽の気が夜になっても残り、落ち着きを失わせるので、かえってストレスがたまることになります。	南の窓は強すぎる日差しを防ぐことが大切です。しっかり遮光できるブラインドやカーテン、雨戸と、北側には風抜きが必要です。窓辺にデスクを置くのは避け、ブルーやグリーンの寒色系を中心としたインテリアにしましょう。

運気DOWNの書斎

×人の話し声やテレビの音がうるさくて集中できない。
×寝室の一部で夜遅くは使えない。
×窓際にデスクがある。
×天井に照明があるだけで薄暗い。
×日当たり、風通しが悪くじめじめしている。
×カビくさい。
×太陽の熱気がこもっている。
×デスクの上に本や書類が山積み。
×床に古い新聞や雑誌が積んである。
×書棚が本であふれている。
×床がホコリだらけ。

方位別の開運グッズ

書斎に合った方位別のグッズを置いて開運しましょう。

北	万年筆、ボールペン、洋酒のミニチュアボトル
南西	陶磁器の花びん、実用的な腕時計、コットンのクッションカバー
東	おしゃれなスリッパ、CDプレーヤー、背の低い観葉植物
東南	すべての鳥類、チョウ、トンボ、飛行機
西北	時計、パソコン、オルゴール
西	金貨のついたもの、金貨のデザイン、鈴、ミニチュア楽器
北東	ウシ、シカの置物や絵、竹細工、くさり状の小物
南	書籍、地図、文具

ツキを呼ぶ お掃除&収納術 MEMO

★ファイリングを習慣に

書類や資料、新聞、雑誌の切りヌキなどは、書類用のトレイを用意して、一時的にそこに入れておきます。週に1日ファイリングをする日を決めて、まとめて整理。ファイリングしたものも、半年に1回ぐらいは見直して、不必要なものを処分しましょう。

★新聞はその日のうちに整理

取っておきたい記事は、すぐに切り取って日付を入れて、ファイリング用のトレイへ。読み終わった新聞は置き場所を決めて積み重ね、リサイクルの日に出しましょう。

★書棚の棚卸しをする

手元に置いておく基準を決めて、定期的に処分するようにしましょう。捨てるのにしのびない場合は図書館に寄贈したり、古本として流通させて。

★ダイレクトメールは来たときに仕分けを

リサイクル用のゴミ箱を用意しておいて、ダイレクトメールや通販の冊子は、郵便受けから取ってきた時点で不要なものを処分します。請求書、領収書などの必要なものはファイリングを。

★引き出しの区画整理をする

何がどこに入っているか、ひと目でわかるようにします。100円ショップやホームセンターなどで売っている小物ケースをいくつか組み合わせて、引き出し内をざっくりとしきるのがおすすめ。整理する時間を取れない人は、引き出しを開けるたびに不必要なものを1つ処分するようにしましょう。

★デスクの上を片付ける

同じ種類のものはデスクの上に置かずに、ひとまとめにして収納しておきましょう。粗品のボールペンなどは、もらわないようにするのも、物をためない方法のひとつです。

【デスク】

木質系で大きめのものが吉。デスクに向かって左側に窓があると、さらにいいでしょう。イスは腰痛にならないように、体に合った大きさのものを選びましょう。


【書棚】

デスクの背面に置くのが吉。木質系のものがいいでしょう。上段には小さく軽い本、中段はよく見る本、下段には大きく重い本を並べると、使いやすく安定感があって安全。


【照明】

天井の照明だけでなく、目のためにデスクの前に必ず置きましょう。目がちらつかないインバーター式がいいでしょう。


【文房具】

気に入ったものを集めるのが吉。楽しく仕事や勉強に取り組めるので、能率がアップします。

ツキを呼ぶ お掃除＆収納術 MEMO

★AV機器のコードを整理する

コードがからまり合っていると、見た目が悪いし、トラブルが起きたときや買い替えのときに、何がどれかわからなくて困るもの。長くて持てあましているコードは、市販の巻き取りグッズを使ってすっきり。機器の名前を食パンの袋についているプラスチッククリップに書いて、コードを穴に通しておくと便利です。プラグやタップにたまったホコリは火災の原因になるので、まめに拭き取りましょう。

★パソコンを掃除する

ディスプレイと本体は乾いた布で拭きます。液晶画面はデリケートなので注意してください。キーボードは中性洗剤を薄め、ぞうきんを固く絞って拭きます。キーとキーの間はめん棒を使って。その後、水で絞ったぞうきんで洗剤分を拭き取ります。水がキーボード内に入ると故障の原因になるので、こぼさないように注意を。

★エアコンのフィルターを洗う

汚れた空気が循環しないように、フィルターの掃除はまめにしましょう。水洗いをして、さっと拭いて干すと手っ取り早くきれいになります。

運気UP!! 幸運を招く書斎づくり

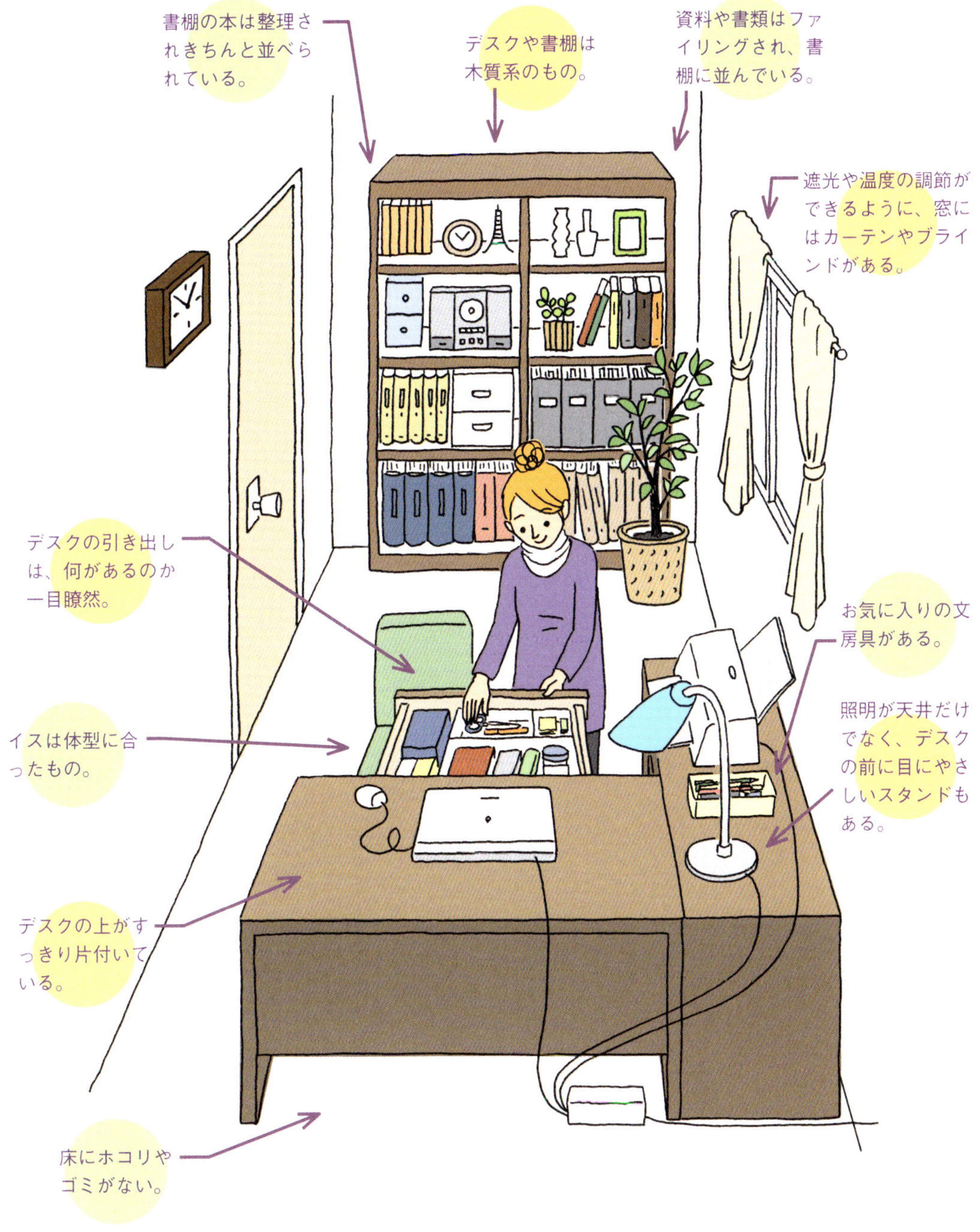
書棚の本は整理されきちんと並べられている。
デスクや書棚は木質系のもの。
資料や書類はファイリングされ、書棚に並んでいる。
遮光や温度の調節ができるように、窓にはカーテンやブラインドがある。
デスクの引き出しは、何があるのか一目瞭然。
お気に入りの文房具がある。
イスは体型に合ったもの。
照明が天井だけでなく、デスクの前に目にやさしいスタンドもある。
デスクの上がすっきり片付いている。
床にホコリやゴミがない。

子ども部屋

成長に応じて方位の吉凶が変わる

子ども部屋は成長に応じて方位の吉凶が変わります。たとえば、小さいときは日当たりのよい東、東南、南が吉相ですが、中・高校生になると、これらは集中力に欠ける方位となり、落ち着いて勉強に取り組める北が吉方位です。

インテリアは安全性と成長を見越して考えましょう。クロスはシックハウス症候群にかからないように安全な材料を選び、大きくなってから張り替えなくてもすむシンプルな色、柄を選ぶのがおすすめです。

子どもは自分で換気をしたり、明るさに注意を払ったりしないので、環境を整えてあげることが大切です。

こんなときどうする？ 方位別アドバイス

◎理想的な位置　●安心してよい位置　△やや悪い位置　×避けたほうがよい位置

北	△	日が当たらないので、本来は子ども部屋には不向きですが、集中しなければならない受験期には最適。気持ちが落ち着いてイライラしません。	どうしても暗く寒い部屋になりがちなので、照明器具と暖房には気をつけてあげましょう。天井の蛍光灯で部屋全体を明るくし、デスクの上が影にならないようにスタンドの方向に気をつけましょう。
南西	×	学校から帰ってくる時間帯に西日が当たり、暑くなります。勉強に集中しにくい方位です。また、裏鬼門に当たり、胃腸が弱く持続力に欠けるのは南西の凶作用です。	西日をブラインドやカーテンで遮光します。涼しさを感じるように寒色系のインテリアに。換気扇があると、冷房をかけて部屋を閉め切っても換気ができるので安心です。
東	◎	空気が新鮮でエネルギッシュな場所なので、子ども部屋には最適です。リーダーシップを発揮して、学校でも中心的な人物となります。	男子、とくに長男に向く方位です。天井と壁はグリーンやベージュ系が吉。
東南	◎	朝日が入り気持ちよく起きられ、夕方もそれほど気温が上昇しないので、子どもの生活時間から考えても最適な方位です。	女の子によい影響のあらわれる方位です。東南の日差しは殺菌効果が期待できるので、ぬいぐるみなどは積極的に日に当てましょう。デスクは直射日光の当たらない場所に。
西北	●	リーダーシップを強く発揮する子どもに成長します。しかし、かなり気位が高く強情な面もあります。勉強は要領よくこなすでしょう。	日が当たらないので暗く小さいころには不向きですが、中学生以上になると生活時間が夕方以降になるので問題ない方位です。目に負担のかからない明るめの照明にしましょう。
西	×	西日が差し込むので暑く、落ち着きません。趣味や遊びに熱中して勉強はおろそかになりがちです。	西日を遮光し、風通しをよくして涼しくする工夫を。インテリアは寒色系にして、照明も蛍光灯にしたほうが涼しく感じます。
北東	×	表鬼門に当たり、ここに子ども部屋を設けると、忍耐力に欠け気分にムラのあるわがままな子どもに育ちます。	暗く寒い方位なので、照明には気をつけましょう。インテリアは寒色系のほうが集中できるので、暖色系にする場合は、淡い色調にとどめておくのがおすすめです。
南	◎	太陽の光が十分入り、エネルギッシュな子どもになります。ただし気分が落ち着きません。	落ち着いて勉強をさせたいなら、部屋の中心から見て北側にデスクを配置しましょう。インテリアはブルーやグリーンの寒色系が吉。

運気UP!! 幸運を招く子ども部屋づくり

シックハウス症候群にならないように、健康によい材料を使っている。

部屋全体が明るくなる照明をつける。目によいインバーター式を。

壁のクロスは男の子ならグリーン、ブルー、ベージュ系、女の子ならベージュ、アイボリー、ピンク、オレンジ系が吉。成長したときのことを考えて、キャラクターものや派手なプリントは避ける。

常に風を通して換気をする。風通しがよくない場合は、換気扇を取りつけたり、空気清浄機を設置する。

デスクを北側に配置する。デスクとイスは成長してからも使えるようにしっかりしたものを選ぶ。

BOOK
ぬいぐるみや寝具はまめに日に当てる。

フローリングでもカーペットでも掃除が行き届いていてホコリがない。

和室

通風と換気に注意する

居間として和室を使う場合は、掘りごたつや縁台などを取り入れて、くつろげる空間にしましょう。いちばん注意することは通風と換気。昔と違って今の家は気密性が高いので、湿気があると自然素材の畳はカビやダニが発生しやすくなります。

昔ながらのいぐさの畳には空気をきれいにする力があるといわれています。畳の上にカーペットを敷くのは、カビやダニ発生の原因になるうえ、いぐさの自然のパワーをもらうことができないのでやめましょう。

室内が暗いと敷居につまずいて転ぶことがあるので、自然の採光が十分でないときは、照明を明るめに。敷居の段差をなくすことも大切です。

東南と西北が吉

くつろぎの空間として東南の和室は大吉。陽光が入って乾燥するうえに紫外線による殺菌効果が期待できるため、畳にとってもよい環境で和室のよさを生かせます。

西北は日当たりがよいとはいえませんが、北東ほど寒くなく、また南西ほど暑くなくて、1年を通じて比較的温度の変化が少ない方位。和室には吉。ただし、西に大きな窓があり西日が強く差し込む場合は、よしずなどで遮光する必要があります。

床の間で「和」を楽しむ

床の間の起源ははっきりとはわかっていません。昔は仏壇を置くためでしたが、今では掛け軸や生け花、骨董などを飾り、季節を楽しむ場所として、日本の住宅には欠かせないものとなっています。違い棚や書院窓のある本格的な床の間でなくても、和のインテリアや季節の飾りつけをして楽しみましょう。

床の間は西に設けて東に向けるか、北に設けて南に向けるのが理想的です。

神棚と仏壇は北が最適

祀り方が悪いとよくないのではと心配する人がいますが、神棚と仏壇を置いて祀ると運気は開けます。

祀るのによい方位は、聖なる北および西と西北です。西の場合は東に向け、西北の場合は東南に向けます。太陽のほうを向けるのが正しい祀り方ですが、仏壇は東に置いて西に向けるのも吉。

避けたいのは鬼門に当たる北東、裏鬼門に当たる南西です。また、南に置いて北に向けるのは凶相となります。不浄なトイレの隣も避けましょう。

運気UP!! 幸運を招く和室づくり

床の間には四季の花や、季節にふさわしい置物が飾られている。
風通しがよい。
十分な明るさがある。
敷居に段差がない。
畳が乾燥していて清潔。
カーペットなどが敷かれていない。

窓

住みやすさに影響する

窓の役割は外部と空気の交換をし、明るさを取り入れること。風通しがよく明るい家は吉相です。空気とともによい運気も入ってきます。

通風、採光をよくするには窓の方位と大きさが重要。東と西というように対面にないと空気は流れません。大きすぎると「開き」の凶作用があらわれ、裏鬼門の南西に大きな窓がある場合、夏の午後は非常に暑くなります。

また、位置によっては防犯上危険になったり、隣の家の中が見えたりして落ち着かないということがあります。窓は住みやすさに大きく影響を及ぼすので、引越しなどのときは方位や大きさ、位置を必ずチェックしましょう。

吉相窓のチェックポイント

★方位は東、東南、南
朝から昼にかけて陽光が入る東と東南、およびたっぷりと陽光が入る南が吉。紫外線には殺菌効果があり、空気もきれいになります。

★対面に窓や出入り口がある
東には西、東南には西北と対面する側に窓や出入り口があると、空気が流れます。

★大きすぎない
大きすぎると運気が流出するので凶。方位によっては日差しが入りすぎて暑かったり、逆に北風が当たって寒かったりします。

★安全な位置についている
塀や大きな木のそばや、人目につきにくいところに窓があると、空き巣に狙われやすくなります。このような位置にないことが重要です。

★隣の家の窓とずれた位置にある
窓が向き合っていると、隣の家の中が見えて互いに落ち着かず、また火災の際は窓から火が入って燃え移ることに。

こんなときどうする？
方位別アドバイス

窓から入る日差しや風は、隣接する家や道路の状況によっても左右されます。窓のある方位の特徴をつかんで、快適に暮らせるように工夫しましょう。

◎理想的な位置　●安心してよい位置　△やや悪い位置　×避けたほうがよい位置

北	△	夏は南から入る風の排気口として必要です。冬は寒気の侵入口となるので、密閉性があるほうが吉。雨戸やカーテンをしっかり閉めましょう。
南西	×	裏鬼門に当たり、閉塞しているのが吉相。ここに窓があると、夏の午後は日差しが強烈で、かなり暑くなります。外に木が植えられていたり、よしずなどの日よけを置くことができると遮熱に役立ちます。
東	◎	朝日が当たり紫外線の殺菌効果が期待できます。夏は早朝から暑くなりますが、日が当たらなくなる午後は風がよく通ります。大きい窓は凶。
東南	◎	たっぷり陽光が入り、風通しのよい方位。紫外線の殺菌効果が期待でき、よく乾燥するため空気も清浄になります。暑い季節はカーテンやよしず、すだれなどで遮光、遮熱をしましょう。大きい窓は凶。
西北	△	南西ほど暑くはなりませんが、西日が当たる場合は温度が上がります。冬は北風が当たって寒い方位です。できれば壁で閉塞しているのが吉相。
西	△	東の窓の排気口として設けます。西日が入ると夏はかなり暑いので、小さい窓が吉。西日は、カーテンやよしず、すだれなどで防ぎましょう。
北東	×	鬼門に当たり、壁で閉塞されているのが吉相。窓があってもあまり日は差し込みません。ここにしか窓がない場合は薄暗く寒い部屋になります。照明で明るさを確保し、暖房対策を立てましょう。雨戸があれば必ず閉めて。
南	◎	吉相の方位です。夏は太陽の位置が高いため、昼間は思いのほか直射日光が入らず、大吉となります。太陽の位置が低い冬は、部屋の奥まで陽光が入って暖かく過ごせます。ひさしが深くついているとなお吉相です。ただし、大きすぎないように。

出窓は位置や大きさをよく考えて

出窓は室内から見ると空間が広く感じられるし、自分なりの演出が楽しめるうえ、外観もおしゃれに見えるため人気があります。しかし、必ずしもいいことばかりではありません。

ひとつはガラスの面が多いため、北や北東の北風が強く当たる方位につけると熱が失われて、冬は室内が寒くなること。暖房効率も悪くなります。また、雨戸をつけられないため防犯面でも心配です。

家相では出窓の見方は窓と同じです。大きすぎると凶相となります。出窓は方位と大きさに加えて、周囲の状況などもよく検討してつける位置を決めましょう。

庭

植物を植えて癒しの空間に

庭には癒しの効果と、さまざまなものを防ぐ働きがあります。たとえば、自然の少ない都会では、庭に植えられた木や草花を眺めることで四季の移ろいを感じることができます。生垣や樹木は道路や隣家からの目をさえぎってくれたり、風や日差し、ホコリなどを防いでくれたりします。

また、草花や植木の手入れをしたり、そのことで家族や近所の人との会話が増えるなど、庭には楽しみの要素もあります。

家相では、庭はどの方位にあっても、敷地の空白をうまく生かしていればとくに問題は生じません。また、ベランダやバルコニーも家の外にあるものなので、家相とは関係がなく、どの方位にあってもかまいません。

樹木は大きくなりすぎないものを

樹木は人間の吐き出した二酸化炭素を吸い込んで、酸素を吐き出してくれ、空気を浄化してくれる作用があります。木のある生活は、私たちの心を落ち着かせてくれます。さらに、樹木には北からの寒気を防いでくれるだけでなく、夏の日差しをさえぎってくれる働きもあります。

だからといって、やたらに樹木を植えるのは考えものです。狭い庭にたくさん植えれば、よけいに狭苦しく感じるようになります。

また、あまりにも背が高くなったり、枝が張り出す樹木は、伸びるにつれて日当たりがさえぎられ、風通しが悪くなります。樹木の高さは3m以下が適当です。

湿気を呼ぶ池は凶相

庭に池をつくるのは、その湿気が家の中にまで及びますので、すすめられません。東から南西につくられた池は日光の反射が強く、凶作用として神経や目の病気に悩むことになります。また、南は水と相性が悪い方位なので、脳や精神の病気を患うおそれがあります。池をつくるのは「百害あって一利なし」です。

方位別の樹木の吉凶

浄化作用と癒しの効果のある樹木ですが、植える方位によっては陽光がさえぎられたり、空気の流れが変わってしまうなど凶作用が生じることがあります。

◎理想的な位置　●安心してよい位置　△やや悪い位置　×避けたほうがよい位置

北	◎	常緑樹や松、竹などが吉相です。北の寒い空気を防いでくれます。
南西	×	大きな木は健康に悪影響があり凶。
東	×	大樹は避けます。椿は吉です。緑があるとよい方位なので、草花を植えましょう。
東南	△	1本の樹木を植えるのは吉です。また、桃は吉。
西北	◎	常緑樹を植えるのが吉相です。
西	×	大樹は凶相です。避けましょう。
北東	×	大樹は凶相です。ただし、梅は吉相です。
南	×	大樹以外でも、樹木の茂りすぎは凶相になります。

廊下・階段

凶作用の生じやすい場所

廊下と階段は人の通路であるとともに、空気やエネルギーの通り道でもあります。

廊下には、暑さや寒さ、直射日光、臭いや音、湿気が直接部屋に伝わるのを防ぐ役割があります。しかし、家の空気を分断するため、位置によっては凶作用が生じ、家族が分裂するおそれがあります。

階段は1階の天井と2階の床をカットしてつなげているので、その部分は吹き抜けとなり、欠けまたは開きになります。つける位置によってはとんでもない凶作用が生じます。

階段の吉凶は、上り口、下り口が、どこに位置するかで見ます。八方位の

凶相廊下のチェックポイント

★風通しが悪く暗い

エネルギーは空気とともに循環するので、廊下の風通しが悪いとエネルギーも停滞します。暗いと物につまずいたりして危険です。風通しをよくしてなるべく明るくしましょう。

★家の中心を通っている

東西方向の廊下が中心にあり家が南北に分断されていたり、南北の廊下が家を東西に分断していると家族が分裂するおそれがあります。

★玄関から家の端までが廊下

よいエネルギーが出ていきやすくなります。また、部屋と廊下の温度差が大きくなるので、健康状態に悪影響を及ぼします。

★突き当たりにトイレがある

廊下を通るエネルギーがトイレに行き当たり、よい気がめぐらなくなるため、家の中から活気が失われます。

★廊下に高低差がある

つまずいて転倒しやすく危険です。

それぞれの真正面に位置する階段は凶相です。事故の起こりやすい場所なので、方位の吉凶とともに、安全性を考えることが重要です。

凶相階段のチェックポイント

★窓がなく暗い
窓があれば外の光が入ってきて明るさと換気がよくなります。

★勾配が急で踊り場がない
まっすぐで急勾配だと、万が一のときに下まで転げ落ちることがあります。階段の途中に踊り場があれば、まだ安全です。

★家の中央にある
中央にある階段は大凶です。本来なら大黒柱のある場所が階段で、吹き抜けになっていると、家が弱くなるからです。家相では中央は一家の主を意味し、ここが空洞だと主人が病気にかかりやすくなります。さらに中央の階段は外光が入らないので暗く、空気もよどみがちです。

★玄関から直接上がっている
玄関からすぐに上がる階段があると、帰宅した家族が自分の部屋に直行してしまうため、会話がなくなりがちです。

★階段の下にスペースがない
階段の下がすぐにドアだったり、下駄箱があったりすると、転落したときの危険が増します。

★手すりやフットライト、滑り止めなどがない
階段は家の中で大きな事故がもっとも起きやすいところです。手すりや足元を明るく照らすライト、滑り止めなど安全策が取られていないと危険。

こんなときどうする？ 方位別アドバイス

◎理想的な位置　●安心してよい位置　△やや悪い位置　×避けたほうがよい位置

北	×	北に階段がある家は玄関も北にあることが多く、ドアを開けるたびに寒気が2階に直接上がります。寒く暗くなりがちなので、照明は明るく手すりや滑り止めで安全対策を取りましょう。
南西	×	西日の影響で暑くなり、上り下りがつらい階段です。夏場は西日が目に入って転倒ということもあるので、大きな窓はブラインドなどで一時的に遮光するといいでしょう。
東	△	朝日が当たれば吉。窓がない場合は照明を明るくしてください。
東南	△	窓さえあれば日の光がよく入るので、明るく空気も乾燥して快適な階段といえます。
西北	×	窓があっても明るさが十分でないので、照明を数カ所にしてフットライトなどで明るさを補ってください。
西	×	夏は高温になり、冬は1日中日が当たらず寒い階段です。部屋との温度差があるため、呼吸器系の弱い人は注意が必要です。西の窓が大きい場合は遮光し、明るさは照明で補います。
北東	×	北風をまともに受けるので寒く、暗い階段です。転倒事故を予防するために照明を明るくして。壁面も白っぽいほうが吉。手すりも木製のものなど、温かみのあるものを。
南	×	南のエネルギーが階段から逃げてしまい、家全体に活気が伝わりにくくなります。風通しをよくして、照明を明るめにしてください。

ツキを呼ぶ お掃除＆収納術 MEMO

★ブラインド
ゴム手袋の上に軍手をして、洗剤を適量入れた水に両指をつけて、ぎゅっと手を握って絞ります。ブラインドの羽を指ではさんで汚れを拭き取ります。その後、水につけて絞った使い捨ての布で洗剤分を拭き取ります。

★窓ガラス
運気は窓からも入ってくるので、大掃除のときだけでなく、まめに磨くようにしましょう。軽いホコリ程度なら水につけて絞ったぞうきんで、ひどい汚れのときはガラス専用の洗剤で拭きます。

天井・ロフト

床と平行な天井が吉

天井は屋根の裏側や、上階の床の裏側が直接見えないようにするためのもので、屋根にたまった熱を遮断したり、ホコリや音を防いだりする役割もあります。さらに、配管や配線のスペースとしても使われます。家相では、天井自体に吉凶はありません。しかし、勾配天井や吹き抜けにするのはよくありません。

勾配天井とは、天井に屋根の勾配に沿って斜めに傾斜をつけたもの。おしゃれなデザインですが、家相から見ると気の流れが床と平行でなくなり、これが運気に影響を与えて不安定になるおそれがあります。

吹き抜けはその方位の運気が消滅してしまうため、凶相とされています。

天井は床と平行のほうがエネルギーのバランスが保たれて吉となります。

ロフトは荷物置場にするのが吉

ロフトは、もともとはめったに使わない荷物を置く屋根裏の空間のこと。屋根裏は、屋根にたまった熱を逃がすのが役割なので通気が悪く、かなり暑くなります。

ロフトを寝室として使いたいという人は多いようです。スペースの有効利用はよいことなのですが、寝室として使うのは凶。ロフトで寝るのは、床から離れて空中に寝るという意味になり、地の気が不足して不安定な状態になるからです。長期間続けると運気に変動が生じることになります。

また、暑くて換気が悪かったり、屋根が斜めで精神的にも圧迫感を受けたりしてよく眠れなければ、健康に悪影響を及ぼすことに。夜中にトイレに起きたときなどに、はしごから転落するおそれもあります。

寝室よりも荷物の収納や、一時的に趣味や遊びで使うようにしましょう。

収納

西北、北にあるのが吉

開運には間取りだけでなく、収納スペースの取り方や使い方も大切です。物をしまうのによい方位は、昔から「乾《いぬい》の蔵」といわれているように西北が吉相です。また、西に倉庫や物置があると金運がアップします。

収納は、どこにでもあればよいというわけではありません。収納があるために窓がなく、通気や日当たりが悪くなって、運気が下がるということもあるからです。また、何をしまうのがよいか、方位によっても違いがあります。特徴を把握して上手に収納を。方位は、押入れやタンスなどは各部屋の、納戸やウォークインクローゼット、物置や倉庫は家の中心から見て調べます。

吉相収納のチェックポイント

★風通しをさまたげない
押入れ、タンス、クローゼットが風通しをさまたげないところにつくられているのが吉相。また、北東や南西など、閉塞しているのがよい場所にあるのも吉相です。

★押入れにカビが発生していない
湿気がたまりやすい押入れはカビの温床。方位がよくてもカビが発生すると凶相になってしまいます。

★物置や倉庫は大きすぎないこと
物置や倉庫の大きさは、母屋の3分の1以下であることが理想的です。大きすぎると部下や従業員が主人よりも大きな顔をするようになります。

★物置や倉庫は母屋から離れている
通気をさまたげないように、母屋から3m以上離れているのが理想です。

★整理整頓されている
不要品でいっぱいだったり、整理されていなくて、何がどこにあるのかわからないような収納スペースは運気を下げます。

こんなときどうする？ 方位別アドバイス

◎理想的な位置　●安心してよい位置　△やや悪い位置　×避けたほうがよい位置

北	◎	きれいに片付いてホコリがなければ、よい方位。日が当たらないので食品庫や書庫に向いています。
南西	●	裏鬼門に当たり、主婦や女性に関係の深い方位です。食器や衣類を置くのに適しています。この方位の収納が整理整頓されていると、家庭が落ち着きます。
東	●	本来なら窓が欲しい方位に収納があるので、部屋の中が湿っぽくなりがちです。押入れやクローゼットの中も湿気がたまりやすいので、お天気のよい日の午前中に戸を開けておいて換気をしましょう。収納場所にはもったいない方位です。
東南	●	収納があるために、朝日の当たる方位がふさがっていることになります。運気が下がらないように、いつも収納の中をきれいにしましょう。東南の収納は家電類をしまうのに適しています。ただし、収納にはもったいない方位です。
西北	◎	一家の主を象徴する方位。主人のものや高級品、ブランド品、お金をしまうのに適しています。神仏や先祖に関係するものも吉。とくに倉庫や物置を置くのに向いています。
西	△	この方位に収納があれば、部屋に西日が差し込みません。また収納の扉が東向きになって、湿気がたまりにくいでしょう。食器や財布、お金を置くのに適しています。
北東	●	鬼門に当たる方位なので、収納内はいつもきれいにしておくことが重要です。汚れていると健康面に悪影響を及ぼします。ケガも心配です。
南	×	窓があるべき方位なので、ここが収納でふさがっているのは凶。日当たり、風通しが悪いので、健康面だけでなく精神的にもよくありません。

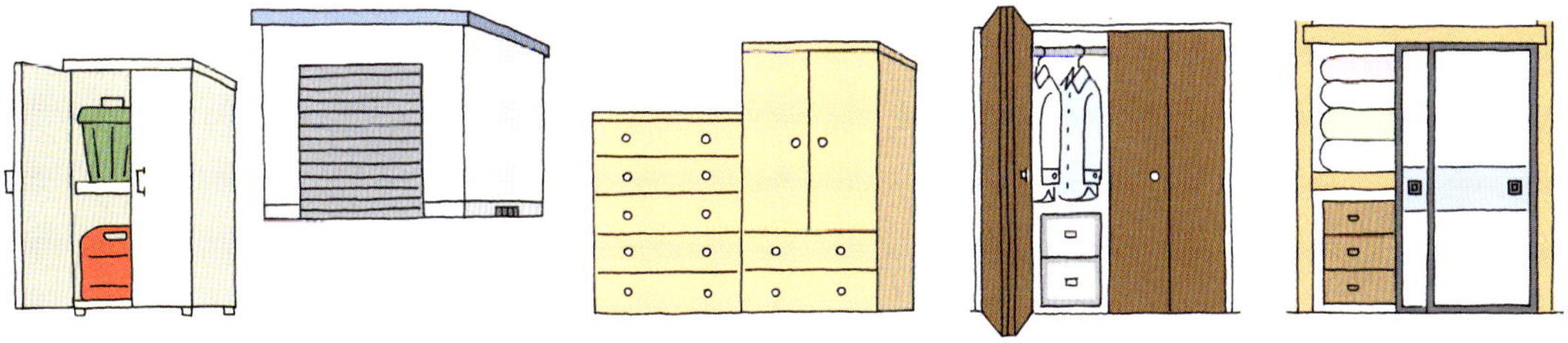

よい気のめぐる
クローゼットで開運

服やバッグ、アクセサリーなど、詰め込めるだけ詰め込んだクローゼットは、気の流れが悪く凶相です。高価なものも使わなければ、自分にとって価値はないものと思いましょう。処分が心苦しい場合は、欲しい人にあげたり、ネットオークションやリサイクルショップなどを利用するのもよい方法です。不要なものを処分するのは、これまでの不運を捨てて新しい運気をつかむことにも通じます。

何がどこにあるのかひと目でわかり、しまってある服やアクセサリーの出入りが多いクローゼットにはよい気がめぐり、運気もアップします。

吉相クローゼット整理整頓のポイント

★3年使わないものは一生使わない

服や靴などは3年使わなければ、もう使うことはないでしょう。いさぎよく処分を。でも、深い思い入れがあり、どうしても処分する気になれなければ、すぐにすることはありません。

★リセットする時期を決める

使ったらすぐに戻すのが整理の鉄則。それができない場合は、時間で区切って整理する習慣を。1日の終わりに服をクローゼットに戻す、週末に出しっぱなしの服を片付ける、1カ月単位で季節の服を出し入れする、1年単位で着ない服を処分するなど。

★よく着る服は取りやすい位置に置く

ふだん着ている服とあまり着ない礼服やシーズンオフの服などが無秩序に並んでいると、出すのも戻すのも時間がかかります。よく着る服は出しやすいところにまとめておくと、支度に時間がかからないし整理もラク。

★腹八分目の収納を

いくらきちんと整理整頓してもパンパンに物が詰まっていると、戻すのがおっくうになります。出し入れしやすいことがクローゼットの掟。使わないものは処分し、使用頻度の低いものは別のところにしまいましょう。

運気UP!! 幸運を招くクローゼットづくり

陰陽から、色の濃いものは左側に、薄いものは右側に置くと吉。

衣類は部屋の南西に置くのが吉。

頻繁に着るものは取りやすい位置に。

コート、ジャケット、スカートなど、ハンガー収納のものは丈をそろえて並べると、下のスペースが利用しやすい。

引き出しケースの上に浅いかごなどを置き、ハンカチ、ベルトなどを収納。


つるした服と奥の壁の間のわずかなすき間を利用。服1枚分の厚み程度のスペースがあるはずなので、粘着式フックを取りつけて、あまり着ない礼服やシーズンオフのコート、ジャケットなどを横に並べてかける。ときどき、扉を開けておいて風を通す。

つるした服の下には引き出しケースを置き、ニット、Tシャツ、肌着、ジーンズなどしわになりにくいものを収納。引き出しの深さに合わせて衣類をたたむ。さらにTシャツやジーンズはブックエンドを利用して立ててしまったり、肌着や靴下はティッシュの空き箱などを使って小分けにすると整理しやすい。

押入れに死蔵品をためない

そもそも押入れはふとんを収納する場所。奥行が深く大きいため、とりあえず何でも押し込んでしまいがちです。すると出して使うのもおっくうになって、何が入っているのかも忘れてしまうことに。死蔵品の詰まった押入れはよい気がめぐりません。

まず、押入れに入っているものを全部出して、古いものや使わないものを処分します。基準を決めておくと、捨てるかどうか迷ったときに作業がはかどります。そして、出しやすさと使いやすさを考えて、日常で使えるように収納をしましょう。

押入れは大きいだけに収容能力はバツグン。うまく活用して、すっきり片付いた部屋に幸運を招きましょう。

吉相押入れ整理整頓のポイント

★詰め込まない
入るからといって何でも詰め込まないこと。使わないものが奥へ奥へと押しやられ、忘れ去られて死蔵品に。その結果、押入れの使い勝手がさらに悪くなり、収納スペースとして機能しなくなります。

★処分する基準を決める
処分する基準を決めておくと捨てるべきか迷ったときに整理がはかどります。たとえば、3年間使わなかったもの、存在を忘れていたもの、同じようなものがほかにあるなど。

★8割程度の収納を心がけて
出し入れしやすい物の量は、スペースの8割程度です。ひと目で何がどこにあるかわかるし、通気もよいのでカビの発生も抑えられます。

★湿気対策を万全に
奥行のある押入れは湿気がこもりやすい場所。カビの発生は大凶です。健康にも悪影響を及ぼします。ふとんの下にすのこを敷いたり除湿剤を入れたりして湿気対策を。晴れて空気が乾燥した日の午前中に、大きく戸を開けておくのも効果的です。

運気UP!! 幸運を招く押入れづくり

押入れの上の天袋は高い位置にあるため、めったに使わない軽いものを収納する。だれが見てもわかるように、何をしまったかメモをつくり、天袋内に貼っておく。

引き違いの襖だと片側しか開かないので、真ん中に物が置けないし、幅が足りないためにふとんの出し入れがしにくいことも。そんな場合は、襖をはずしてロールスクリーンやカーテンで目隠しする方法がおすすめ。

奥にしまったものを出し入れするには、市販のキャスターつきの収納用品の活用を。何をしまったか書いたラベルを貼るとさらに便利。

戸を取り去った状態で、大きく上段、下段、右、左と4つに区分。その区分ごとにざっとしまうものを決める。たとえば、上段右には服、左にはふとん、下段左にはオフシーズンの服、右奥にはシーズンオフの家電などふだん使わないもの、手前はアイロンや掃除機などの日用品置場に。方針にしたがって収納していく。

インテリア家相Q&A

Q1
北にキッチンがあると凶相と聞きましたが、少しでも北にかかっているとき凶相になるのでしょうか。トイレの場合はどうでしょうか。

A
キッチンが北に位置していても、北30度の範囲の中心をはずれている場合は、それほど問題はありません。トイレも同様です。

Q2
たとえば、家の中心から見て、南と南西に面しているリビングの方位は、どちらになりますか。窓はどちらにもあります。

A
間取りが2方向にまたがる場合は、2方位の意味が加わります。南と南西の吉凶相をチェックしましょう。

Q3
凶作用を解消するために、増改築をしようと思います。その際「気抜き」をすることをすすめられました。どういうことでしょうか。

A
気抜きとは、吉相の家に増改築する場合、すぐに工事に取りかからないで、1年以上空き家にして、家の中に充満している家族それぞれの精気を抜くことをいいます。

まず、家族全員が吉方に移転します。住民票や荷物は、そのまま残しておいてかまいません。そして、1年後に増改築を始め、完成後に仮住居から吉方で戻ります。

家族全員が同じ時期に吉方へ移転することがむずかしければ、主人、主婦、子どもの順で優先して、なるべく凶作用の少ない時期を選びます。

小規模な場合はともかくとして、比較的大きな工事になる場合は、気抜きをしないと、増改築が原因で大きな災いをこうむります。

Q4
凶作用を少なくするのに、引越しも改築もできない場合、「陰徳を積む」方法があると聞きました。どういうことですか。

A
陰徳とは、人に知られずよい行いをすることです。よい行いをしても、人に自慢したりお礼を要求したり、お礼を受け取ってしまっては陰徳にはなりません。

よい行いには、「人を災難から救う」、「弱者をいたわる」、「公共事業につくす」、「人の美点をほめる」、「施しをする」、「人を敬い、謙譲の心を持つ」、「物を大切にする」などがあります。

陰徳はその人の運命を好転させるだけでなく、子孫にもよい影響を残します。

Q5
門も家相に関係がありますか。どんなことに注意をすればいいでしょうか。

A
門は敷地の顔といってもよいもので、大切な場所です。門がないと外界に対して無防備な状態になります。家相ではバランスを重視します。家に対して、門が大きすぎても、小さすぎてもよくありません。大きさもデザインも家に合っているのが吉相です。

門と玄関が一直線に結ばれるのは凶相です。また、門と玄関があまり離れているのもよくありません。

■吉相の門の方位

【東南の門】

家族が仲よく円満に暮らせます。社会的にも信用され、交際も広がり、すべてのことが順調に進みます。

【西北の門】

どんな職業であっても人望が集まり、成功するでしょう。家族の結束が深まって円満になります。

【東の門】

円満に仲よく生活できます。仕事も家庭も順調です。

Q6
塀をつくるのですが、注意することを教えてください。

A
塀には道路や隣接する敷地との区分をするだけでなく、敷地の中を陽のエネルギーで満たす役割があります。太陽光線と太陽の熱を敷地の中に充満させます。

塀をつけるときに注意するのは高さです。一般的には低い塀が吉。高いと閉鎖的で秘密主義と見られ、周囲から孤立しがちです。また、塀と家の壁が近すぎると日当たりが悪くなります。

生垣は手入れさえしていれば吉。きれいに手入れをしてあれば、装飾としても楽しめます。

Q7 中庭があります。家相から見るとどうなのでしょうか。

A 基本的に庭はどの方位でも問題ありませんが、家の中央に中庭をつくるのは大凶です。

中央は生産と腐敗を意味する五黄土星の方位です。中庭があると中央が欠けとなり、家族にがんなどの重病が続出することになります。なるべく早く引越しをすることをおすすめします。

Q8 リビングに吹き抜けがありますす。家相から見るとどうなのでしょうか。

A 吹き抜けはあまりおすすめできません。まず、吹き抜けがある位置が問題です。家の中央にある場合は、階段と同じように、よいエネルギーが分散してしまいます。

リビングの場合は、風通しがうまくできないと、家の中に空気がよどんだ空間をつくってしまうことになります。冷暖房の効率が悪いと、思いがけず光熱費がかかることもあります。さらに掃除が簡単にできないので、長い間には汚れがたまります。

Q9 地下室を部屋にしたいのですが、家相から見るとよくないのでしょうか。

A 1階から見て、床の一部分だけに地下室があるのはよくありません。床下全部が地下室になる場合はかまいません。

Q10 ガレージをつくるのですが、どんなことに注意したらよいでしょうか。

A 1階のすべてを車庫が占めて2階が住宅になっている場合はかまいませんが、1階の一部が車庫で住宅に組み込まれている場合は凶相になります。屋根のあるなしや、その形は関係がありません。

Q11 庭に大きな穴を掘ってはいけないと聞きました。本当でしょうか。

A 目的にもよりますが、一般的に、敷地内にはくぼみがないほうがよいです。

Q12 災難にあいやすい家相はありますか。

A あります。たとえば、南には「火」の、東には「漏電」や「爆発」などの象意があるため、これらの方位に凶相があると、火事という形で凶作用があらわれます。

また、自分の方位が家相上で欠けていると、「いなくなる」に通じ、交通事故にあって命を落とすことがあります。「破損」の象意を持つ西と「自動車、自転車、バス、電車」などの交通機関の象意を持つ西北に凶相がある場合も、交通事故との関係が強く危険です。

Q13 夫がなかなか出世できないのですが、家相で解決できますか。

A できます。出世ができない、あるいは事業の成績が上がらない場合は、仕事にたずさわっている人の方位に凶相があるはずです。

たとえば、昭和48年生まれの人は九紫火星の生まれで、南がその人の方位です。この場合は、南に3分の1以上の欠けがあったり、トイレがあると凶相となり、仕事がうまくいかないという凶作用があらわれます。

解決には、まずインテリアの工夫で凶作用を少なくしましょう。そして、費用や時期といった問題をクリアできたら、欠けているところを張りにしたり、トイレを移動するなどの改築をするか、吉方へ引越しをします。

Q14 仕事で努力しているわりには、むくわれません。家相に問題があるのでしょうか。

A 一生懸命やっているのにミスが多いとか、評価が低いという場合は、南西に注目してください。

南西には「努力」の象意があります。南西は裏鬼門に当たるため、ここに欠けや張りがあると凶相になり、努力してもむくわれないという凶作用があらわれやすくなります。トイレがあってもよくありません。

解決するには、欠けや張りのない家相にしたり、トイレを移動する必要があります。すぐにできない場合は、インテリアの工夫で凶作用を少なくしましょう。

Q15 盛り塩の効果はありますか。

A ただの塩の場合は、効果は期待できません。気休めです。しかし、神社からいただいた塩や砂を家の玄関や四隅に置いたりまいたりするのはよろしいです。

年盤表・月盤表で見る吉方位

年盤、月盤は、その年、その月に九星が後天定位盤（→P12）上をどの方位に運行しているかをあらわしたものです。よい土地や物件を手に入れたり、吉方位に引越しするには、年盤と月盤を利用します。

よい不動産物件を手に入れるには

土地や家を購入するときには、その物件の広告をはじめて見たときや、不動産屋から紹介されたときなど、いつ情報を知ったかということと方位が重要です。基本的に土地については年盤を、建物については月盤を用いて判断します。

土地や物件の判断手順

２０１２年５月に不動産広告で気に入った物件を２件見つけたとします。これを例に取って、判断の手順を説明しましょう。物件①は今住んでいる家から西北にあり、②は東にあります。

気をつけたい凶方位

引越し、改築などのときに、その方位を用いるとトラブルが続出する凶方位があります。すべての人に共通するのが以下の4つで、年盤や月盤で水色になっているところがこれに相当します。さらに、その人にだけ作用する凶方位が3つあります。

すべての人に共通する凶方位	五黄殺気方位《ごおうさっき》	年盤、月盤で五黄が運行している方位です。ただし、五黄が中央に運行している場合は、五黄殺気方位はありません。引越しや増改築でこの方位を用いると、事故に巻き込まれて大ケガをしたり、大病にかかったりということが起こります。
	悪殺気《あくさっき》方位（暗剣殺《あんさつけん》）	五黄殺気方位の向かい側の方位で、年盤、月盤に「A」の印がついています。五黄殺気方位が中央にあるときは、この方位に該当するところはありません。この方位を用いると、ほかの力によって事故や仕事の失敗、異性のトラブルなどの被害を受けます。この方位を使用した影響は60年間続きます。
	水火殺《すいかさつ》方位	五行の「火」と「水」は相剋《そうこく》の関係にあり、とくに強く反発し合います。これらがかかわる凶方位が水火殺方位です。年盤、月盤に「VV」の印がついています。この方位を用いると大ケガや首から上の病気、心臓疾患、水難、火難、異性とのトラブルなどが起こります。
	歳破《さいは》・月破《げっぱ》	歳破とはその年の十二支の反対側の方位であり、月破とはその月の反対側の方位をいいます。年盤、月盤には「P」の印がついています。歳破、月破の方位を用いると、職場や家庭で争いごとに巻き込まれやすくなります。
人それぞれの凶方位	精気殺《せいきさつ》方位（本命殺《ほんめいさつ》）	自分の生まれ年の九星、あるいは生まれ月の九星が、その年その月の年盤、月盤を運行している方位です。移転や増改築に用いると、原因不明の病気にかかることがあります。物件購入には関係ありません。
	対気殺《たいきさつ》方位（的殺《てきさつ》）	精気殺方位の反対側の方位をいいます。この方位を移転や増改築に用いると、思っていたように事が運びません。物件購入には関係ありません。
	小児殺《しょうにさつ》方位	子どもにだけ作用があらわれます。月盤の「●」と「▲」がこれに当たります。この方位を移転や増改築に用いると、子どもがケガや病気をしたりします。物件購入には関係ありません。

❶年盤を探す

P190～191に2010～2041年の年盤を掲載しています。2012年の年盤は中央が「六」となっています。これは九星の六白の年であることをあらわし、「六白中宮の年」といいます。

❷月盤を探す

月盤は年盤の「六白中宮」から探します。六白の年の月盤表（→P188）の5月を見ます。5月は二黒が中央にあり「二黒中宮」の月です。

❸土地を見る

土地の判断には年盤を使います。物件①は西北にあります。七赤金星が運行し水色になっています。これは凶方位ということをあらわしています。物件②は東にあり四緑木星が運行しています。

❹建物を見る

六白の年5月の月盤を使います。①は西北にあり水色になっているため凶方位です。②は東にあり九紫火星が運行しています。

❺それぞれの物件を九星の象意から判断する

【物件①】

年盤のAは悪殺気、Pは歳破（→P180）の意味です。大凶方に当たり、避けるべき土地です。月盤でも水色になっていて、物件①は凶方位にあることを意味します。

【物件②】

土地も建物も凶方位でないので、気に入ったら購入してもかまいません。土地は四緑に当たり、風通しがよく近くに繁華街があります。建物は九紫方位できれいな物件であることをあらわしています。

2012年の年盤

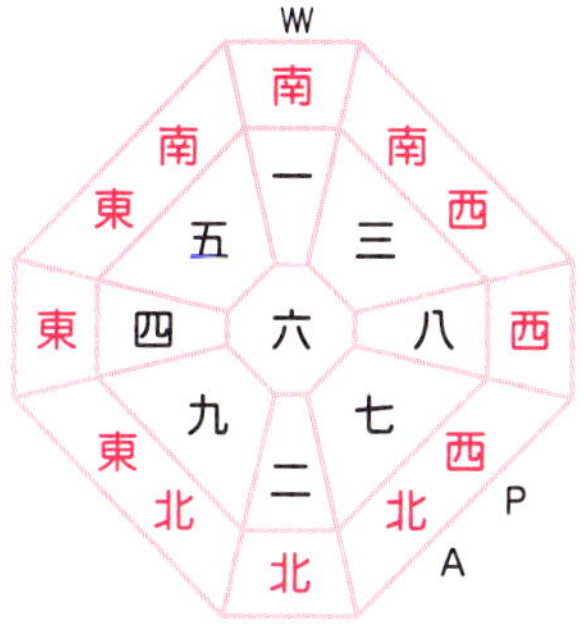

六白中宮の年をあらわす。

六白の年5月の月盤

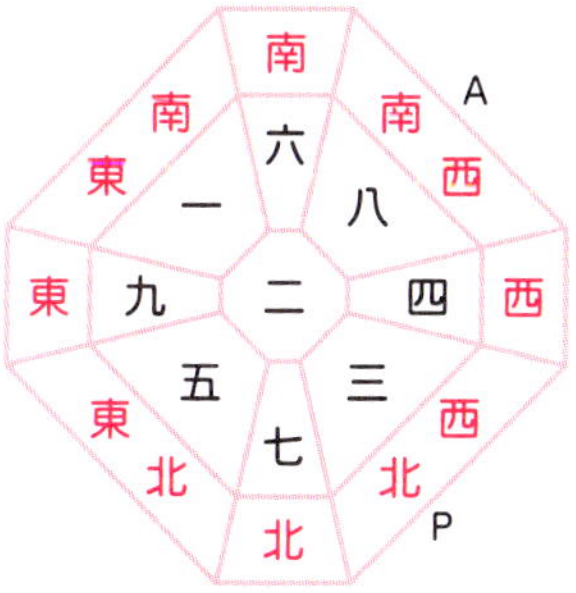

二黒中宮の月をあらわす。

九星があらわす土地と建物の意味

土地と建物を判断するには九星の象意を用います。ただし、五黄殺、悪殺気、水火殺方位、歳破、一白方位の物件は避けてください。

一白方位	一白には「水」の象意があります。そのため、水に関係した土地や建物の状況をあらわすことが多くなります。	・川や海のそばなど、水に縁がある ・湿気が多い ・低地、くぼ地、土手下などにある ・大きな建物の裏手にあり日当たりが悪い ・近くに水道局、クリーニング店、ガソリンスタンド、銭湯、魚屋、酒屋など水に関係するものがある ・昼は比較的静かで、夜はにぎやか ・以前の持ち主が事業で失敗したり借金をしている ・比較的価格が安い
二黒方位	二黒には「大地」「大衆」「田畑」の象意があります。土地や建物は比較的平凡な印象です。	・近くに空き地や田畑や公園がある ・土地は平坦で埋立地の場合もある ・団地や公団住宅のそばで、古い家の場合もある ・大衆的な土地柄 ・四角形で変形していない土地 ・日当たりがよくない ・平屋でリーズナブルな価格
三碧方位	三碧には「若さ」や「音」などの象意があり、それに関係した土地や建物であると考えられます。	・新興住宅地である ・近くで騒音がする ・踏み切りがあり警報音がする ・近くに森や林、電話局、発電所、電気店、寿司屋、花屋、楽器店がある ・日当たりがよく庭に植木がある ・新築の住宅 ・今はさびしい土地でも、将来は発展する
四緑方位	四緑にはすべてが「斉《ととの》う」という象意があり、土地や建物は次のような状況と考えられます。	・繁華街の近く ・表通りに面している ・整地ずみですぐに家を建てられる ・近くにうなぎ屋、そば屋、運送屋、家具店、呉服店がある ・長方形の土地 ・風通しがよい土地や建物 ・新築あるいは建って間もない家

五黄方位	五黄には「腐敗」「荒廃」といった象意があり、凶方位に当たります。	・すぐに利用できない土地や建物 ・陰気で荒れた土地 ・古戦場の跡地 ・近くに火葬場、墓地、ゴミ処理場がある ・相場より価格が安い ・表面上はわからない欠陥のある家 ・建て売りの場合は手抜き工事がある ・結局手放すことになる ・売却するときには低価格になる
六白方位	六白には「高級」「完全」といった象意があり、土地や建物は次のような状況と考えられます。	・発展している繁華街にある ・高台の見晴らしのよい高級住宅地 ・広い土地 ・近くに立派な建物がある。神社、仏閣ということもある ・中古住宅でも使われている材木などが高級で、しっかりした構造 ・門構えが立派 ・高価で予算に合わない
七赤方位	七赤には「沢」「不足」「口」などの象意があり、水や飲食に関係のある土地や建物と考えられます。	・近くに大きな池や沼がある ・湿地、くぼ地、低地で、裏通りに位置する ・正方形や長方形でなく変形した土地 ・近所に飲食店が多くにぎやか ・午後から日が当たる ・購入しようとした場合、不満な部分が出てくる ・一見してわからないところに修理が必要 ・水はけが悪く暗い印象
八白方位	八白には「山」や「変わり目」などの象意があり、土地や建物は次のような状況であると考えられます。	・高台にある ・盛り土で整地しているため、水はけが悪い ・近くに山や丘がある ・近くに電車の乗換駅があり、交通の便がよい ・近くに不動産屋または旅館がある ・行き止まりの土地や角地 ・2階以上の集合住宅 ・新築の場合は、まだ完全にできてはいない
九紫方位	九紫には「美麗」「太陽」「離散」などの象意があり、次のような状況が考えられます。	・日当たりがよく快適な土地 ・見晴らしがよく景色が美しい ・繁華街が近い ・分譲住宅地 ・近くに消防署、警察署、学校、生花店、美容院がある ・ほかにも申し込んでいる人がいる ・外観はきれいだが、内部がよくない場合がある

吉方に移転して開運するには

転勤などで引っ越さなければならないときや、今の住まいが凶相であることがわかったときは、吉方に移転して運気をアップさせましょう。

吉方や凶方は九星の運行する後天定位盤（↓P12）で求めることができます。九星は毎年、毎月、毎日、毎時、一定の法則にしたがって運行しているので、吉方も凶方もときによって変わります。また、各人の生まれ年や生まれ月の九星によっても違います。

開運のために移転する場合、家族でもそれぞれの吉方は違うので、自分あるいは主人の吉方を求め、その年、その月によい方位に引っ越します。

吉方位と時期の求め方

吉方位を求めるには、生まれ年と生まれ月の九星、年盤、月盤を用います。ここでは１９８５（昭和60）年４月生まれの人が２０１１年に移転する場合の吉方位と時期を求めて、手順を説明しましょう。

❶生まれ年（本命）の九星を求める

生年九星早見表（↓P49）で、１９８５年生まれの九星は六白金星とわかります。このとき注意しなければならないのは、現在のカレンダーと違って、どの年も立春が年変わりになることです。１月生まれと２月の節分前に生まれた人は前年の九星になります。

❷生まれ月（月命）の九星を求める

生まれ月の九星は月盤表で求めます。六白年の月盤表（↓P１８８）の４月を見ると、中央に「三」とあり、生まれ月の九星が三碧木星であることがわかります。

生まれ月の場合も、節変わりで月が変わるので、その前後に誕生日のある人は注意が必要です。だいたいの目安は左頁の表のとおりです。

❸吉方を求める

吉方を求めるには、九星の相生・比和の関係を用います。左頁の九星の相生・比和の表から、生まれ年、生まれ月の九星のそれぞれの相生・比和の九星を調べ、共通する九星を求めます。

- **生まれ年：六白金星**
  …一白・二黒・八白・七赤
- **生まれ月：三碧木星**
  …一白・九紫・四緑

生年、生月に共通するのは一白です。この人の吉方は、一白が運行する方位ということになります。

❹調べたい年の吉方位と時期を求める

２０１１年に移転を予定している場合の吉方位とよい時期を調べます。まず、２０１１年の年盤（↓P１９０）で一白がどの方位を運行しているかを求めます。一白が運行しているのは北東です。この人にとって、２０１１年（七赤中宮）は北東が吉方になります。

次に七赤年の月盤表を見ます（↓P１８８）。一白が北東を運行している月を探します。一白が北東を運行しているのは３月と12月です。この場合、３月か12月に北東の方位に引っ越せば、運気が大きくアップするということになります。

九星の相生・比和

本命・月命	相生・比和
一白水星	三碧・四緑・六白・七赤
二黒土星	六白・七赤・九紫・八白
三碧木星	一白・九紫・四緑
四緑木星	一白・九紫・三碧
五黄土星	六白・七赤・九紫・二黒・八白
六白金星	一白・二黒・八白・七赤
七赤金星	一白・二黒・八白・六白
八白土星	六白・七赤・九紫・二黒
九紫火星	二黒・三碧・四緑・八白

節変わりの目安

月	節気	節変わり時期
2月	立春	2月4日前後
3月	啓蟄	3月6日前後
4月	清明	4月5日前後
5月	立夏	5月6日前後
6月	芒種	6月6日前後
7月	小暑	7月7日前後
8月	立秋	8月8日前後
9月	白露	9月9日前後
10月	寒露	10月8日前後
11月	立冬	11月7日前後
12月	大雪	12月7日前後
1月	小寒	1月6日前後

月盤表 一白の年 子卯午酉年

□…だれにとっても凶方位　A…悪殺気（暗剣殺）　P…月破
W…水火殺　▲…子年と午年の小児殺（八白）
●…卯年と酉年の小児殺（三碧）　＊方位盤の中央の場合は家の中心が小児殺。

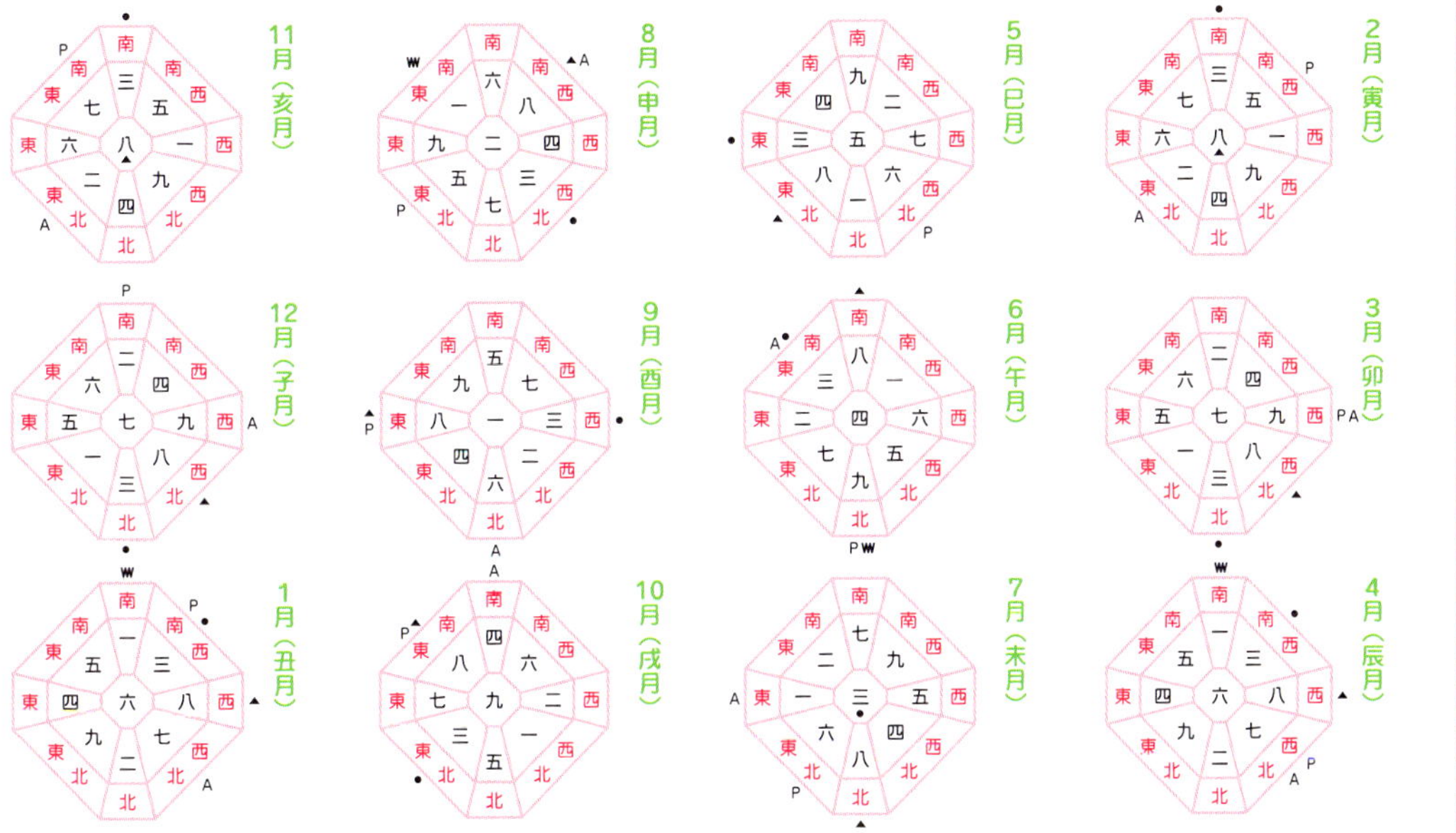

月盤表 二黒の年 寅巳申亥年

□…だれにとっても凶方位　A…悪殺気（暗剣殺）　P…月破
W…水火殺　▲…寅年と申年の小児殺（二黒）
●…巳年と亥年の小児殺（六白）　＊方位盤の中央の場合は家の中心が小児殺。

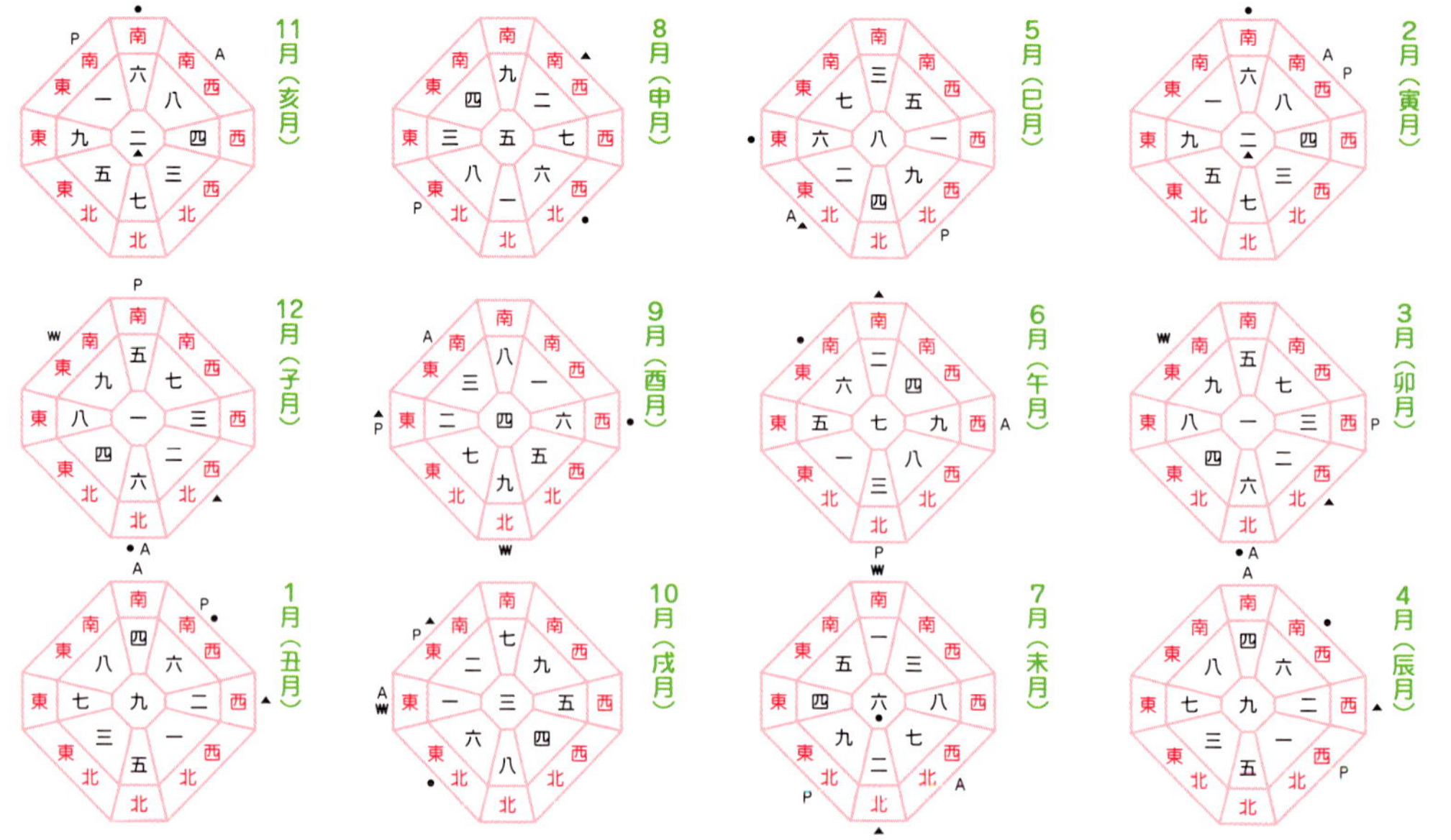

11月（亥月）
8月（申月）
5月（巳月）
2月（寅月）
12月（子月）
9月（酉月）
6月（午月）
3月（卯月）
1月（丑月）
10月（戌月）
7月（未月）
4月（辰月）

月盤表 三碧の年 丑辰未戌年

□…だれにとっても凶方位　A…悪殺気（暗剣殺）　P…月破
W…水火殺　▲…辰年と戌年の小児殺（五黄）
●…丑年と未年の小児殺（九紫）　＊方位盤の中央の場合は家の中心が小児殺。

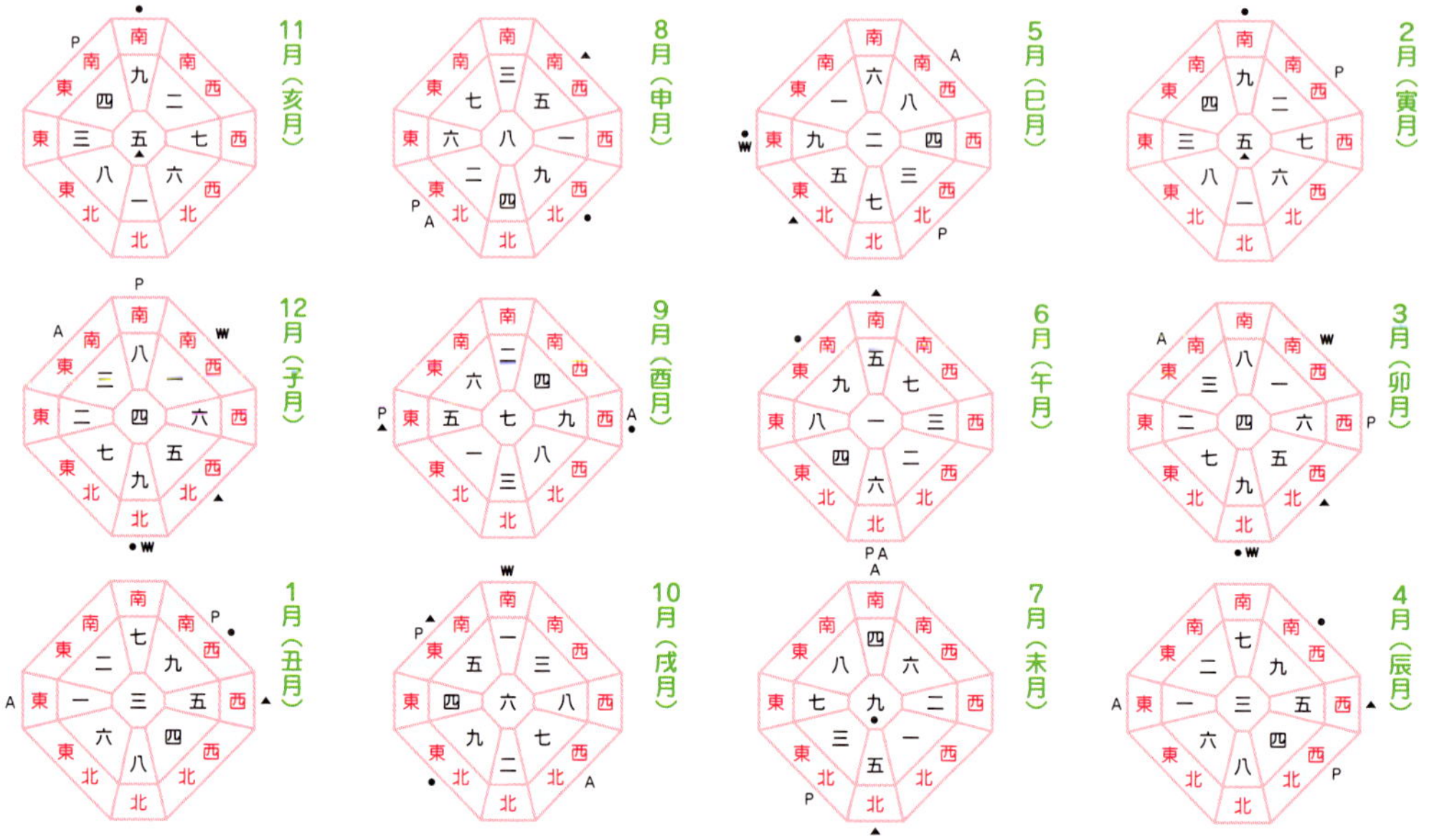

11月（亥月）
8月（申月）
5月（巳月）
2月（寅月）
12月（子月）
9月（酉月）
6月（午月）
3月（卯月）
1月（丑月）
10月（戌月）
7月（未月）
4月（辰月）

月盤表　四緑の年　子卯午酉年

□…だれにとっても凶方位　A…悪殺気（暗剣殺）　P…月破
W…水火殺　▲…子年と午年の小児殺（八白）
●…卯年と酉年の小児殺（三碧）　＊方位盤の中央の場合は家の中心が小児殺。

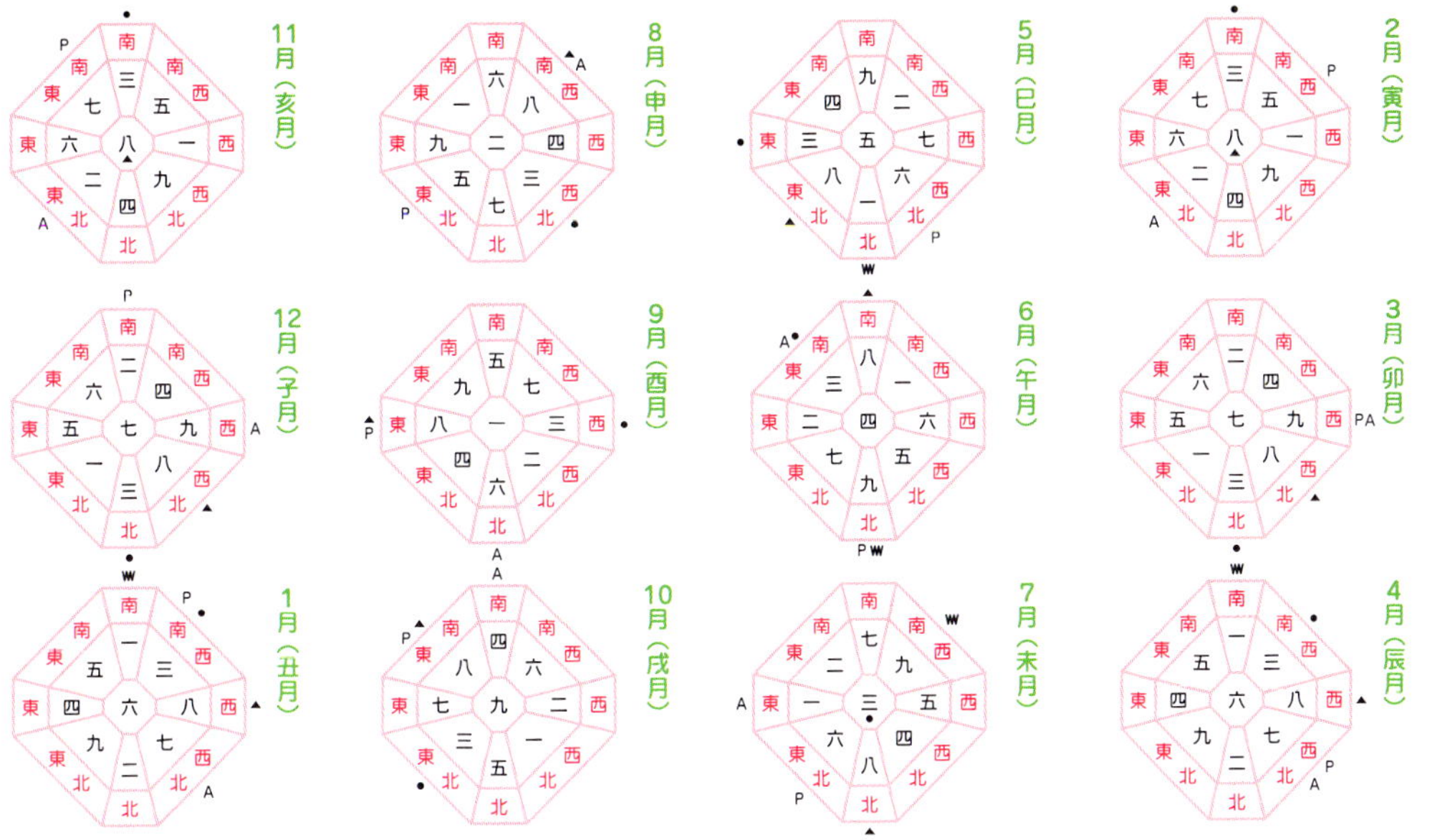

月盤表　五黄の年　寅巳申亥年

□…だれにとっても凶方位　A…悪殺気（暗剣殺）　P…月破
W…水火殺　▲…寅年と申年の小児殺（二黒）
●…巳年と亥年の小児殺（六白）　＊方位盤の中央の場合は家の中心が小児殺。

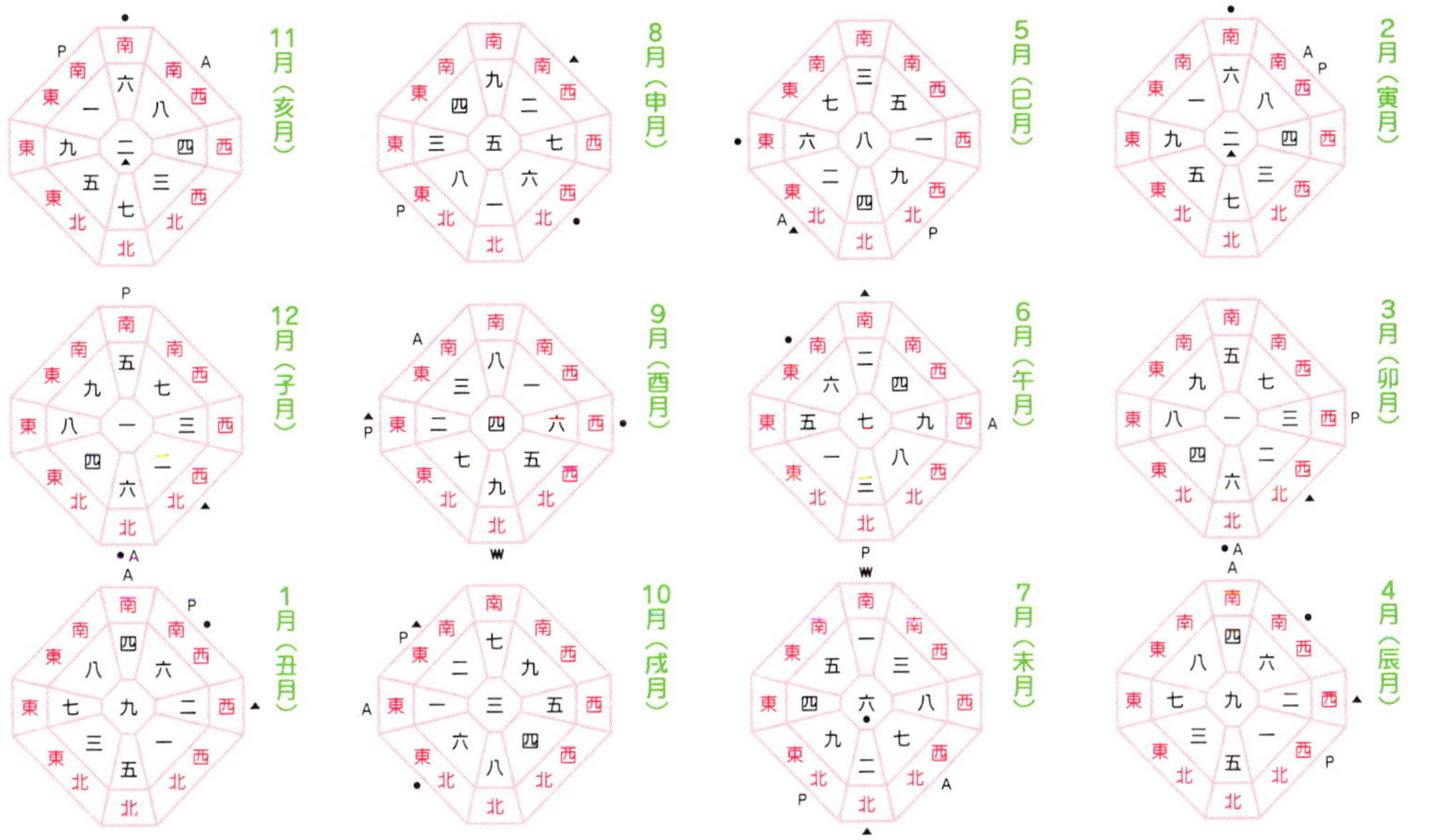

月盤表　六白の年　丑辰未戌年

□…だれにとっても凶方位　A…悪殺気（暗剣殺）　P…月破
W…水火殺　▲…辰年と戌年の小児殺（五黄）
●…丑年と未年の小児殺（九紫）　＊方位盤の中央の場合は家の中心が小児殺。

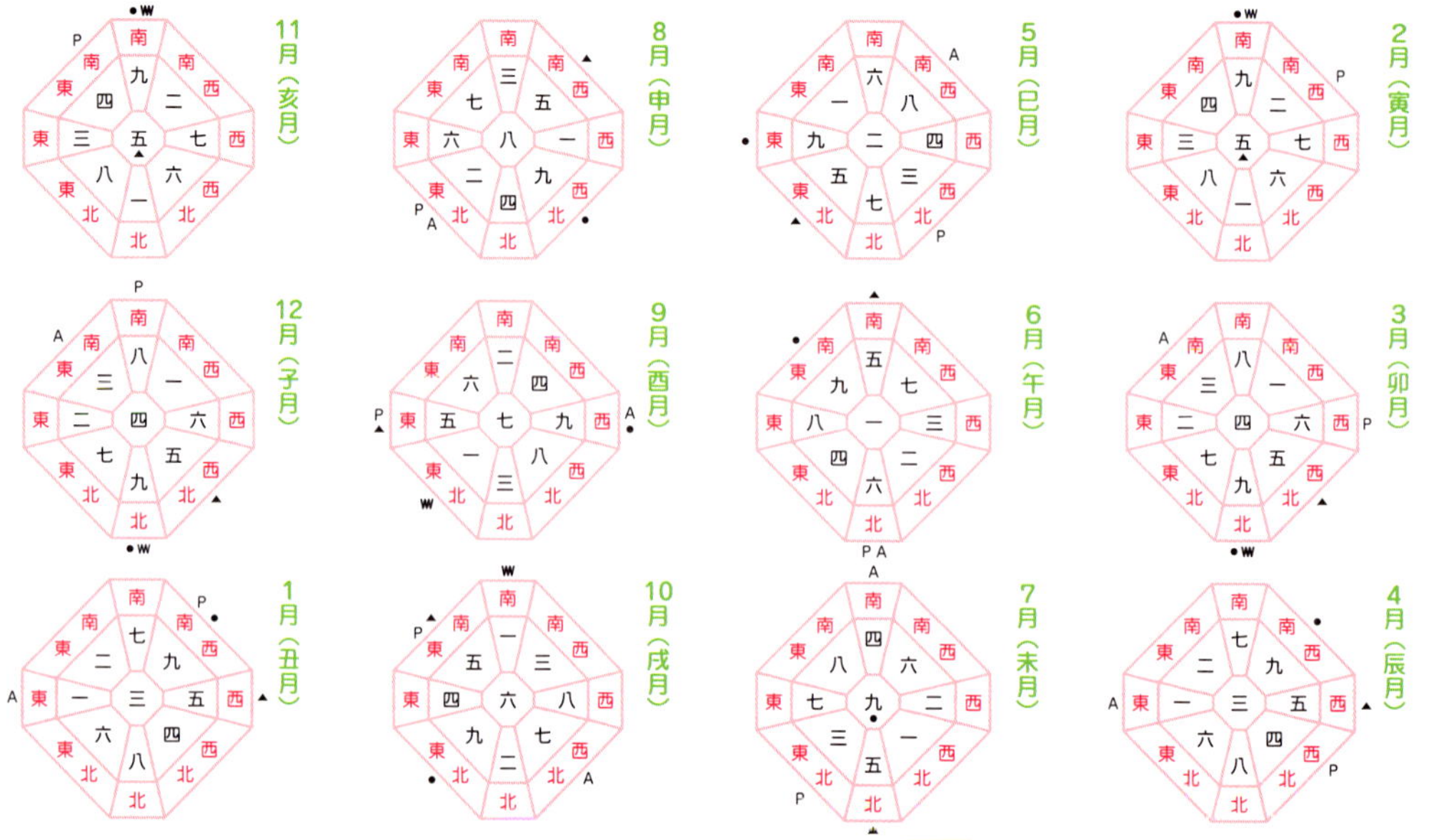

月盤表　七赤の年　子卯午酉年

□…だれにとっても凶方位　A…悪殺気（暗剣殺）　P…月破
W…水火殺　▲…子年と午年の小児殺（八白）
●…卯年と酉年の小児殺（三碧）　＊方位盤の中央の場合は家の中心が小児殺。

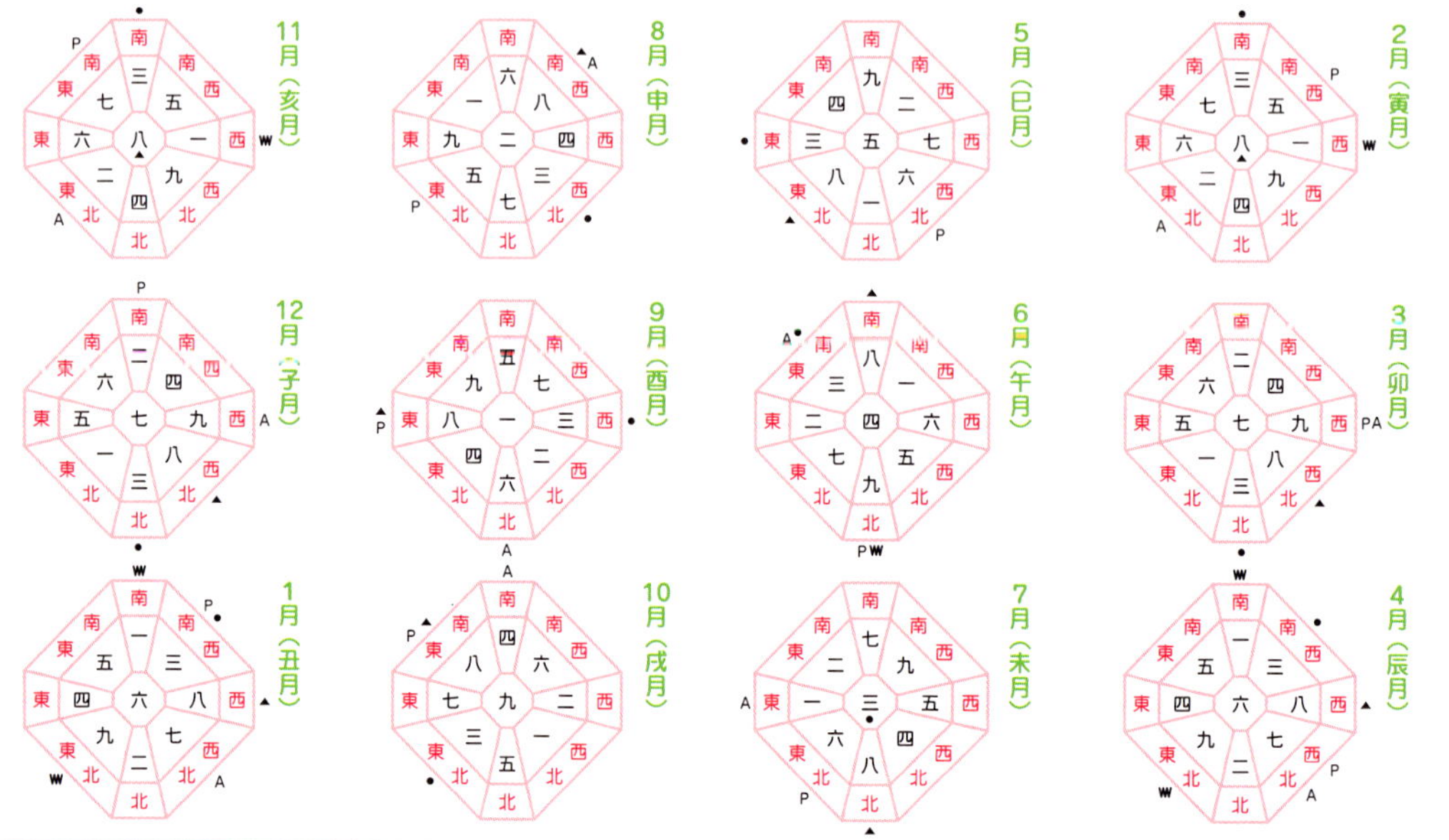

月盤表　八白の年　寅巳申亥年

□…だれにとっても凶方位　A…悪殺気（暗剣殺）　P…月破
W…水火殺　▲…寅年と申年の小児殺（二黒）
●…巳年と亥年の小児殺（六白）　＊方位盤の中央の場合は家の中心が小児殺。

月盤表　九紫の年　丑辰未戌年

□…だれにとっても凶方位　A…悪殺気（暗剣殺）　P…月破
W…水火殺　▲…辰年と戌年の小児殺（五黄）
●…丑年と未年の小児殺（九紫）　＊方位盤の中央の場合は家の中心が小児殺。

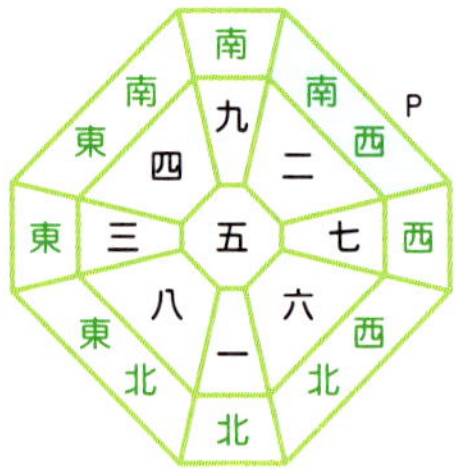

2022（平成34）年　壬寅

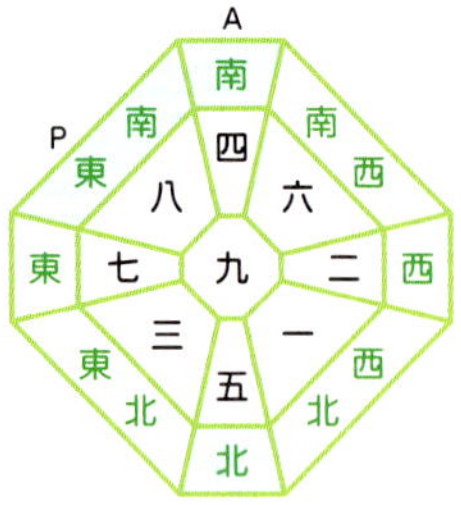

2018（平成30）年　戊戌

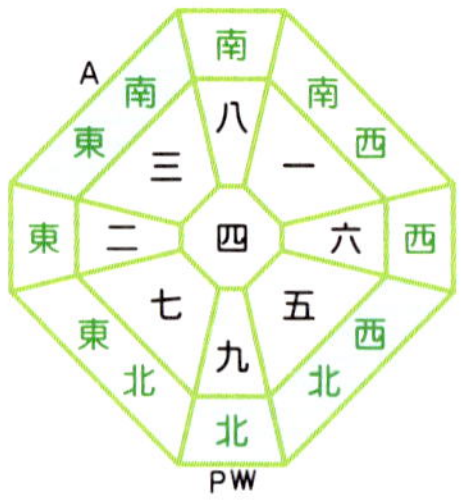

2014（平成26）年　甲午

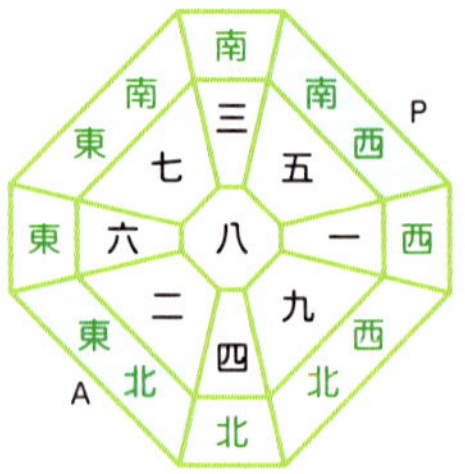

2010（平成22）年　庚寅

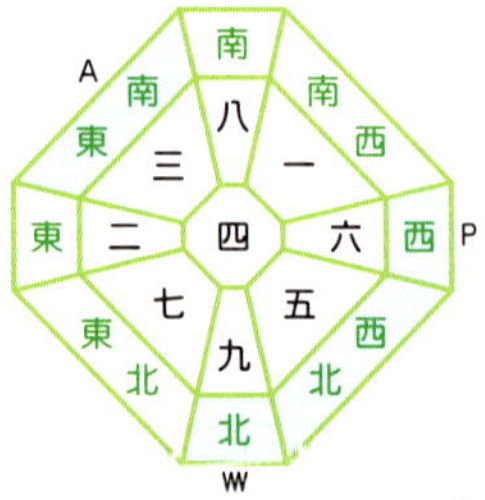

2023（平成35）年　癸卯

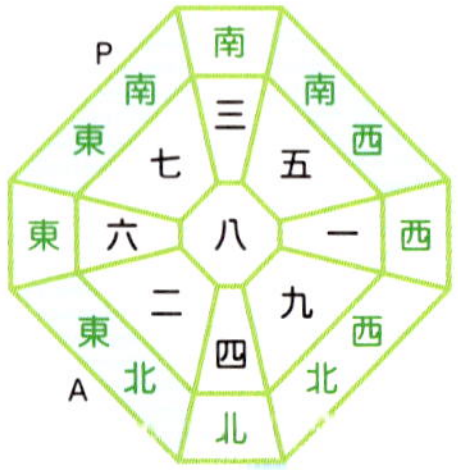

2019（平成31）年　己亥

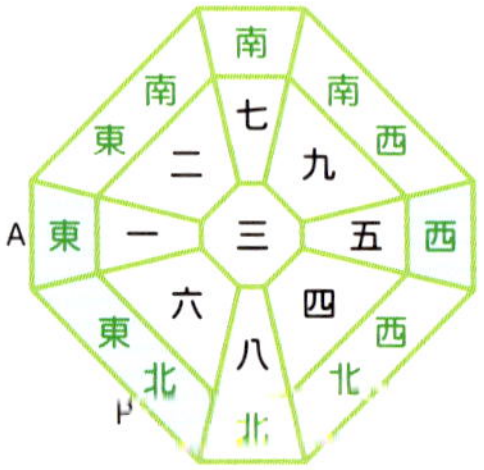

2015（平成27）年　乙未

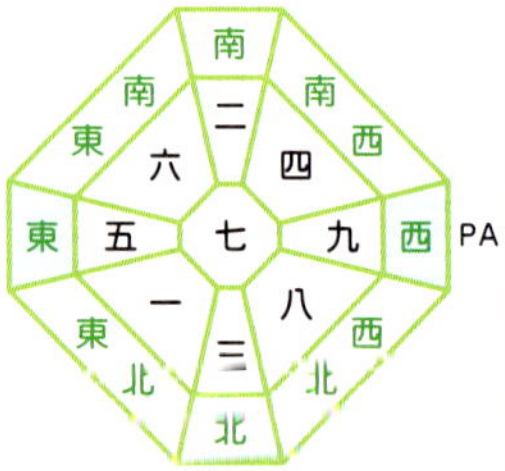

2011（平成23）年　辛卯

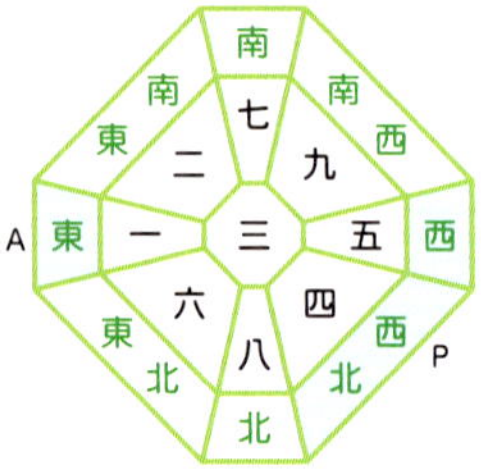

2024（平成36）年　甲辰

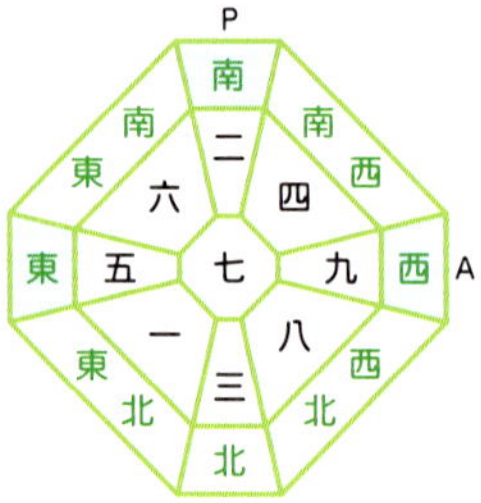

2020（平成32）年　庚子

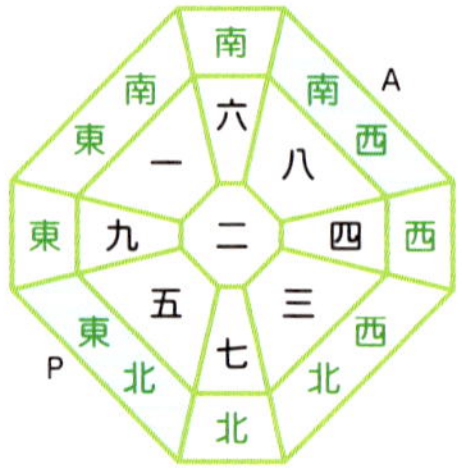

2016（平成28）年　丙申

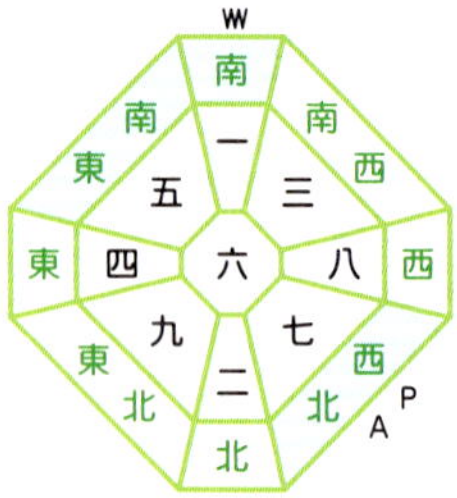

2012（平成24）年　壬辰

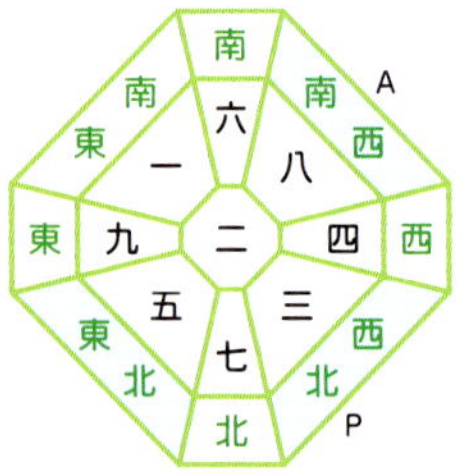

2025（平成37）年　乙巳

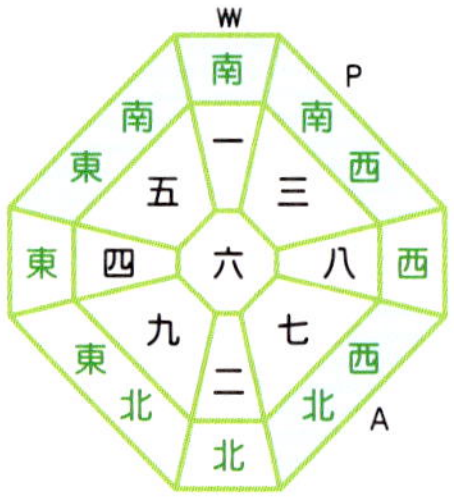

2021（平成33）年　辛丑

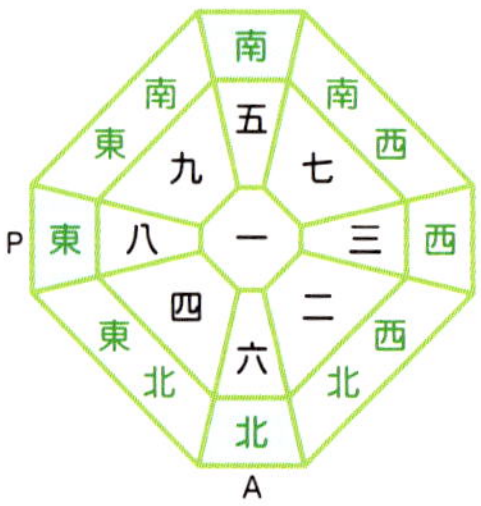

2017（平成29）年　丁酉

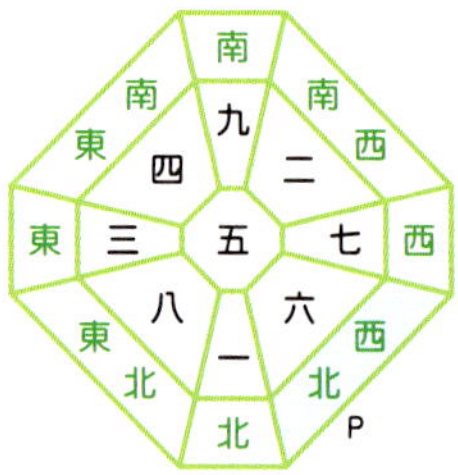

2013（平成25）年　癸巳

年盤表

□…だれにとっても凶方位　A…悪殺気（暗剣殺）　P…歳破　W…水火殺

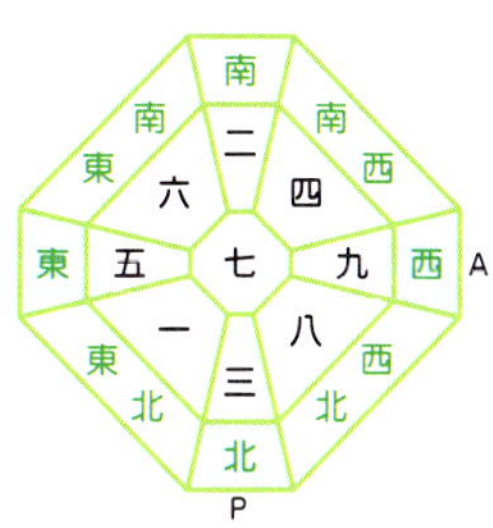

2038（平成50）年　戊午

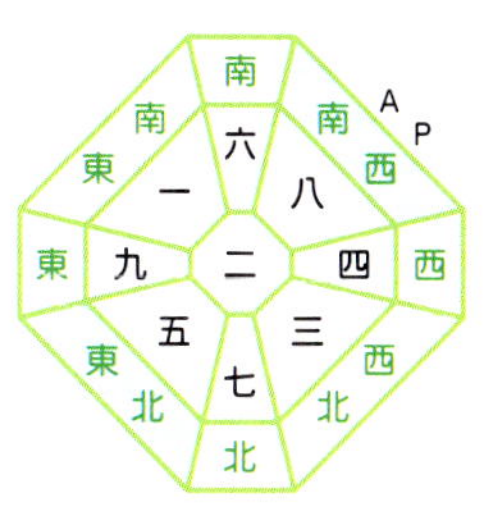

2034（平成46）年　甲寅

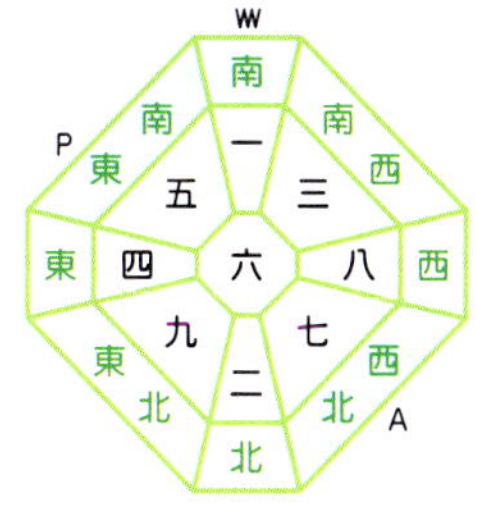

2030（平成42）年　庚戌

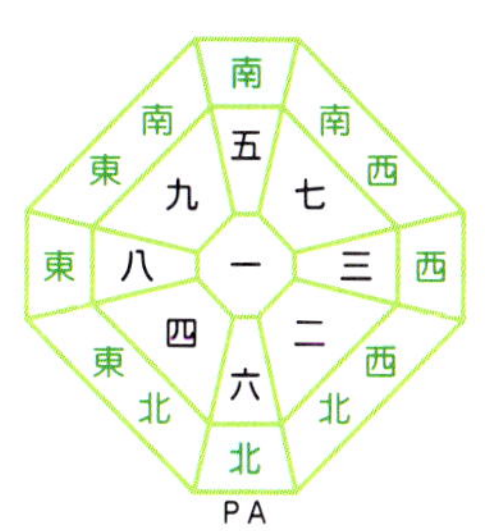

2026（平成38）年　丙午

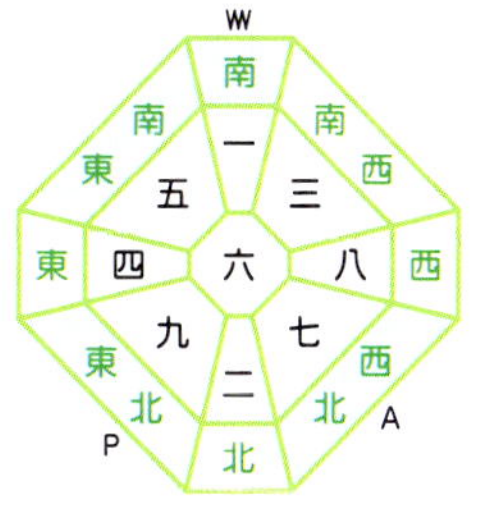

2039（平成51）年　己未

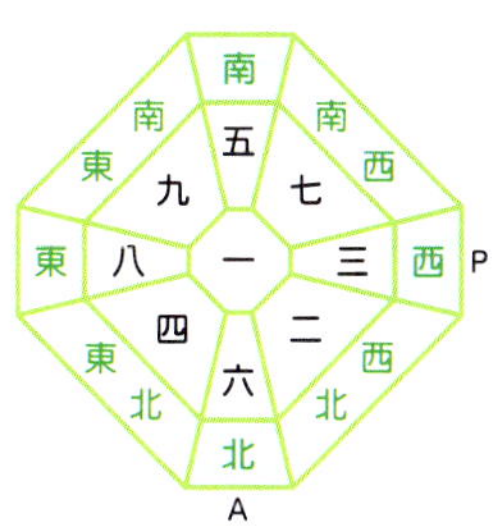

2035（平成47）年　乙卯

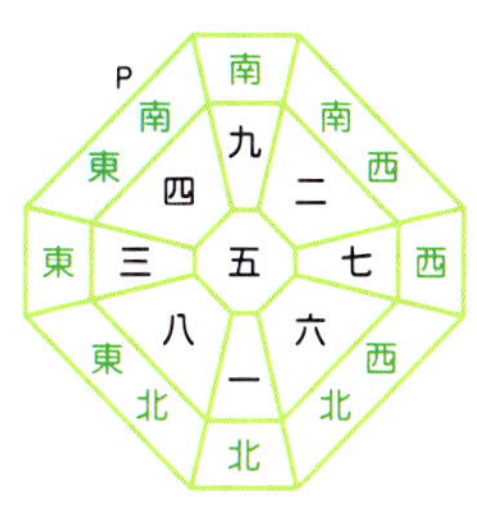

2031（平成43）年　辛亥

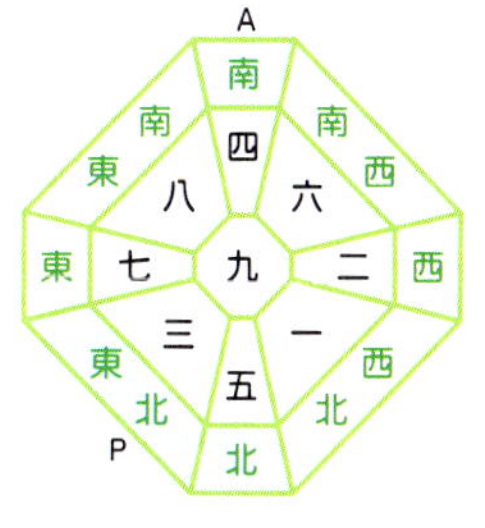

2027（平成39）年　丁未

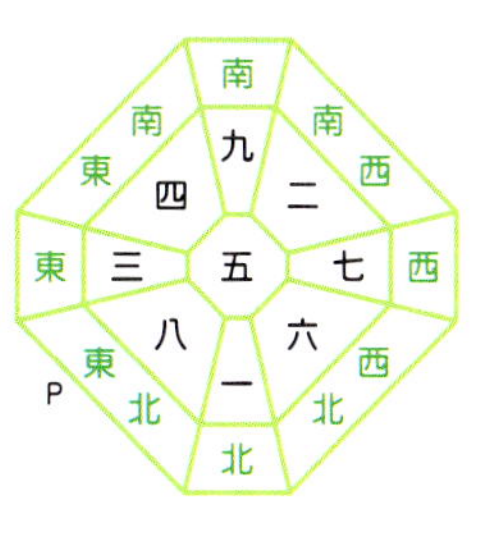

2040（平成52）年　庚申

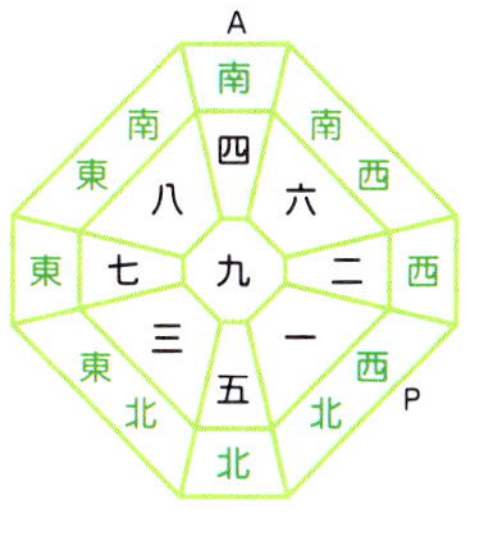

2036（平成48）年　丙辰

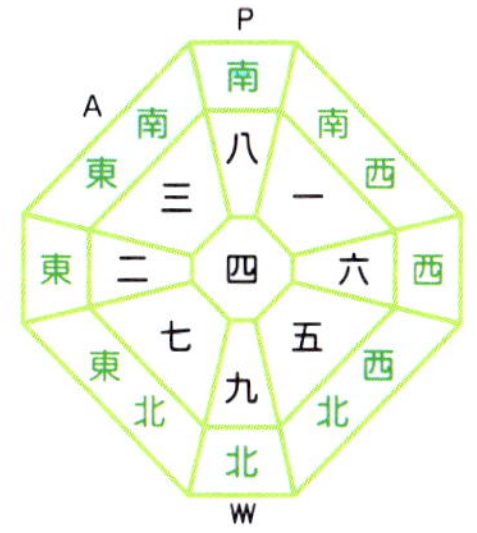

2032（平成44）年　壬子

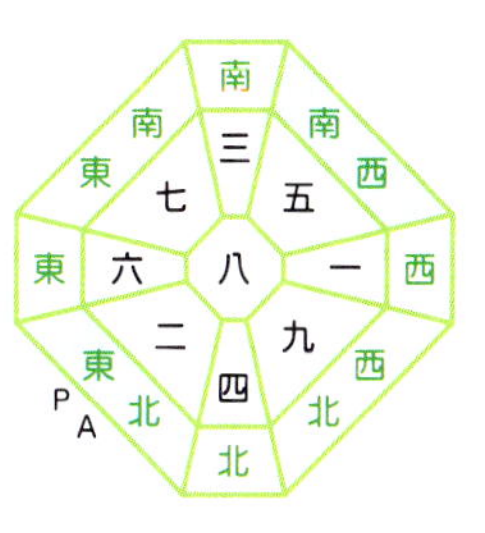

2028（平成40）年　戊申

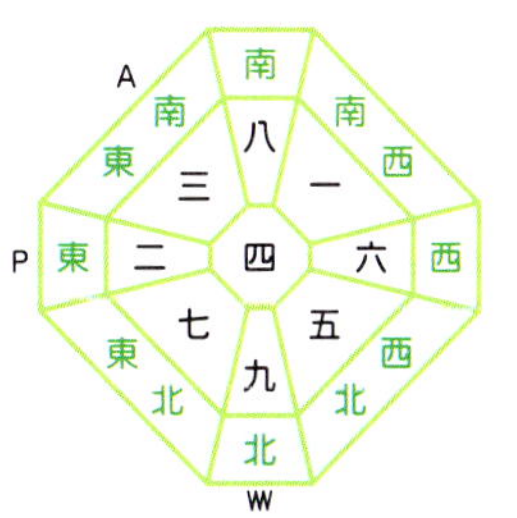

2041（平成53）年　辛酉

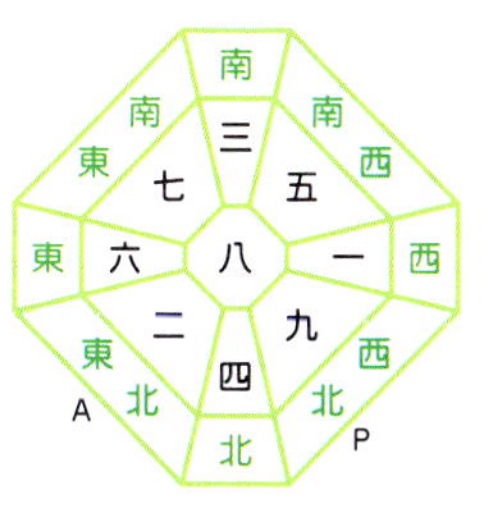

2037（平成49）年　丁巳

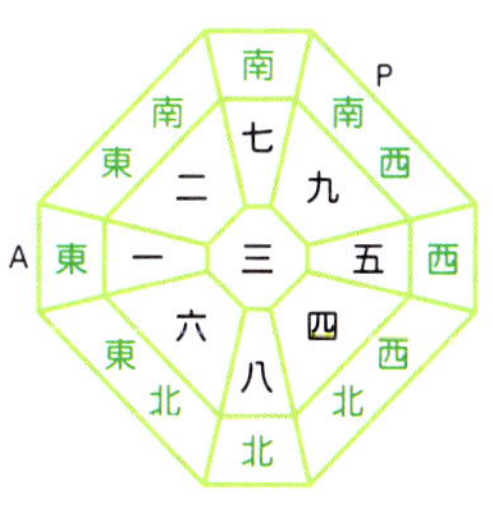

2033（平成45）年　癸丑

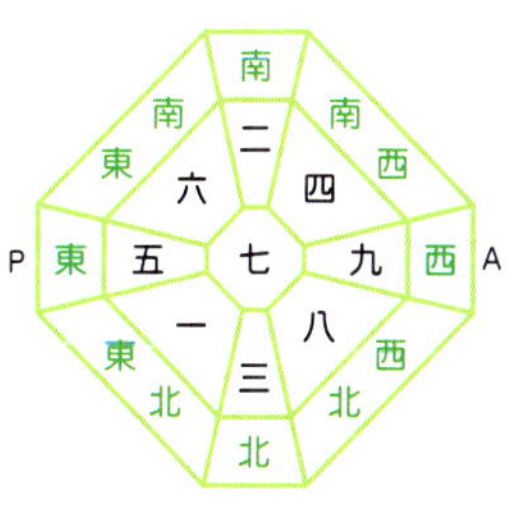

2029（平成41）年　己酉

●著者略歴

田口 二州（たぐち にしゅう）

純正運命学会会長。明治学院大学経済学科卒。
気学（方位・家相）をはじめ、易、手相、姓名判断など、東洋の伝統的な運命学を修めた占術家。一人でも多くの人を幸せに導くべく日夜研究・鑑定に邁進。その姿勢が多くのファンを生んでいる。後進の指導にも熱心で、その門下より優秀な占術家が輩出。執筆活動にも力を入れており、『幸せになる手相大事典』『九星方位気学入門』（以上、ナツメ社）、『純正方位気学開運術入門』『純正姓名判断開運術入門』（以上、日東書院本社）、『みんなの手相』（池田書店）、『日本で一番わかりやすい九星方位気学の本』『よくわかる！手相』（以上、PHP研究所）ほか、著書および監修書は600冊以上におよぶ。

住所：〒214-0005　川崎市多摩区寺尾台 1-6-12
電話：044（966）5185（鑑定受付　平日 10時～ 17時）
純正運命学会ホームページ
http://www5b.biglobe.ne.jp/~junsei/

PHPビジュアル実用BOOKS

愛されてお金持ちになる
決定版 インテリア風水術
家相・部屋相をよくすれば家庭も仕事もうまくいく！

2010年9月1日　第1版第1刷発行

著　　　者———田口　二州
発　行　者———安藤　卓
発　行　所———株式会社PHP研究所
東京本部　〒102-8331　東京都千代田区一番町21
生活文化出版部　☎03-3239-6227（編集）
普　及　一　部　☎03-3239-6233（販売）
京都本部　〒601-8411　京都市南区西九条北ノ内町11
PHP INTERFACE–http://www.php.co.jp/
印刷・製本所———凸版印刷株式会社

ISBN978-4-569-77672-9

◎装丁・ロゴ制作…………藤田大督
◎本文デザイン·DTP……ニシ工芸㈱（亀井優子）
◎カバー・本文イラスト…蔵澄咲帆
◎本文イラスト……………伊藤弘美
◎編集協力…………………川嶋菊枝
◎校正協力…………………㈲くすのき舎
◎編集制作…………………㈱童夢